新世纪高职高专实用规划教材 经管系列

商务谈判(第3版)

冯华亚 主 编

张锡东 马干朝 周 坌 副主编

清华大学出版社

北京

内 容 简 介

本书从实践出发，以必要的商务谈判理论为依据，以培养学生的商务谈判实际技能为重点，对商务谈判的基本理论和实际中的具体运用做了全面的阐述，使理论与实践紧密地结合在一起。本书相关案例的选用充分考虑了我国的具体国情，符合中国文化的特点，侧重应用性和实践性，既易于理解掌握，又有利于指导商务谈判的具体实践。

本书主要对商务谈判的基本知识、谈判的计划与管理、谈判的开局与较量过程、谈判策略的运用、讨价还价、谈判结束、谈判的技巧、商务谈判的基本礼仪和国际商务谈判的基本知识以及在实际应用过程中的技巧进行了阐述，并结合每章的内容，给出了思考题、实例练习和案例分析，以提高谈判的实际技能。

本书可作为高职高专市场营销、商务等经济管理类专业教材，亦可供商务谈判工作人员学习参考。

图书在版编目(CIP)数据

商务谈判/冯华亚主编. —3 版. —北京：清华大学出版社，2015(2025.2重印)
(新世纪高职高专实用规划教材 经管系列)
ISBN 978-7-302-40981-6

Ⅰ. ①商… Ⅱ. ①冯… Ⅲ. ①商务谈判—高等职业教育—教材 Ⅳ. ①F715.4

中国版本图书馆 CIP 数据核字(2015)第 166772 号

责任编辑：陈冬梅
封面设计：刘孝琼
责任校对：周剑云
责任印制：丛怀宇
出版发行：清华大学出版社
　　　　　网　　址：https://www.tup.com.cn, https://www.wqxuetang.com
　　　　　地　　址：北京清华大学学研大厦 A 座　　　邮　编：100084
　　　　　社 总 机：010-83470000　　　　　　　　　邮　购：010-62786544
　　　　　投稿与读者服务：010-62776969, c-service@tup.tsinghua.edu.cn
　　　　　质量反馈：010-62772015, zhiliang@tup.tsinghua.edu.cn
　　　　　课件下载：https://www.tup.com.cn, 010-62791865
印 装 者：涿州市毅润文化传播有限公司
经　　销：全国新华书店
开　　本：185mm×260mm　　　印　张：16.75　　　　字　数：401 千字
版　　次：2006 年 2 月第 1 版　2015 年 8 月第 3 版　印　次：2025 年 2 月第 7 次印刷
定　　价：48.00 元

产品编号：063276-02

前　言

随着市场经济的发展，商务谈判日益频繁，商务谈判在经济活动中所起的作用越来越重要。商务谈判的成功与否对个人的发展、对企业的生存与发展、对社会经济的发展都起着重要的作用。

当今社会日益强调在竞争中合作，人们介入谈判的概率不断增加，因此，商务谈判的能力已成为现代人必须具备的基本能力。

本书在编写过程中结合了编著人员多年的教学经验和实践心得，并充分考虑了我国的具体国情、文化背景和高职教育的特点，坚持理论联系实践的原则，以培养实际商务谈判技能为主，以适应高等职业教学为目标，设计了基本知识、基本理论和实际应用等相关内容。

本书在编写过程中，遵循理论知识够用的原则，坚持以实践能力培养为主，形成了以下特点。

1. 实际性

本书从我国的实际情况出发，深入浅出地介绍了商务谈判的基本理论，阐述了商务谈判人员应该具备的基本理论知识。

2. 实用性

本书以培养实际的商务谈判能力为主，从谈判的过程入手，重点说明在谈判的各个环节应该如何进行，从而提高学习者处理实际问题的能力。

3. 注重实践性

为达到指导实际谈判工作的目的，本书重点介绍了谈判的组织、策略的谋划和技巧的使用等内容，使学习者能够领悟其中的要点，联系到自身的实际工作，从而提高自己的商务谈判水平。

4. 能力培养性

本书各章之后均附有思考题、拓展练习和案例分析，注重工学结合，以提高读者分析问题和解决问题的能力。

本书由冯华亚担任主编，为本书的编写设计了总体思路，张锡东、马干朝和周堃任副主编。本书分为 9 章，其中第一、三、四、五章由冯华亚编写，第二、八章由张锡东编写，第七、九章由马干朝编写，第六章由周堃编写，第五章第三节由宁波编写。本书的第一、二、三、四、五、六、七章为重点章，第八、九章为一般章，大约可安排 42 课时。

本书在编写过程中引用和参考了大量国内外各方面的资料(详见参考文献)，同时也得到了清华大学出版社、辽宁省交通高等专科学校、广西经济管理干部学院和辽宁经济职业技术学院等单位的领导和同志们的大力支持，以及刘亚杰、刘建华、姚凤莉、李磊、蒋红涛等的帮助与支持，在此表示衷心感谢。

本次再版是在第 2 版的基础上删减了部分理论性强、实际应用较少的内容，同时增加了市场上更为经常使用的相关内容，而且对部分章节的内容结构进行了调整，修正了第 1 版表达不准确、错误的地方，还增加了更有实用价值的案例和练习，以使本书更完善、更适合教学和学习需要。

由于作者的水平有限，书中难免有偏颇、疏漏之处，诚请同行专家和读者批评指正。

编　者

目　　录

第一章　商务谈判概论

学习目标：

- 掌握商务谈判的概念和实质。
- 掌握商务谈判的特点。
- 了解商务谈判的成果价值评价标准。
- 掌握不同类型商务谈判的要点。
- 掌握商务谈判的原则。
- 了解谈判的相关理论。

核心概念：

商务谈判　原则式谈判　投资谈判　货物(劳务)买卖谈判　技术贸易谈判

商务谈判是现代市场营销的重要内容，也是营销的关键环节和重要手段。在市场经济机制条件下，市场的供求与合作越来越频繁，合作各方通过谈判的手段来消除分歧，寻求彼此间的共识，进行信息沟通，已经成为社会经济生活中普遍存在的现象。从企业营销的角度，商务谈判不仅是企业市场营销活动的重要内容，而且商务谈判的成败与否，也在很大程度上影响着企业的发展和与外部的合作。因此，了解和掌握商务谈判的一些基本知识、原则和原理，对谈判的实际工作有重要的指导作用。

第一节　什么是商务谈判

随着市场经济的发展，谈判也逐渐渗透到社会经济生活的各个领域。在法人组织的经济活动过程中，商务谈判正日益成为彼此谋求一致的重要途径和手段，即使在消费者的日常购买中，"讨价还价"的现象也非常普遍。谈判正在越来越多地受到社会的广泛关注。

谈判成为一个普遍存在的现象，甚至进入普通人的日常生活，是我们当前所处时代的一个重要特征。事实上，在社会生活中经常发生与许多普通人有关的谈判，主要是关于经济活动的谈判，即商务谈判，也称商业谈判或商事谈判。这里所说的商务，不是指一般意义上的商业事务，而是泛指各种交换活动，包括各种市场主体之间发生的一切有形货物和无形劳务的交换活动，以及商务合作活动。

我们在工作和生活中经常进行商务谈判，但很多人不能正确理解它的概念和含义，所以下面先来正确认识一下什么是商务谈判。

一、商务谈判的概念和实质

(一)商务谈判的概念

谈判，有狭义和广义之分。狭义的谈判，仅指在正式专门场合下进行的谈判；广义的谈判，则包括各种形式的"交涉"、"洽谈"、"磋商"和"合作"等。

所谓谈判，是指人们为了协调彼此之间的关系，满足各自的需要，通过协商而争取达到意见一致的行为和过程。在中文中"谈"是"交流和沟通，彼此对话"；"判"则可解释为"评断"、"分割"。所以谈判实际上包含"谈"和"判"两个紧密联系的环节。谈就是当事人明确阐述自己的意愿和所要追求的目标，充分发表关于各方应当承担和享有的责、权、利等看法；判，即确定合作的条件，它是当事各方努力寻求关于各项权利和义务的条款，最后通过相应的正式协议予以确认。

商务，是指一切有形与无形的产品、服务以及资产交换或合作事宜。诸如对交换或买卖物品品名、特性、价格和收发货等事项进行的谈判称之为商务。

一切谈判，包括商务谈判，首先都是一种活动，是由包括至少两方在内的参与者共同推动的行为过程。在形式上，商务谈判表现为谈判双方通过协商来确定与交换有关的各种条件。而实质上，商务谈判反映着双方在经济利益上的对立与依存关系。商务谈判谋求的是双方的共同利益和满足。

但是，给谈判下一个大家都认同的定义，可能也还需要一个"谈判"的过程。目前，出现在各类文献中关于谈判的定义，见仁见智、多种多样。比较有代表性的至少可列举如下。

美国谈判学会主席杰勒德·尼尔伦伯格于1968年在其所著的《谈判的艺术》中写道："谈判的定义最为简单，而涉及的范围却最为广泛，每一个要求满足的愿望和每一项寻求满足的需要，至少都是诱发人们展开谈判过程的潜因。只要人们为了改变相互关系而交换观点，只要人们是为了取得一致而磋商协议，他们就是在进行谈判。"

英国学者 P.D.V.马什(P.D.V.Marsh)1971年在《合同谈判手册》一书中对谈判所下的定义是："所谓谈判是指有关各方为了自身的目的，在一项涉及各方利益的事务中进行磋商，并通过调整各自提出的条件，最终达成一项各方较为满意的协议，这是一个不断协调的过程。"

美国著名谈判咨询顾问 C.恩·巴罗(C.Wayne Barlow)和格莱恩·P. 森(Glenn P.Eisen)在合著的《谈判技巧》一书中指出："谈判是一种双方致力于说服对方接受其要求时所运用的一种交换意见的技能，其最终目的就是要达成一项对双方都有利的协议。"

我国学者为谈判所下的定义，主要有以下几种观点。

"所谓谈判，乃是个人、组织或国家之间，就一项涉及双方利害关系的标的物，利用各种手段，反复调整各自目标，在满足己方利益的前提下取得一致的过程。"

"谈判是谈判双方(各方)观点互换、情感互动、利益互惠的人际间的交往活动。"

"谈判是人们为了协调彼此之间的关系，满足各自的需要，通过协商而争取达到意见一致的行为和过程。"

"谈判是指人们为了各自的利益动机而进行相互协商并设法达成一致意见的行为。"

研究以上定义便可发现，虽然中外学者对谈判概念的文字表述不尽相同，但其内涵却包含着一些相近的或相通的基本点。这些基本点大致有以下几个方面。

1. 谈判的目的性

谈判均有各自的需求、愿望或利益目标，是目的性很强的活动。没有明确的谈判目的，不明白为什么而谈、在谈什么，至多只能叫作"聊天"或"闲谈"。因此，上述定义都强调谈判的目的性，即追求一定的目标这一基本点，例如，"满足愿望"和"满足需要"、"对双方都有利"或者"满足己方利益"、"利益互惠"、"满足各自的需要"以及"为了各自的利益动机"等。

2. 谈判的相互性

谈判是一种双边或多边的行为和活动，谈判总要涉及谈判的对象。否则，自己和自己谈，就不称其为谈判，也达不到谈判的目的。因此，人们在谈判的定义中都指出谈判的相互性，即谋求一种合作这一基本点，例如，"为了改变相互关系"、"涉及各方"、"双方致力于说服对方"或者"个人、组织或国家之间"、"使两个或数个角色的合作"、"谈判双方"、"协调彼此之间的关系"等。

3. 谈判的协商性

谈判是通过相互合作实现各自目标的有效手段。谈判不是命令或通知，不能由一方说了算。所以，在谈判中，一方既要清楚地表达其立场和观点，又必须认真地听取他方的陈述和要求，并不断调整对策，以求沟通信息、增进了解、缩小分歧、达成共识，这就是彼此之间的协商或磋商。因此，谈判的定义不能不阐明谈判的协商性，即寻求一致意见这一基本点，例如，"交换观点"、"利用协商手段"、"进行磋商"、"说服对方"、"观点互换"、"通过协商"、"进行相互协商"等。

综合上述的基本点，可以把谈判理解为，谈判是人们为了各自的目的而相互协商的活动。因此可以给商务谈判定义如下。

商务谈判是指不同的经济实体各方为了自身的经济利益和满足对方的需要，通过沟通、协商、妥协、合作、策略等各种方式，把可能的商机确定下来的活动过程。

商务谈判包括经济活动和法律活动两个方面。经济活动是指各方的利益；法律活动是指所承担的义务和责任。

(二)谈判的动因

人们为什么要谈判？谈判发生的一般动因是什么？对此，可以从商务谈判的概念中得出。

1. 追求利益

谈判是一种具有明确的目的性的行为。这里，最基本的目的就是追求自身的利益。人们的利益需要是多种多样的，从内容看，有物质需要、精神需要；从层次看，有生理需要、安全需要、社交需要、尊重需要、自我实现需要；从时间看，有短期需要、长期需要；从主体看，有个人需要、组织需要、国家需要等。人们的种种利益需要，有些可以依靠自身努力来实现，但是更多的需要则必须与他人进行交换。显然，这种交换的直接动因是为了利益需要得到更好的满足。

其实，在利益需要的交换中，双方或各方都是为了追求自身的利益目标。就一方而言，当然是要追求自身利益的最大化。但是，这种自身利益的扩大如果侵害或者不能保证对方的最低利益，对方势必退出，利益交换便不能实现。可见，在利益交换中，有关各方追求并维护自身的利益是谈判的首要动因。

2. 谋求合作与维护关系

谋求合作可分为短期和长期的合作，其实就是维系合作各方的关系。在现实生活中，由于社会分工、发展水平、资源条件和时空等原因，人们及各类组织乃至地区或国家之间，往往形成各种各样的相互依赖关系。例如，一方生产某产品，另一方正需要该产品；一方拥有农产品但需要工业品，另一方拥有工业品而需要农产品；一方拥有市场但需要技术，另一方拥有技术而需要市场等。这种相互差异，为各方发挥优势、实现互补提供了客观依据。

当今时代，科学技术的发展和社会的进步，出现两种平行的趋势：一是社会分工日益明显，生产和劳动的专业化日益提高；二是社会协作日益紧密，人们之间的相互依赖性日益增强。在这种社会生活相互依赖关系不断增强的客观趋势下，人们的某种利益目标的实现和实现的程度，越来越不仅取决于自身的努力，而且取决于与自身利益目标相关的各方面的态度和行为，取决于彼此之间的互补合作。相互之间的依赖程度越强，就越需要加强相互的合作。可见，社会依赖关系的存在，不仅为相互间的互补合作提供了可能性，同时也是一种必要。正是这种在相互依赖的可能中谋求合作的必要，成为谈判的又一重要动因。

3. 寻求共识

借助他人的资源满足自身的利益需要，必然出现利益归属的要求和矛盾。随着社会文明的进程和社会生活相互依赖关系及观念的增强，人们越来越认识到对抗不是处理矛盾的理想方式，它不仅造成许多严重后果并留下诸多遗憾，而且大多最终仍要通过谈判的方式解决；人们也越来越认识到应该抛弃对抗，谋求合作才是处理日益密切的社会联系和相互依赖关系的明智之举，而商务谈判正是实现互利的最佳选择。所以谈判的各方在共识的基础上协商就更容易达成合作的协议。例如，2005年中国台湾地区的国民党主席连战来大陆，与胡锦涛总书记会谈，达成台湾地区与大陆合作将有利于两岸人民福祉的共识，才有了今天两岸经贸、文化等方面的合作与发展。

(三)商务谈判的实质

商务谈判是伴随交换而产生的一种现象，与交换活动紧密相关。但是，这并不意味着一切交换都必须经由谈判来实现。任何交换都要涉及交换的条件以及如何确定交换条件的问题，对此菲利普·科特勒(Philip Kotler，1931—)曾经指出，交换可分为两大类：一是惯例化的交换，二是谈判的交换。前者的交换条件是根据定价和营销的控制计划确定的。比如，在百货商店和超级市场的交换，产品的价格是标定的，并且不能改变。对于这一既定的价格，顾客只要简单地决定买或者不买，买卖双方无须进行谈判。而在后一类交换中，交换条件是不固定的，并且在人们进行业务交往的过程中，交换条件也随有关因素的变化而发生变化。在这种情况下，价格和其他交换条件就需要通过双方谈判来最终确定。谈判就是为确立交换的各项条件。

把原本不固定的交换条件，如价格水平、付款方式和交割期限等确定下来，无疑是商务谈判的一项重要任务。但是，商务谈判并非只是彼此协商确定交换条件的过程。事实上，谈判双方从一开始就必定存有某些共同的需要，否则他们就不可能走到一起。同时，他们彼此又必定有着某些不同的需要。如果他们之间不存在分歧，就会立即达成协议，也就没有必要进行谈判。因而，商务谈判实质上包含着谈判双方在利益上既相互对立，又相互依存的关系。

下面通过一个例子来说明这一问题。某制造商与某零售商进行一项在销售淡季经销电器的谈判。零售商的目的是通过淡季购买，享受价格上的优惠，提高产品的价格竞争力。而制造商则希望通过淡季销售回笼资金，以使前一阶段的投入产生效益。对零售商来说，要想获得价格上的优惠，就必须在销售淡季向制造商购进产品。而对制造商来说，如果不在价格上向对方提供优惠，就不可能达到尽快回笼资金的目的。双方都希望通过达成某项协议来实现自身的利益，彼此对利益的共同追求，使其中任何一方都不能无视对方的利益和需要，只有满足了对方的需要才能满足己方的需要。双方利益的实现和需要的满足都依赖于对方，以对方实现利益和满足需要为前提，这是双方在利益上相互依存的一面。但在另一方面，谈判双方又存在着分歧。零售商希望以尽可能低的价格购进，并且在价格以外的其他方面获得好处。而制造商则希望以较高的价格销售产品，以便在尽可能大的程度上实现利润。在谈判过程中，双方都会设法为自己争取较多利益，而任何一方获利的大小和需要满足程度的高低，又必然会直接影响到另一方的利益和需要的满足，这是谈判双方在利益上相互对立的一面。一方要取得利益就必须给予对方利益，一方取得利益的大小又直接取决于对方所能得到的利益，双方既需要互相交换利益，又必须合理地切割利益。谈判双方这种在利益上既相互依存，又相互对立的关系，反映了商务谈判的实质所在。商务谈判实际上是人们相互调整利益，减少分歧，并最终确立共同利益的行为过程。

二、商务谈判的特点

商务谈判具有以下一些特点。

1. 商务谈判是谈判各方"给予"与"接受"兼而有之的一种互助过程，是双方的，不是单方的给予和接受

谈判双方都有自己的需要，而一方需要的满足又是以是否满足另一方的需要为前提的。因此，在任何一项谈判中，都必定同时存在着给予与获取。谈判双方都要做出一定的让步，每一方都必须在不同程度上修改其期望达到的目标，并准备降低某些要求，以便满足对方的期望和要求。

从某种意义上讲，谈判这一行为本身就意味着存在让步的可能性。如果一方有足够的力量将其所有的条件强加给对方，而可以无视对方的利益和需要，这是迫使对方无条件投降，而不是在谈判，也不可能被接受。在谈判过程中，任何一方都必须根据对方的意愿和要求，相应地调整自己的需要，互相让步，最终达成彼此在利益上的平衡。需要注意的是，谈判中的让步对双方来说可能并不对等。因此，利益上的平衡并不意味着利益上的平均。

2. 谈判双方同时具有"冲突"和"合作"的成分

谈判是双方合作与冲突的对立统一。谈判是确立共同利益，减少分歧，最终达成一项协议的过程。协议至少能最低限度地被谈判双方所接受，因而对双方来说都是有利的。为了取得利益，双方必须共同解决他们所面临的分歧，以便最终达成某项对双方都有利的协议，这是谈判的合作性的一面。与此同时，双方又都希望在谈判中获得尽可能多的利益，为此而积极地讨价还价，这是谈判冲突性的一面。

在现实的谈判活动中，有些谈判人员只注意到谈判双方合作的一面，不了解谈判还存在冲突的一面。他们过分重视维护双方的合作关系，在面临对方的进攻时，往往一味地退让，尽力避免冲突，而不是积极地为己方争取利益。与此相反，另一些谈判人员只看到谈判冲突性的一面，而忽视了双方友好合作的积极意义。他们认为谈判为一场战争，被击败的必须是对方，而取得胜利的只能是自己。由于无视对方的利益而导致谈判破裂，最终也损害了自己的利益。所以这两种认识都是不正确的。

任何一项谈判都必然包含着合作与冲突两个方面，认识到两者的对立统一，在规划谈判活动时，必须注意既不应损害双方的合作关系，又要尽可能合理地利用冲突来为己方谋取更多利益，也就是要在这两者之间求得平衡。

3. 商务谈判是互惠的，是均等的公平，多么不平等也是公平的

如果谈判不是互惠互利的，一方只想从另一方索取利益，只想满足自己的需要，则这种谈判缺少最起码的合作基础，谈判的双方也不可能真正坐到一起。谈判的双赢并不意味着均等，有些谈判者从中获得的利益相对多，有些谈判者从中获得的利益相对少。这是因为谈判双方所拥有的实力与技巧的差异，导致了这种不平等的结果。不过，谈判的结果使一方绝对吃亏也是不现实的，谈判参与的双方对谈判结果都有否决的权力，谈判结果都能保证自己的基本利益，双方共同认可的结果无论是多么不平等，这样的谈判也都是公平的。

4. 商务谈判的过程是双方用适用的法律政策及道德规范形成统一意见的过程

谈判过程通过论证自己的观点，反驳对方，说服对方，再经文字记录或口头认可，最终达成谈判协议。从这个意义上来看，商务谈判的过程实际上也是订立合约的过程，这个合约是双方意志的体现，是双方责、权、利的依据，是追究法律责任的要约。另外，在现代营销理念的指导下，商务谈判要遵守商业道德，做到不欺骗，守承诺，不能损害合作者，更不能"卖了就走"。

5. 商务谈判是双方运用经验、智慧、勇气、能力与技巧达成统一意见的过程

谈判各方所得利益的确定，取决于各自的谈判技巧和实力。谈判是使双方获利的活动，但各方所能获得的利益，在谈判之前是无法借助某种规则来精确计算的。例如，甲乙双方进行谈判，需要确定的是实际上各自从中间利益部分中得到的份额。从理论上讲，这部分有待切割的利益是明确的，而从实际来看，如何进行切割则是不确定的。任何一方都希望了解对方的最低需要，以确定这一利益的存在。双方又都必须在谈判中做出让步，并控制己方的进攻，以便合理地切割这一利益，从而确定各自所得的利益。离开了有效的谈判技巧，不能适度地安排各项活动，谈判双方是难以在利益上达成平衡的。谈判技巧的发挥靠

的是谈判人员的经验、智慧、勇气与能力。

谈判技巧的发挥受谈判双方实力的影响。谈判实力不仅指经济实力，还包括时间、空间、经验和心理等方面的因素。实力强的一方往往在谈判中居于有利地位，可以把握谈判的主动权，以较少的代价换取较多的利益，而实力弱者则常常被迫做出较大的让步。除了谈判技巧与谈判实力外，谈判中存在的各种环境因素，诸如供求和竞争等，也会在一定程度上影响到双方的利益切割。

6. 以价格作为谈判的核心

商务谈判所涉及的因素不只是价格，价格只是谈判内容之一，谈判者的需要或利益也不一定表现在价格上。但价格几乎在所有商务谈判中都是谈判的核心内容，这是因为价格最直接地表明了谈判双方的利益。谈判双方在其他利益因素上的得与失，拥有的多与少，在很大情况下都可以折算为一定的价格，通过价格的升降得到体现。比如，质量因素，一辆一等品的自行车售价 850 元，同样牌号规格的二等品自行车售价为 600 元，价格的核心作用就体现出来了。又如，数量因素，购买一件衣服花 15 元钱，购买三件总价 40 元，价格差就把数量差折算表现出来了。再如，付款时间，即期付款比 120 天远期付款可给予 3%折扣优惠，这就通过价格差把时间差折算表现出来了。当然，并非在任何时候，任何情况下都能够进行这样的折算，即谈判者并不一定接受这种折算。例如，从国外卖方引进一套商定为具有 21 世纪初技术水平的新设备，结果到货后发现，该设备只有 20 世纪 90 年代的水平，根本不具备 21 世纪初的水平。尽管外商提出愿意折让 50%价格。我们也不愿意接受，因为其价值太低，已不能靠价格来补偿。

对一个商务谈判者来讲，了解价格是商务谈判的核心，价格在一定条件下可与其他利益因素相折算这一点很重要。在谈判中，谈判人员一方面要以价格为中心，坚持自己的利益；另一方面又不能仅仅局限于价格，要拓展自己的思路，在其他利益因素上争取利益。有时，与从价格上争取对方让步相比，在其他利益因素上要求对方让步可能更容易做到，并且行动也比较隐蔽。

7. 商务谈判要实现双赢

商务谈判的最终目的是实现双赢和多赢，这是时代的要求，也就是使通过谈判达成的协议对参与的各方都有所得，而且都是基本满意的。这种满意可能体现在经济利益上，也可能体现在相互的关系上，或是在心理上，因为每个人的需求不一样，所以所取得的满足也不一样。例如，一个啤酒经销商在第一次与生产厂家购销的谈判中达成的价格协议比其他的经销商略低，但其每年的销售量比较大，双方以后有着很好的合作前景，生产厂家认为这样谈判结果也是满意的，因为这样的谈判有利于保持和发展双方的合作关系，对双方都是有利的，这就是双赢。

美国克莱斯勒汽车公司是当时美国第十大制造企业，但进入 20 世纪 70 年代以后该公司却在走下坡路，1978 年亏损额达 2 亿多美元。在此危难之际，艾柯卡出任总经理，并请求政府给予紧急经济援助，提供贷款担保。对这一请求美国国会和社会舆论几乎众口一词：克莱斯勒赶快倒闭吧。按照企业自由竞争原则，政府绝不应该给予经济援助，国会为此举行了听证会。在听证会的最后，艾柯卡说："我这一辈子一直都是自由企业的拥护者，我是极不情愿来到这里的。但我们目前的处境是：除非我们能取得联邦政府的某种保证贷款，否则根本没办法去拯救克莱斯勒。其实在座的参议员们比我还清楚，克莱斯勒的请求贷款案并非首开先例。事实上，你们的账上目前已经有了 4 090 亿美元的保证贷款。因此，务必请你们不要到此为止，请你们全力为克莱斯勒争取 4 亿美元贷款吧！因为克莱斯勒是美国的第十大公司，它关系到几十万人的工作机会。"艾柯卡随后指出日本汽车正乘虚而入，如果克莱斯勒倒闭了，国家在第一年里就得为所有失业人口支付 27 亿美元的保险金和福利金。所以他向国会议员们说："各位眼前有个选择，你们愿意现在就付出 27 亿呢？还是将它的一部分作为保证贷款，日后并可全数收回呢？"艾柯卡以实际上的客观双赢和超公司利益的国家利益应对议员们提问，使持反对意见的议员无言以对，最终获得贷款。

8. 谈判是科学的也是艺术的

谈判是一门科学。谈判有其自己的理论体系，其理论是从长期的实践中总结出来的。这是一门综合性的边缘交叉性学科，吸收了市场学、语言学、逻辑学、哲学、经济学、传播学、管理学、公共关系学和人际关系学等学科的基础理论，它具有某些操作过程中的规范和要点，具有系统的思维过程和工作步骤，有完整的计划、策略和实施方案。

谈判也是一门艺术性的技术，谈判者应该掌握其基本知识。谈判者必须掌握必要的谈判技术，进行谈判技术方面的训练，熟练掌握谈判中的技巧，在实际谈判中进行创造性的探索，根据不同对象和不同环境，使用不同的技巧。有时按照主观的思维进行处理，可能会达到意想不到的效果。谈判过程如果没有艺术性的成分就会使谈判变得死气沉沉，也不利于谈判合作的达成。谈判者应该牢记，谈判是人与人进行交流的过程，是一门与人沟通的艺术。

三、商务谈判的成果价值评价标准

人们参加谈判是想借此来满足各自的某些需要，每一个谈判者都希望谈判能够取得理想的结果。那么，什么样的谈判才可以称之为成功的谈判，如何来衡量商务谈判的成功与否呢？

理想的谈判应该确保双方都能从中获得利益，得到满足，而不仅仅是谋求某一方的利益和满足。谈判不是一场棋赛，不要求决出胜负；谈判也不是一场战争，要将对方消灭或置于死地。相反，谈判是一项互惠的合作事业。从这个意义上讲，可以把评价商务谈判是否成功的价值标准归纳为以下三个方面。

1. 谈判目标的实现程度

商务谈判是一种行为过程，而任何行为都是指向特定目标的。谈判目标不仅把谈判者的需要具体化，通过某些量化的指标来体现，而且目标还是驱动谈判者行为的基本动力，引导着谈判者的行为，使之始终朝向预期的目标。商务谈判的目标是与经济利益直接相关的，是指谈判者预期从谈判中获得的经济利益。由于参与谈判的各方都存在一定的利益界限，谈判目标应至少包括两个层次的内容，即努力争取的最高目标以及必须确保的最低目标。

如果一味地追求最高目标，把对方逼得无利可图甚而导致谈判破裂，就不可能实现预期的谈判目标。同样，为了达成协议而未能守住最低目标，预期的谈判目标也是无法实现的。因此，成功的谈判应该是既达成了某项协议，又尽可能接近己方所追求的最佳目标。谈判的最终结果在多大程度上符合预期目标的要求，是衡量商务谈判是否成功的首要标准。

2. 谈判的效率高低

人们希望通过谈判来实现对利益的追求，而为了谈判又不得不支出一定的成本，付出某些代价。谈判的成本包括三项，一是谈判桌上的成本，这是谈判的预期收益与实际收益之间的差额；二是谈判过程的成本，即在整个谈判过程中耗费的各种资源，包括为进行谈判而支出的人力、财力、物力和时间、精力等；三是谈判的机会成本，即由于放弃最有效地使用谈判所占用的资源而造成的收入损失。谈判者的一部分资源因为投入某项谈判而被占用，从而丧失了其他盈利机会，损失了可望获得的利益。对这三项谈判成本，人们往往比较关注第一项，而不重视另外两项。他们致力于降低谈判桌上的成本，最终却导致了谈判总成本的增加。

谈判成本是由上述三项成本构成的整体。所谓谈判效率，是指谈判所获收益与所费成本之间的比率。谈判效率的高低，是衡量商务谈判成功与否的又一重要标准。如果以巨大的代价换取微小的收益，谈判就是低效率的，因而也是不经济的。只有高效率的商务谈判，才能称为成功的谈判。

3. 互惠合作关系的维护程度

商务谈判既是确立利益的过程，同时也是人们之间进行合作，共同解决问题的过程。因此，谈判的结果不只体现在利益的分配，以及与此相关的各项交换条件上，它还应体现在人们之间的相互关系上，即谈判是促进和加强了双方的互惠合作关系，还是削弱甚而瓦解了双方的互惠合作关系。精明的谈判者往往不过分计较一时的得失，他们更善于从长远的角度来看待问题。在目前的某一项谈判中，他们可能放弃了某些可以得到的利益，但这种做法有效地维护了双方的合作关系，为彼此未来的合作铺平了道路。因此，在谈判中应当重视建立和维护双方的互惠合作关系，以谋求长远的利益。

根据以上三个方面的评判标准，一项成功的商务谈判应该是这样的谈判，即谈判双方的需要都得到了最大程度的满足，双方的互惠合作关系有了进一步的发展，任何一方的谈判收益都远远大于成本，整个谈判是高效率的。

四、商务谈判的要素

谈判要素是指谈判的构成因素和内部结构。谈判的基本要素有三个，即谈判主体、谈判客体和谈判行为。

1. 谈判主体

谈判主体由关系主体和行为主体构成。关系主体是在商务谈判中有权参加谈判并承担谈判后果的自然人、社会组织及其他能够在谈判或履约中享有权利、承担义务的各种实体。行为主体是实际参加谈判的人。谈判行为主体和关系主体二者之间既有相同点又有区别。

1) 谈判行为主体和关系主体的相同点

谈判行为主体和关系主体之间的联系主要表现在以下三个方面。

(1) 无论是何种谈判的关系主体的意志和行为，都需要借助于谈判的行为人来表示或进行，没有任何一个谈判可以仅有谈判的关系主体，而没有行为主体。

(2) 在自然人与自然人或自然人与团体、组织间进行谈判时，有时自然人不委托他人代表自己谈判。此时谈判的关系主体同时也是谈判的行为主体。

(3) 在谈判的关系主体与行为主体不一致的情况下，谈判的行为主体只有正确反映谈判关系主体的意志，在谈判关系主体授权范围内所发生的谈判行为才是有效的。由此而产生的谈判后果，谈判关系主体才能承担。

2) 谈判行为主体和关系主体的区别

谈判的关系主体与行为主体的区别主要表现在以下两个方面。

(1) 谈判的关系主体直接承担谈判后果，而行为主体不一定承担谈判后果。只有在两者一致的情况下，谈判的行为主体才承担谈判后果。

(2) 谈判的行为主体必须是有意识、有行为的自然人，而谈判的关系主体则不然，它既可以是自然人又可以是国家、组织或其他社会实体。

对谈判主体有关规定的研究和认识是很有必要的。因为谈判主体是谈判的前提，在谈判中要注意避免因谈判的关系主体和行为主体不合格，而使谈判失败造成损失。如果谈判的关系主体不合格，便无法承担谈判后果；如果未经授权或超越代理权等的谈判行为主体则为不合格，谈判的关系主体也不能承担谈判后果。

在现实谈判中，由于忽视了事先考虑己方或对方的主体资格问题，而使谈判归于无效，并遭受经济损失的事例常有发生。例如，某享有一定声誉的药厂与所在市经济开发区的一个公司签订了代理出口中药酒至香港的合同。由于中药厂未审查对方能否按照合同的内容承担履约的义务的资格，结果大批产品被海关扣下。这不仅使双方遭到经济损失，而且还遭受港商前来索赔的不良后果。

在商务谈判中关于主体资格的各种材料主要有自然人身份方面证件、法人资格方面的证件和经营资格方面的证件、代理权方面的证件，技术设备项目引进谈判中涉及履约能力方面的各种设备、设施、技术等证明。有的还可委托有关中介组织，如咨询机构，进行了解考查。

2. 谈判客体

谈判客体是指谈判的议题和各种物质要素结合而成的内容。谈判客体有属于资金方面的，如价格和付款方式等；有属于技术合作方面的，主要是技术标准方面的问题；有属于商品方面的，如商品的品质、数量、仓装、装运、保险和检验等。总之，涉及交易双方利益的一切问题，都可以成为谈判的议题。在一定的社会环境中，谈判的事项受到诸如法律、政策、道德等内容的制约。因此，谈判内容是否符合有关规定，是决定谈判成功与否的关键。

3. 谈判行为

谈判行为主要指谈判的行为主体围绕谈判事项进行的信息交流和观点的磋商。如果说谈判主体是指谈判"谁来谈"，谈判客体是指谈判"谈什么"，那么谈判行为则是指谈判中"怎么谈"，其内容包括谈判各方的信息交流、评判谈判胜负标准、谈判策略、方式、方法和技巧等。这里要强调的是谈判行为要合法，达成的合作协议才有效。

第二节　商务谈判的类型及原则

一、商务谈判的类型

商务谈判客观上存在着不同类型，认识谈判的不同类型，目的在于根据其不同类型的谈判特征和要求更好地参与谈判和采取有效的谈判策略。对谈判类型的正确把握，是谈判成功的起点。在现实生活中大量商务谈判行为是各不相同的，我们可以按照一定的标准把商务谈判划分为各种不同的类型，这些不同类型的商务谈判各有其特点，对实际的谈判行为也有不同的要求。下面从几个不同方面来分析商务谈判的各种不同类型。

(一)按谈判参与方的数量划分

商务谈判按照谈判参与方的数量不同，可分为双方谈判和多方谈判。

1. 双方谈判

双方谈判，是指谈判只有两个当事方参与的谈判。例如，一个卖方和一个买方参与的交易谈判或者只有两个当事方参与的合作谈判均为双方谈判。在国家或地区之间进行的双方谈判，叫双边谈判。

2. 多方谈判

多方谈判，是指有三个及三个以上的当事方参与的谈判。例如，甲、乙、丙三方合资兴办企业的谈判。在国家或地区之间进行的多方谈判，叫多边谈判。例如，政府为阻止罢工而卷入了工会与资方的谈判中，或者两个以上的国家共同谈判一项多边条约等。

双方谈判和多方谈判由于参与方数量的差别而有不同的特点。双方谈判一般来说涉及的责、权、利划分较为简单明确，因而谈判也比较易于把握。多方谈判，参与方越多，其谈判条件越错综复杂，需要顾及的方面就越多，也难以在多方的利益关系中加以协调，从而会增加谈判的难度。

但无论谈判是由双方还是多方参与，谈判各方都必然存在着特定的利益关系。比如在建立中外合资企业的谈判中，如果中方是一家企业，而外方也是一家企业，彼此的关系就比较容易协调。如果中方有几家企业，外方也有几家企业，谈判的难度就明显增大。因为中方几家企业之间存在利益上的矛盾，互相要进行协商，求得一致；外方几家企业之间也存在着利益冲突，同样需要进行协商。在谈判过程中，中外双方都应该不断调整自己的需要，做出一定程度的让步。而无论是中方或者外方做出让步，都会涉及中方各企业或外方各企业之间的利益，因而中方企业之间以及外方企业之间又必须通过不断协商，求得彼此的协调一致。而最终形成的协议，也必须兼顾到每个谈判方的利益，使参与谈判的各个企业都能得到相应的利益和满足。

与双方谈判相比，多方谈判的利益关系错综复杂，各方之间不易达成一致意见，协议的形成往往十分困难。

(二)按谈判议题的规模及各方参加谈判的人员数量划分

商务谈判按照谈判议题的规模及各方参加谈判的人员数量不同，可分为大型谈判、中型谈判和小型谈判，或者分为小组谈判和单人谈判。

谈判议题的结构越复杂，涉及的项目内容越多，各方参加谈判的人员数量也会越多。这样，谈判自然有大型、中型和小型之分。但是，这种划分只是相对而言的，并没有严格的界限。通常划分谈判规模，以各方台上的谈判人员数量为依据，各方在12人以上的为大型谈判，4～12人为中型谈判，4人以下为小型谈判。

1. 规模谈判

一般情况下，大、中型谈判也称为规模谈判。由于谈判项目内容以及涉及的谈判背景等较为复杂，谈判持续的时间也较长，因而需要充分做好谈判的各方面准备工作。例如，组织好谈判小组(其成员要考虑有各类职能专家)、了解分析相关的谈判背景和各方的实力、制订全面的谈判计划和选择有效的谈判策略、做好谈判的物质准备等。

2. 小型谈判

由于其规模较小，虽然也应做好准备，认真对待，但谈判内容、涉及背景和策略运用等均相对简单。

3. 单人谈判

单人谈判也称单兵谈判，即指各方出席谈判的人员只有1人，为"一对一"的谈判。规模大的谈判，有时根据需要也可在首席代表之间安排"一对一"的单人谈判，以磋商某些关键或棘手问题。另外，单人谈判是独立作战，因而对谈判人员又有较高的要求。

有时也根据参加谈判的人数规模，将商务谈判区分为个体谈判与集体谈判两种类型。前一种类型，双方都只有一个人参加，一对一地进行协商洽谈；后一种类型，双方都有两个或两个以上的人员参加谈判。当然，在集体谈判中双方参加谈判的人数并不一定要完全相同。

由于谈判的人数规模不同，在谈判人员的选择、谈判的组织与管理等许多方面都有不同的要求。比如谈判人员的选择，如果是个体谈判，那么参与谈判的人员必须是全能型的，他需要具备该项谈判所涉及的各个方面的知识，包括贸易、金融、技术和法律等方面的知识。同时，他还必须具备完成该项谈判所需的各种能力。因为对本方而言，整个谈判始终是以他为中心的，他必须根据自己的知识和经验，把握谈判行为的发展趋势。对谈判中出现的各种问题，他必须及时地做出分析，予以处理，独立地做出决策。如果是集体谈判，则可以选择一专多能型的谈判人员，他们可能分别是贸易、技术和法律方面的专家，相互协同，构成一个知识互补、密切配合的谈判小组。

个体谈判有着明显的优点，那就是谈判者可以随时有效地把谈判的设想和意图贯彻到实际的谈判行为中，不存在集体谈判时内部意见协调困难，以及某种程度上的内耗问题。

但由于只有他一个人独立应付全局，不易取得本方其他人员及时而必要的帮助，虽然在谈判中也可以得到上司的指示，但整个谈判始终是以一个人为中心来进行的。他必须根据自己的经验和知识，对谈判的真真假假、虚虚实实作分析、判断和决策。

集体谈判有利于充分发挥每个谈判人员的特长，形成整体配合的优势。但如果谈判人员之间配合不当，就会增加内部协调意见的难度，在一定程度上影响谈判的效率。一般来说，关系重大而又比较复杂的谈判大多是集体谈判，反之则可采用个体谈判。

(三)按谈判所在地划分

商务谈判按照谈判所在地的不同，可分为主场谈判、客场谈判和中立地谈判。

1. 主场谈判

主场谈判是指在自己一方所在地、由自己一方做主人所进行的谈判。主场谈判占有"地利"，会给主方带来诸多便利。例如，熟悉工作和生活环境，利于谈判的各项准备，便于问题的请示和磋商等。因此，主场谈判在谈判人员的自信心、应变能力及应变手段上均占有天然的优势。如果主方善于利用主场谈判的便利和优势，往往会给谈判带来有利影响。当然，作为东道主，谈判的主方应当礼貌待客，做好谈判的各项准备。

2. 客场谈判

客场谈判是指在谈判对手所在地进行的谈判。客场谈判人员会受到各种条件的限制，需要克服种种困难。客场谈判人员，面对谈判对手必须审时度势，认真分析谈判背景、主方的优势与不足，以便正确运用并调整自己的谈判策略，发挥自己的优势，争取满意的谈判结果。这种情况在外交、外贸谈判中，历来被谈判人员所重视。

为了平衡主客场谈判的利弊，如果谈判需要进行多轮，通常安排主、客场轮换。在这种情况下，谈判人员也应善于抓住主场的机会，使其对整个谈判过程产生有利影响。

3. 中立地谈判

中立地谈判是指在谈判双方(或各方)以外的地点进行的谈判。中立地谈判可以避免主、客场对谈判的某些影响，为谈判提供良好的环境和平等的气氛。但是，可能引起第三方的介入而使谈判各方的关系发生微妙变化。

不同的谈判地点使谈判双方具有了不同的身份，并由此而导致双方在谈判行为上的某些差别。如果某项谈判在某一方所在地进行，该方就是东道主，他在资料的获取、谈判时间与谈判场所的安排等各方面都将拥有一定的便利条件，就能较为有效地为该项谈判配置所需的各项资源，进而控制谈判的进程。对于另一方来说，他是以宾客的身份前往谈判的，己方的行为往往较多地受到东道主一方的影响，尤其是在对谈判所在地的社会文化环境缺乏了解的情况下，面临的困难就更大。当然，谈判双方有时完全不必在意身份的差异，可以采取灵活的策略和技巧来引导谈判行为的发展。但身份差异所造成的双方在谈判环境条件上的差别，毕竟是客观存在的。为了消除可能出现的不利影响，一些重要的商务谈判往往选择在中立地进行。中立地谈判要小心第三方的介入。

(四)按商务交易的地位划分

按商务交易的地位不同，可分为买方谈判、卖方谈判和代理谈判。

1. 买方谈判

买方谈判是指以求购者(购买商品、服务、技术、证券和不动产等)的身份参加的谈判。买方谈判的特征主要表现为以下三方面。

(1) 重视搜集有关信息，"货比三家"。这种搜集信息的工作应当贯穿于谈判的各个阶段，并且其目的和作用应有所不同。

(2) 极力压价，"掏钱难"。买方是掏钱者，一般不会"一口价"随便成交。即使是重购，买方也总要以种种理由追求更优惠的价格。

(3) 以势压人，"买主是上帝"。买方往往会有"有求于我"的优越感，甚至盛气凌人。同时，"褒贬是买主"，买方常常以挑剔者的身份参与谈判，"评头品足"、"吹毛求疵"均在情理之中。只有在某种商品短缺或处于垄断地位时，买方才可能俯首称臣。

2. 卖方谈判

卖方谈判是指以供应者(提供商品、服务、技术、证券和不动产等)的身份参加的谈判。卖方谈判的主要特征主要表现在以下三个方面。

(1) 主动出击。卖方为了自身的生存和发展，其谈判态度自然积极，谈判中的各种表现也均要体现出主动精神。

(2) 虚实相映。谈判中卖方的表现往往是态度诚恳、交易心切、软中带硬、待价而沽、亦真亦假、若明若暗兼有。己方为卖方时，应注意运用此特征争取好的卖价；而当对方为卖方时，也应注意识别哪是实，哪是虚。

(3) "急"、"停"结合。卖方谈判常常表现出时而紧锣密鼓，似急于求成；时而鸣金收兵，观察动静，如此打打停停、停停打打，有利于克服买方的压力和加强卖方地位。卖方要通盘考虑谈判方案及其细节，以争取谈判的成功。

3. 代理谈判

代理谈判是指受当事方委托参与的谈判。代理，又分为全权代理和只有谈判权而无签约权的代理两种。代理谈判的主要特征主要表现在以下三个方面。

(1) 谈判人权限观念强，一般都谨慎和准确地在授权范围之内行事。

(2) 由于不是交易的所有者，谈判地位超脱、客观。

(3) 由于受人之托，为表现其能力和取得佣金，谈判人的态度积极、主动。

(五)按谈判的态度与方法划分

商务谈判按照谈判的态度与方法的不同，可分为软式谈判、硬式谈判和原则式谈判。

1. 软式谈判

软式谈判也称关系型谈判或让步型谈判。这种谈判，不把对方当成对手，而是当作朋友；强调的不是要占上风，而是要建立和维持良好的关系。

软式谈判者希望避免冲突，随时准备为达成协议而让步。希望通过谈判签订一个皆大欢喜的协议。采取这种谈判方法的人，他们不是把对方当作敌人，而是以朋友相待。他们的目的是要达成协议而不是获取胜利。

软式谈判的一般做法是：信任对方→提出建议→做出让步→达成协议→维系关系。

当然，如果当事各方都能视"关系"为重，以宽容、理解的心态，互谅互让、友好协商，那么，无疑谈判的效率高、成本低，相互关系也会得到进一步加强。然而，由于价值观念和利益驱动等原因，有时这只是一种善良的愿望和理想化的境界。事实是，对某些强硬者一味退让，最终往往只能达成不平等甚至是不合理的协议。在有长期友好关系的互信合作伙伴之间，或者在合作高于局部近期利益，今天的"失"是为了明天的"得"的情况下，软式谈判才可以运用。

2. 硬式谈判

硬式谈判也称立场型谈判。这种谈判，视对方为劲敌，强调谈判立场的坚定性，强调针锋相对；认为谈判是一场意志力的竞赛，只有按照己方的立场达成的协议才是谈判的胜利。采用硬式谈判，常常是互不信任、互相指责，谈判也往往容易陷入僵局，旷日持久，无法达成协议。而且，这种谈判即使达成某些妥协，也会由于某方的让步而履约消极，甚至想方设法撕毁协议，予以反击，从而陷入新一轮的对峙，最后导致相互关系完全破裂。如果对方以此为手段玩弄谈判工具，应对其阴谋加以揭露。在事关自身的根本利益而无退让的余地、在竞争性商务关系、在一次性交往而不考虑今后合作、在对方思维天真并缺乏洞察利弊得失之能力等场合，运用硬式谈判是必要的。

在硬式谈判中，谈判双方的注意力都集中在如何维护自己的立场，否定对方的立场上。谈判者只关心自己的需要，以及从谈判中能够得到的利益，而无视对方的需要以及对利益的追求。他们只看到谈判冲突的一面，总是利用甚至创造一切可能的冲突机会向对方施加压力，忽视寻找能兼顾双方需要的合作途径。

有这样一个例子，有两个人在图书馆里争吵，一位想要开窗，另一位想要关窗。他们为了是否应该打开窗户，以及应该开多大而争吵不休。没有一种解决办法能使双方满足。这时候图书管理员进来了，她问其中的一位为什么希望开窗户，对方回答说，使空气流通。她又问另一位为什么希望关上窗户，对方回答说，想避免噪声。管理员思考了一会儿后，走到对面的房间将那里的窗户打开，这样既可以使空气流通，又能避免噪声，双方的需要都得到了满足。从这个例子中我们可以看出，如果各方都只注意自己要打开窗户或关上窗户的立场，那么事情就无法解决。如果避开立场，而看看对方的需要是什么，能否将双方的需要统一起来，找到能满足双方需要解决的方案，那么问题就比较容易解决。

3. 原则式谈判

原则式谈判也称价值型谈判。这种谈判，最早由美国哈佛大学谈判研究中心提出，故又称哈佛谈判术。原则式谈判要求谈判双方首先将对方作为与自己并肩合作的同事对待，而不是作为敌人来对待。原则式谈判要首先注意与对方的人际关系，但是原则式谈判并不是像让步型谈判那样只强调双方的关系而忽视利益的获取。它建议和要求谈判的双方尊重对方的基本需要，寻求双方利益上的共同点，设想各种使双方各有所获的方案。当双方的利益发生冲突时，坚持根据公平的标准来做决定，而不是通过双方意志力的比赛一决胜负。吸取了软式谈判和硬式谈判之所长而避其极端，强调公正原则和公平价值，主要有以下几个方面的特征。

(1) 谈判中对人温和、对事强硬，把人与事分开。

(2) 主张按照共同接受的具有客观公正性的原则和公平价值来取得协议，而不简单地在具体问题上讨价还价。

(3) 谈判中开诚布公而不施诡计，追求利益而不失风度。

(4) 努力寻找共同点、消除分歧，争取共同满意的谈判结果。

原则式谈判认为，在谈判双方对立立场的背后，存在着共同性利益和冲突性利益。我们常常因为对方的立场与我们的立场相对立，而认为对方的全部利益与我方的利益都是冲突的。但是，事实上在许多谈判中，深入地分析双方对立的立场背后所隐含的或代表的利益，就会发现双方共同性利益要多于冲突性利益。如果双方能认识到和看重共同性利益，调解冲突性利益也就比较容易了。

原则式谈判是一种既理性又富有人情味的谈判态度与方法。运用原则式谈判的要求包括：当事各方从大局着眼，相互尊重，平等协商；处理问题坚持公正的客观标准，提出相互受益的谈判方案；以诚相待，采取建设性态度，立足于解决问题；求同存异，互谅互让，争取双赢。这种谈判态度与方法，同现代谈判强调的实现互惠合作的宗旨相符，日益受到社会的推崇，也符合中国的中庸思想。

现实中的谈判往往与上述三种方法有所差别，或者是三种方法的综合。在使用以上谈判方法时受以下几个方面因素的影响。

(1) 今后是否有继续保持业务关系的可能性。如果己方想与对方保持长期的业务关系，并且具有这样的可能性，那么就不能采取立场型谈判，而要采取比较注意建立和维护双方关系的原则式谈判法。反之，如果是一次性的、偶然的业务关系，则可以适当地考虑使用立场型谈判法。

(2) 对方的谈判实力与己方的谈判实力的对比。如果双方实力接近，可以采取原则型谈判法；如果己方的谈判实力比对方强许多，则可以考虑适当采用立场型谈判法。

(3) 交易的重要性。如果某项交易于己方来说非常重要，可以考虑运用原则式谈判或立场型谈判。

(4) 财力和时间方面的限制。如果谈判的开支庞大，己方在人力、财力和物力等方面的支出受较大的制约，谈判时间过长，必然难以承受，应考虑采用让步型谈判或原则式谈判。

(5) 双方的谈判艺术与技巧。谈判者都有既定的目标，而达成这一目标的方法可以是多种多样的。有些谈判者具有较高的谈判技巧，善于控制和引导谈判行为，往往是有张有弛，软硬结合，不拘泥于某一种谈判类型。

(6) 谈判人员的个性与谈判风格。有些谈判人员天性要强好斗，做任何事情都喜欢拼搏一番，这样谈判中的竞争性就比较强，在谈判的方法上也就比较多地偏向采用立场型谈判；有的谈判人员比较随和，在谈判中就比较多地偏向采用让步型谈判。所以应该根据对手的个性与谈判风格，采用有针对性的谈判类型。

(六)按谈判所属部门划分

商务谈判按照谈判所属部门的不同,可分为官方谈判、民间谈判和半官半民谈判。

1. 官方谈判

官方谈判是指国际组织之间、国家之间、各级政府及其职能部门之间进行的谈判。官方谈判的主要特征包括:谈判人员职务对等、实力强;谈判节奏快、信息处理及时;注意保密、注重礼貌。

2. 民间谈判

民间谈判是指民间大众之间的谈判。民间谈判的主要特征包括:相互平等、机动灵活、重视私交和计较得失。

3. 半官半民谈判

半官半民谈判是指谈判议题涉及官方和民间两个方面的利益,或者指官方人员和民间人士共同参加的谈判,以及受官方委托以民间名义组织的谈判等。半官半民谈判兼有官方谈判和民间谈判的特点,一般表现为:谈判需兼顾官方和民间的双重意图及利益,制约因素多;解决谈判中的各类问题时,回旋余地大。

(七)按谈判的沟通方式划分

商务谈判按照谈判的沟通方式的不同,可分为口头谈判和书面谈判。

1. 口头谈判

口头谈判是指谈判人员面对面直接用口头语言交流信息和协商条件,或者在异地通过电话进行的商谈。口头谈判是谈判活动的主要方式,主要优点包括:当面陈述、解释,直接、灵活,也为谈判人员展示个人魅力提供了舞台;便于谈判人员在知识、能力、经验等方面相互补充、协同配合,使谈判过程融入了情感因素。

我们不难发现,在某些商务谈判中,有些交易条件的妥协让步就完全是出于感情上的原因。此外,面对面的口头谈判,有助于双方对谈判行为的发展变化做出准确的判断。谈判人员不仅可以通过对方的言谈,分析、把握其动机和目的,还可以通过直接观察对方的面部表情、姿态动作了解其意图,并借以审查对方的为人及交易的诚信程度,避免做出对己方不利的决策。口头谈判也存在某些缺陷,例如,利于对方察言观色,用来推测己方的谈判意图;易于受到对方的反击,从而动摇谈判人员的主观意志。但是,这些缺陷,反过来也是可供运用的优点。在一般情况下,双方都不易保持谈判立场的不可动摇性,难以拒绝对方提出的让步要求。

2. 书面谈判

书面谈判是指谈判人员利用文字或图表等书面语言进行交流和协商的谈判。书面谈判一般通过信函、电报、电传网络等具体方式进行谈判。书面谈判通常作为口头谈判的辅助方式,主要优点包括:思考从容,利于慎重决策;表达准确、郑重,利于避免偏离谈判主题；在向对方表示拒绝时，要比口头形式方便易行，特别是在已与对方人员建立了良好人际关系的情况下，通过书面形式既直接表明了本方的态度，又有利于减少不必要的矛盾，费用较低，有利于提高谈判的经济效益等。书面谈判的缺点在于，不利于双方谈判人员的相互了解；并且，信函、电报、电传网络等所能传递的信息是有限的，谈判人员仅凭借各种文字资料，难以及时、准确地对谈判中出现的各种问题做出反应，因而谈判的成功率较低。

书面谈判，切忌文不达意和马虎粗心。因此，对谈判人员的书面表达能力和工作作风有较高的要求。一般来说，书面谈判适用于那些交易条件比较规范、明确，谈判双方彼此比较了解的谈判。对一些内容比较复杂、交易条件多变，而双方又缺乏必要了解的谈判，则适宜采用口头谈判。

随着现代通信业的发展，电话、网络谈判作为介于口头谈判与书面谈判之间的一种新的谈判类型，已经逐渐地发展起来。这种谈判形式的好处在于，便于双方谈判人员交流思想感情。双方谈判人员随着日常的直接接触，逐渐形成了一种人与人之间的感情，会由"陌生人"变为"熟人"。

(八)按谈判的事项，即所涉及的经济活动内容划分

商务谈判按照谈判的事项，即所涉及的经济活动内容的不同，可分为投资谈判、货物(劳务)买卖谈判和技术贸易谈判，其他还有租赁谈判、承包谈判等。

1. 投资谈判

投资就是把一定的资本(包括货币形态的资本、所有权形态的资本、物质形态的资本和智能形态的资本等)投入和运用于某一项以盈利为目的的活动。所谓的投资谈判，是指谈判双方就双方共同参与或涉及双方关系的某项投资活动，对该投资活动所要涉及的有关投资的目的、投资的方向、投资的形式、投资的内容与条件、投资项目的经营与管理，以及投资者在投资活动中权利、义务、责任和相互之间的关系所进行的谈判。投资谈判的特点主要是气氛比较好，注意谈判的细节内容。

2. 货物(劳务)买卖谈判

货物(劳务)买卖谈判是一般商品的买卖谈判，即买卖双方就买卖货物本身的有关内容，如数量、质量、货物的转移方式和时间，买卖的价格条件与支付方式，以及交易过程中双方的权利、责任和义务等问题所进行的谈判。货物(劳务)买卖谈判的特点主要是以价格为核心。

劳务买卖谈判是劳务买卖双方就劳务提供的形式、内容、时间、劳务的价格、计算方法及劳务费的支付方式，以及有关买卖双方的权利、责任、义务关系所进行的谈判。由于劳务具有明显区别于货物的各项特征，因此劳务买卖谈判与一般的货物买卖谈判有所不同，主要是对履约的时间、质量、进程等内容的协商，强调违约的责任。

3. 技术贸易谈判

技术贸易谈判是指技术的接受方(即买方)与技术的转让方(即卖方)就转让技术的形式、

内容、质量规定、使用范围、价格条件、支付方式以及双方在转让中的一些权利、责任和义务关系问题所进行的谈判。

技术作为一种贸易客体有其特殊性，比如，技术的交易过程具有延伸性；技术市场价格完全由交易双方自由议定等。因此，技术贸易谈判不仅有别于一般的货物买卖谈判，与劳务买卖谈判相比也存在一定的差异。

(九)按谈判内容的性质划分

商务谈判按照谈判内容的性质不同，可分为经济谈判和非经济谈判。

1. 经济谈判

经济谈判是指以某种经济利益关系为谈判议题、内容和目标的谈判。经济谈判是现代社会最普遍的谈判类型，它囊括和涉及了现代社会各种不同利益主体之间的经济利益关系，如货物买卖、服务贸易、工程承包、知识产权转让、投资、融资、租赁、代理、拍卖和索赔等。

2. 非经济谈判

非经济谈判是指以非直接的经济利益关系为谈判议题、内容和目标的谈判，如涉及政治关系、外交事务、军事问题、边界划分、人质释放、文化交流、科技合作和家庭纠纷等的谈判。

经济谈判和非经济谈判有时互相交织，但由于谈判内容的性质不同，遵循的原则、策略的运用以及对谈判人员的要求等均有不同。

(十)按谈判参与方的国域界限划分

商务谈判按照谈判参与方的国域界限不同，可分为国内谈判和国际谈判。

1. 国内谈判

国内谈判是指谈判参与方均属一个国家内部。

2. 国际谈判

国际谈判是指谈判参与方分属两个及两个以上的国家或地区。

国内谈判和国际谈判的明显区别在于谈判背景存在较大差异。对于国际谈判，谈判人员首先必须认真研究对方国家或地区相关的政治、法律、经济和文化等社会环境背景。同时，也要认真研究对方国家或地区谈判者的个人简历、谈判作风等人员背景。此外，对谈判人员在外语水平、外事或外贸知识与纪律等方面，也有相应的要求。

二、商务谈判的原则

商务谈判的原则是指商务谈判中谈判各方应当遵循的指导思想和基本准则。商务谈判的原则是商务谈判内在的、必然的行为规范，是商务谈判的实践总结和制胜规律。因此，认识和把握商务谈判的原则，有助于维护谈判各方的权益，提高谈判的成功率和指导谈判策略的运用。

任何商务谈判都是在特定的环境和条件下进行的，而且不同谈判者追求的目标也有所不同。因而，在现实中商务谈判行为也必然是各具特色、互不相同。但是，任何一项商务谈判又都是谈判双方共同解决问题，满足各自需要的过程，从这个意义上讲，不同的商务谈判对谈判者的行为又有着共同要求。或者说，无论人们参与什么样的商务谈判，都必须遵循某些共同准则。商务谈判是一种原则性很强的活动，在商务谈判中，谈判者应遵循的原则主要有以下几个方面。

1. 平等原则

平等原则是指商务谈判中无论各方的经济实力强、弱，组织规模大、小，都应该坚持地位平等，自愿合作，平等协商，公平交易。无论实力大小都应平等，不能强加给对方，双方地位都是平等的。

从某种意义上讲，双方力量、人格、地位等的相对独立和对等，是谈判行为发生与存在的必要条件。如果谈判中的某一方由于某些特殊原因而丧失了与对方对等的力量或地位，那么另一方可能很快就不再把他作为谈判对手，并且可能试图去寻找其他的而不是谈判的途径来解决问题，这样谈判也就失去了它本来的面目。在商务谈判中，当事各方对于交易项目及其交易条件都拥有同样的否决权，只能通过协商达成协议一致意见，不能一家说了算或少数服从多数。这种同质的否决权和协商一致的要求，客观上赋予了各方平等的权利和地位。因此，谈判各方必须充分认识这种相互平等的权利和地位，自觉贯彻平等原则。平等互利反映了商务谈判的内在要求，是谈判者必须遵循的一项基本原则。

贯彻平等原则，要求谈判各方互相尊重、以礼相待，任何一方都不能仗势欺人、以强凌弱，把自己的意志强加于人。只有坚持这种平等原则，商务谈判才能在互信合作的气氛中顺利进行，才能达到互助互惠的谈判目标。可以说，平等原则是商务谈判的基础。

2. 互利原则

互利原则是指谈判达成的协议对于各方都是有利的。互利是平等的客观要求和直接结果。商务谈判不是竞技比赛，一方盈利一方亏本。因为，谈判如果只有利于一方，不利方就会退出谈判，这样自然导致谈判破裂，谈判的胜利方也就不复存在。同时，谈判中所耗费的劳动也就成为无效劳动，谈判各方也就都只能是失败者了。坚持互利，就要重视合作，没有合作，互利就不能实现。谈判各方只有在追求自身利益的同时，也尊重对方的利益追求，立足于互补合作，才能互谅互让，争取互惠"双赢"，才能实现各自的利益目标，获得谈判的成功。

满足需求的条件下互通有无，经济利益互惠互利，不等于利益均等。谈判所取得的结果应该对双方都有利，互惠互利是谈判取得成功的重要保证，但这并不是说双方从谈判中获取的利益必须是等量的，互利并不意味着利益的相等。

事实上，谈判双方可以共同努力来增加可以切割的利益总数。如果双方联合起来做更大的蛋糕，尽管其相对的份额保持不变，但各自的所得却增加了。这是一种典型的"赢—赢"式的谈判，其重点是合作，而不是冲突。例如，与美国摩托公司谈判的美国联合汽车工人工会领导人发现，如果坚持原来的立场将迫使公司大幅度停工，甚至破产，员工的利益也将受到损害。由于认识到了这是一个共同利益，双方达成了一项长期协议。根据这一协议，双方各自做出让步以便在未来取得更多利益。当然，在谈判中，50%对50%的做法仅仅是一种可能的结果，更为常见的是谈判各方都力图从那一块较大的蛋糕中取得较多的一份。尽管商务谈判强调合作更甚于强调冲突，但在任何一项谈判中又都存在冲突的因素。一个出色的谈判者应该善于合理地运用合作和冲突，在平等互利的基础上，努力为本方争取最大利益。

3. 合法原则

合法原则是指商务谈判必须遵守国家的法律、政策。国际商务谈判还应当遵循有关的国际法和对方国家的有关法规。商务谈判的合法原则，具体体现在以下三个方面：一是谈判主体合法，即谈判参与的各方组织及其谈判人员具有合法的资格；二是谈判议题合法，即谈判所要磋商的交易项目具有合法性，对于法律不允许的行为，如买卖毒品、贩卖人口、走私货物等，其谈判显然违法；三是谈判手段合法，即应通过公正、公平、公开的手段达到谈判目的，而不能采用某些不正当的，不能利用行贿受贿、暴力威胁等手段来达到谈判的目的。总之，只有在商务谈判中遵守合法原则，谈判及其协议才具有法律效力，当事各方的权益才能受到法律保护。因此，合法原则是商务谈判的根本。

4. 信实原则

信实原则即守信与诚实原则，进行谈判，诚实、守信至关重要。所谓守信，就是"言必信，行必果"；所谓诚实，是说任何谈判，没有诚心诚意，言而无信，出尔反尔，朝告夕改，势必失信于人，破坏双方的合作，谈判必将失败。俗话说："诚招天下客"，这在商务谈判中尤其如此。诚心实意，坦率守信，这既是一条谈判原则，又是谈判成功的有效法宝之一。

为了在谈判中遵循这一原则，谈判者应该做到以下几个方面。

(1) 讲信用，遵守谈判中的诺言。正所谓"一诺千金"，此乃取信于人的核心。

(2) 信任对方，此乃守信的基础，也是取信于人的方法。只有信任对方，才能得到对方的信任。

(3) 不轻诺，此乃守信的重要保障，轻诺寡信，必将失信于人。

(4) 以诚相待，此乃取信于人的积极方法。

诚实与保守商业机密并不矛盾，诚实的意义在于不欺诈，所以谈判人员应该明白这个道理。

5. 求同原则

求同原则也叫协商的原则，是指谈判中面对利益分歧，从大局着眼，努力寻求共同利益。求同原则要求谈判各方首先要立足于共同利益，要把谈判对象当作合作伙伴，而不仅视为谈判对手。同时，要承认利益分歧，正是由于需求的差异和利益的不同，才可能产生需求的互补和利益的契合，才会形成共同利益。贯彻求同原则，要求在商务谈判中善于从大局出发，要着眼于自身发展的整体利益和长远利益的大局；要善于运用灵活机动的谈判策略，通过妥协寻求协调利益和解决冲突的办法，构建和增进共同利益；要善于求同存异，不仅应当求大同存小异，也可以为了求大同而存大异。可以说，求同原则是商务谈判成功的关键。善于求同，历来是谈判高手具有智慧的表现。

要解决双方"想法"的差异，就必须互相设身处地地将自身放在对方的位置上去考虑，并适当调整自身的想法。需要注意的是，理解对方的观点并不等于完全同意其观点。它有利于缩小冲突范围，消除双方的分歧，这样就会带来对方的理解。同时，在适当的时候向对方发出与其想法不同的信息，或采取出乎对方意料的行动，常是改变对方想法的最好方法。

另外，在谈判中，还应注意照顾对方的面子。当对方改变原来看法的时候，要给其台阶，对方觉得不丢面子，有利其做出让步。如果双方把精力都放在情绪对立上，无助于问题的解决，谈判易陷入僵局。

解决分歧，处理好谈判中的"情绪"问题，应注意以下四个方面。

(1) 在商务谈判中若出现情绪激动、心烦意乱、跟对方赌气的迹象，应及时分析原因并设法加以控制。

(2) 当对立情绪表现出来时，应坦诚地与对方展开讨论，进行相互交心，以消除谈判阻力。

(3) 容许对方发泄怨气。在商务谈判中，处理怨气和其他消极情绪的最有效方法是让其发泄出来；最佳策略是静闻其言，而不出口反击。让对方把话说完，注意倾听对方意见，往往有助于其怒气全消。

(4) 善于运用友好姿态。在商务谈判实践中，一项同情的表示，一句谦逊的言辞，一次礼节性的拜访，一种友好的微笑，一次欢悦的聚会，都可能是以最小的代价改善对立情绪的好方法。在许多场合，表示歉意也可以有效地使对方不满情绪烟消云散。

6. 事人有别原则

由于商务谈判所涉及的是有关双方利益的事物，而不是谈判者个人的利益，参加谈判的人只是事物的载体，谈判桌上发生冲突的是事物。所以，对事应是强硬的，当仁不让，坚持原则；而对人则应是友好的、温和的，关系融洽。这就是人事分离的理念。

在商务谈判过程中，当双方互不了解，出现争执，以及因人论事时，想解决问题达成协议是极其困难的。这是因为参加谈判的是有血有肉、有感情、有自我价值观的人。人与人之间可以经由信任、了解、尊敬和友谊建立起良好的关系，从而使一项谈判活动变得顺利、有效。相反，发怒、沮丧、疑惧、仇视和抵抗心理，会将个人的人生观与现实问题结合在一起，使之产生沟通障碍，从而导致双方相互误解加深，强化成见，最后使谈判破裂。因此，将谈判个人的因素与谈判所涉及的目标分离开，是商务谈判获得成功的重要原则之一。

1) 处理人的问题时，应注意的事项

把人与问题分开，并不意味着可以完全不考虑有关人性的问题。事实上谈判者要避免的是把人的问题与谈判的问题混杂在一起。在处理人的问题时，应该注意以下三个方面的事项。

(1) 每一方都应设身处地去理解对方观点的动因，并尽量弄清这种动因所包含的感情成分。谈判者站在对方的立场而不是自己的立场上去看待对方的观点，就不难发现在他们的观点背后，包容了多少理性的思考和感情的成分。离开了对人性问题的深刻理解和把握，处理人的问题的努力也就失去了作用。

（2）谈判者应明确哪些问题掺杂了个人的感情，并设法进行疏通。人们总是在一定的情绪、情感状态下参与谈判，人们的情绪、情感又随谈判行为的发展而发生变化。任何一方都不能无视对方的情感体验，任何一方都应该对他方的情感要求做出积极反应。直率地讨论双方易动感情的问题，而对过激的情绪不做出直接反应，都有助于防止谈判陷入毫无成效的相互指责。

（3）谈判双方之间必须有清晰的沟通。双方都应该以积极的姿态来对待对方，主动地听取和注意对方的言谈，互相沟通对问题的看法，寻找彼此的共同点，而不是指责对方的缺点。沟通的目的不是为了让人倾听你的谈话，而是讲清双方的利益关系。

2）把人和事分开，应注意的事项

要把人与事分开，需要做到以下两点。

（1）将谈判者的两种利益区分开。从商务谈判实践看，每位谈判者参加谈判都想取得两个方面的利益：一是能达成满足自身利益的协议，这是谈判的实质利益，也是谈判者进行谈判的直接动机；二是想谋求谈判双方的合作关系，这是谈判的长远利益。从谈判的眼前利益来看，为了能达到满足自身利益的协议，每位谈判者至少会与对方处理好目前的工作关系。为了谋求长期的合作关系，还必须注意维护持久的关系。因此，要把二者分开。

（2）谈判双方应做到相互信任。在交往中，你对别人信任，别人也会给你更多的信任，这样才能建立信任的谈判关系。

总之，把人与问题分开，就意味着谈判双方肩并肩地处理问题。这对于消除情感因素可能引发的不利影响，变消极因素为积极因素，有着非常重要的现实意义。

7．把立场与利益分开的原则

谈判者所持的立场与其所追求的利益是密切相关的。利益在许多情况下是内隐的，而一个人的立场则由他自己决定，并常常通过自己的言谈举止显现出来。

人们持有某种立场为的是争取他所期望的利益，立场的对立无疑源于利益的冲突。如果某一方的利益追求在谈判一开始就得以实现，那他就没有必要继续坚持他的立场，双方很快就可以达成一致。而如果谈判者所持的立场无助于他对利益的追求，他就会重新审视这一立场，进行适当的修改和调整，甚至放弃这一立场。

在商务谈判中，谈判者的立场服从于他对利益的追求。就立场相互对立的双方来说，重要的不是调和双方的立场，而是调和彼此的利益。当然，在某些情况下，双方也完全可以通过合作来消除立场的对立，把注意力集中于相互的利益而不是立场，对谈判双方来说都是十分有益的。其原因如下。

（1）谈判者追求某一利益的意愿，可以通过不同的立场来体现。例如，某一项谈判追求的利益是取得尽可能大的销售收入，谈判者的立场可能是坚持在价格上不做或少做让步，也可以是坚持要对方在本方认可的某一个较低的价格水平上增加订货量。上述两种立场都是为谋求某种利益服务的，都有可能满足本方对利益的追求。如果谈判者过于看重立场，尤其是在与对方发生严重冲突的情况下，仍一味地坚持自己的立场，就可能动摇双方共同合作的基础，从而丧失原本可以获取的利益。

（2）在互相对立的立场背后，可能隐藏着双方共同的和一致的利益。例如，某一谈判的立场可能是坚持合同必须包括一项对延期发运货物给予严厉处罚的条款，双方在这一立场上各不相让。但如果透过双方对立的立场，我们就不难发现，双方的利益又有一致的方面，卖方希望取得源源不断的订单，买方则想要保证原材料的不断供应。因此，立场的对立并不代表利益的完全对立。

当然，谈判某方在关心自己利益的同时，也应关注对方的利益，这样在你阐述自己的利益时，才可能减少对方的抵触情绪。同样，还必须向对方解释他的利益，这样才能使对方意识到，即使双方在立场上存在冲突，但仍然是可以争取共同利益的。

谈判的重点应放在利益上而非立场上，这就是通常所说的利益至上理念。贯彻这个理念，应注意以下几点。

(1) 要显得重视对方的利益，并作为解决问题中的一部分。要想使对方注意并满足自身所期望的利益，首先就应表明我方是很重视和理解对方利益的。

(2) 磋商时想让对方考虑我方的利益，就应先说出理由，后提出建议。

(3) 应用长远观点看问题。

(4) 磋商时应推出多种具体而灵活的方案。

(5) 对利益硬，对立场软。

8. 坚持客观标准的原则

商务谈判中面对存在的分歧，有些谈判者往往持强硬的态度，试图迫使对方不断让步；有些谈判者则过分突出情感的因素，在对方的压力面前不断退让。靠压力来达成协议可能给谈判者带来一时的利益，但不可能只凭借强大的压力来获取长久的成功。同样，宽厚大方的做法虽然维系了双方的良好关系，但自己却陷于微利甚至是无利可图的境地，谈判的效率是低下的。

谈判要解决的问题应该以客观的标准为依托。坚持客观标准的原则，就是坚持协议中必须反映出不受任何一方立场所左右的公正的客观标准。

可供双方来作为协议基础的客观标准是多种多样的，可以是市场价格、专业标准、道德准则、价格指数等。选择的客观标准应该是独立于双方意志力之外的，并且为双方所认可和接受。如果双方认为每个问题都需要双方共同努力去寻求客观标准，每一方就都应在对待最能反映客观性标准的问题上理智从事。如果要修改某些标准，必须在提出了更好的建议后才可考虑。

谈判时依据某一客观标准应注意以下几个方面的问题。

(1) 确定客观标准。双方所寻求的客观标准应是独立于各方主观意志之外，而且应合法、合情、合理，并切合实际，为双方都能接受。

(2) 以其矛攻其盾。对方提出的每个标准，都可以成为用来说服对方的工具、如果采用对方提出的标准，作为客观标准，那么对方一般是很难予以拒绝或反对的。

(3) 注意哪种标准最合适。在谈判中，坚持协议应根据客观标准，并不意味着只以一方所提出的标准为基础。一个合情、合理、合法的标准，往往又找到其他可以取而代之的合法标准。如果双方提出的标准不同，就会寻求更为公正的客观标准。例如，双方过去曾经用过的标准，或普遍都在应用的标准。若最后双方仍不能达成一致协议，则可共同邀请双方认定的公证人进行裁决，请其提出哪种标准最公平，最切合实际。

(4) 坚持原则，不屈服于压力。谈判中的压力有许多表现形式，其中包括：贿赂、威胁、求助于信任或拒绝让步等。对此，应坚持原则，让对方说明理由，并提出己方所能适用的客观标准。除非以此为基础，否则不予让步，绝对不能屈服于压力。

9. 时间与地位的原则

时间与地位的原则是指在谈判过程中时间和地位这两个因素非常重要，谈判者应该加以重视。

谈判时时间越充裕，思考的时间就越多，时间越紧张就越容易出错，尤其是在谈判结尾的时候更为突出。时间的因素造成谈判的最终结果是急者败，稳者胜。所以谈判人员应该知道在不同的时间约束下，应如何做。

地位是指自己在谈判对手心中的位置。地位有时与权利有关，有时无关。谈判人员的地位是靠自己在谈判过程中表现出的知识、谈判水平等因素决定的。提高自己在对方心中的地位可以从以下几个方面入手。

(1) 人为地制造竞争对手。要注意自然，最好由第三者告知。
(2) 显露自己的身份。最好通过间接的方式由他人说出。
(3) 人为地提高自己坚持到底的韧性。
(4) 显示放松的心态。

10. 信息原则

信息决定谈判的地位和力量，谈判是一个由信息不对称到对称的过程。在使用信息原则时应该注意以下几个方面。

(1) 注意收集谈判的信息。
(2) 对获得的信息做出正确的反映。
(3) 在平时生活中积累，做有心人。
(4) 注意对信息的保密。
(5) 善于制造假信息。

11. 注重心理活动的原则

谈判是和人在谈判，人的心理活动直接影响其行为。所以要善于把握对方的心理活动，很好地利用对方的心理活动规律，使谈判向有利于自己的方向发展。谈判者要从以下几个方面来思考事情。

(1) 满足他人不同层次的需要。
(2) 善于调动别人的心理活动。
(3) 利用人的"不求所用，但求所有"的心理。
(4) 在对谈判不重要的事上，自己承担责任。

12. 科学性与艺术性相结合的原则

商务谈判是一门科学，同时又是一门艺术，是科学性与艺术性的有机结合。一方面，商务谈判必须从理性的角度对所涉及的问题进行系统的分析研究，根据一定的规律、规则来制订谈判的方案和对策。另一方面，商务谈判活动是由特定的谈判人员进行的，人是有复杂情感的，所以与人交流更需要艺术手段。

在商务谈判过程中，谈判者应当既坚持科学，又讲究艺术，才能及时化解谈判中可能出现的各种问题，灵活地调整自己的行为，从而使自己在面对不断变化的环境因素时，能保持反应的灵敏性和有效性。

三、谈判的相关理论

没有理论的指导，谈判实践就容易偏离方向。谈判理论对谈判实践有重要的指导作用，目前流行的一些谈判理论如下。

(一)尼尔伦伯格的谈判需要理论

尼尔伦伯格运用行为科学、心理科学等原理和知识，总结了他自己不下数千次的谈判经验，提出了谈判的需要理论。亨利·阿尔弗雷德·基辛格(Henry Alfred Kissinger，1923—   )曾说，一次成功的谈判要求所有各方面都得到某种满足。

尼尔伦伯格认为，任何谈判都是在人与人之间发生的，他们之所以要进行谈判，都是为了满足人的某一种或几种"需要"。这些"需要"决定了谈判的发生、进展和结局。

掌握了谈判的需要理论，就能使我们重视驱动双方的各种需求，找出与谈判双方相联系的"需要"，懂得如何选择不同的方法去应对、抵制或改变对方的不良动机。了解每一种"需要"的相应动机和作用，就能对症下药，选择最佳的谈判方法。

谈判的需要理论，一般适用于各类谈判。以下是人类行为基本的七种需要。

(1) 生理的需要。

(2) 安全和寻求保障的需要。

(3) 爱与归属的需要。

(4) 获得尊重的需要。

(5) 自我实现的需要。

(6) 认识和理解的需要。

(7) 追求美的需要。

所以谈判者应该知道对方有哪些需要，并知道如何去满足他，才能使谈判成功。

(二)比尔·斯科特的谈判"三方针"理论

英国谈判专家比尔·斯科特精心挑选了"谋求一致"、"皆大欢喜"、"以战取胜"三个词汇来表达他的谈判理论。他极力推崇在友好、和谐气氛下"谋求一致"的谈判方针；但也积极主张在谋得己方最大利益的前提下，给对方以适当的满足的"皆大欢喜"的谈判方针；他尽力避免种种冲突型的"以战取胜"的方针。

1. 谋求一致

这是一种为了谋求双方共同利益、创造最大可能一致性的谈判方针。可比喻为双方共同制作更大的蛋糕，分享的蛋糕就更多、更好。例如，美国西方石油公司董事长兼首席执行官哈默博士1988年9月来华，除了解决有关已经投资建设的平朔安太堡露天煤矿的一些具体问题外,他更希望尽快与中国政府再签订合作建设一座生产能力为 1 500 万吨大型煤矿的意向书,与中国海洋石油总公司洽谈进一步合作问题。类似这些谈判成功的实例都是双方在谋求一致的大前提下进行的。

2. 皆大欢喜

这是一种使谈判双方保持积极的关系,各得其所的谈判方法。与"谋求一致"相比,它不是把蛋糕做得尽可能大,而是根据不同需要、不同价值观,分割既定的一只蛋糕。1940年,霍华·休斯制作了一部影片《不法之徒》,女主角是名噪一时的艳星珍罗素。他们共同签订了一年的合约,珍罗素应得 100 万美元的报酬。合同到期,休斯虽家境殷实,但现金并不充裕。开始,休斯让珍罗素等候一时,珍罗素手持合约不同意。后来,他们两人冷静思索了一下,终于找到了皆大欢喜的办法。经过谈判,他们同意把原来签订的一年合约改为 20 年合约,每年休斯付给珍罗素 5 万美元,总数为 100 万美元。这样,休斯解决了"流动资金"的困难,可以分期付款;珍罗素将一年的收入延长为20年,而个人交纳的税金则大大减少了。这就是皆大欢喜。

3. 以战取胜

这是一种陈旧的谈判方针,把谈判看成一场尖锐的冲突,施展各种手腕和诡计,争个你死我活,结果往往是两败俱伤。奉行"以战取胜"谈判方法的人,其目的是打败对方,其实质是牺牲他人的利益,取得自己的最大利益,其危害主要有以下几个方面。

(1) 失去友谊。
(2) 失去今后与对方合作的机会。
(3) 会遭到对方的抵抗和反击,冒可能失败的风险。
(4) 即使对方屈从,也不会积极履行合同。
(5) 使自己失去信誉。

因此,谈判高手极少使用。在一次性谈判和一方实力比另一方实力强大得多的情况下,可能有的谈判人员会采取"以战取胜"的方针。我们应了解这种方针的危害性,防止受到侵害,并掌握识别和抵抗的技巧。

(三)谈判的博弈论

现代经济科学将博弈论引入到商务谈判中,从这一角度出发,许多经济现象和经济行为都可以理解为某种博弈问题,可以用博弈方法进行分析研究。近年来,博弈论在谈判活动中的应用也越来越受到人们的关注,引起了人们的兴趣。将复杂的、不确定的谈判行为,经过简明的博弈分析,使之研究更科学化、规范化和系统化。

1. 以博弈论解释谈判

博弈有多种形式,这里主要借助于博弈论来分析建立谈判合作的基本模式。例如,有一个叫马华的人有一辆修理后的旧车,假定对他来讲,拥有并使用这辆车的利益为 10 000元。再假设一个叫张东的人一直想买一辆旧车,他现在有 15 000 元,便决定从马华那里买这辆旧车,他认为值 12 000 元。根据上述情况,如果出售和购买旧车的两人要进行交易,马华的要价在13 000元以上，而张东愿支付的价格在12 000元以内。双方之间有个差额，这就是谈判的余地。假如交易完全是自愿的，交易就会在12 000～13 000的某个点上成交，假设成交价格为12 500元。从合作的角度讲，交易双方都能从合作行为中得到利益。具体地说，这个交易使某个资源(旧车)从对它评价较低的所有者手里转移到对它评价较高的人手里，这个资源在这一交易过程中的潜在利益从12 000元增加到12 500元，净增500元利益，同时也带来了利益分享。

但是，合作性结果的出现需要谈判双方拥有充分的信息交流，一旦谈判双方不能进行信息交流，就难以实现一个有利于每个当事人的合作利益，这种谈判就称为"囚徒困境"。

"囚徒困境"是一种非合作性的博弈情况。假设有两个嫌疑犯被分别关在隔离的房间里受审。他们彼此之间无法进行交流和沟通，警察分别向两名嫌疑犯表明，如果一个人招供，而同伙不招供，招供者会被关押半年，同伙将被关10年；如果都招供，将被各判5年徒刑；如果都不招供，将各判一年。我们知道，两个嫌疑犯最佳的策略选择是双方都不认罪，但监禁半年是最吸引人的。所以，每个嫌疑犯都可能有认罪的动机，这样双方可能都会认罪，结果是各监禁5年。

可见，从博弈角度来分析谈判，只有双方进行交流合作，才会有剩余，才谈得上双方利益的分享。

2. 在博弈基础上建立谈判程序

通过上述分析，可以将谈判过程分为三个步骤：一是建立风险值；二是确立合作的利益；三是达成分享利益的协议。

现代谈判观念认为，谈判不是将一块蛋糕拿来后，商量怎么分，而是要想法把蛋糕做大，让每一方都能多分，这一点被博弈论所证明。使博弈各方的得益之和增大，这就意味着参与谈判各方之间存在着相互配合，即在各自的利益驱动下自觉、独立采取合作的态度和行为。大家合作，将利益扩大，使每一方都多得，结果是皆大欢喜。

3. 达成分享剩余利益的协议

我们认为谈判是一种不确定性的行为。如果谈判坚持不下去，各方就不能进行有效的合作，也就无法创造新的价值，实现更大的利益。不合作的最大问题就是谈判各方难以在如何分割或分享价值的问题上达成一致性的协议。

究竟这一剩余利益应该怎样分配，是平均还是不平均，取决于许多不确定的因素。实际上，在很多谈判中，人们对双方合作的剩余是多少也难确定。就公平理论来讲，有许多分配方法，如果他们都能认识到达成协议对他们彼此都有益，双方的谅解与合作是完全可能的。

(四)谈判的公平理论

一个高明的谈判者必须借助各种谈判技巧，及时觉察谈判对手心理的微妙变化，使谈判各方认为达成协议对于每个人都是相对公平的。

1. 关于公平的四种分配方法

以穷人和富人如何公正地分配200美元为例。

方法一：以心理承受的公平为标准，按 150∶50 的比例分配。比如在心理上，50 美元对穷人来说是个大数目，穷人失去 50 美元相当于富人失去 150 美元。以这种心理承受为标准的划分也有一定的道理。例如，一些社会团体的赈灾救助活动，经常是按人们收入的多少进行募捐。

方法二：以实际需要的补偿原则为标准。按上述分配比例，让穷人多拿一份，对于双方的实际需要来说是合理的，即对弱者实行补偿原则。例如，世界上的国家可以分为发达国家和不发达国家，许多谈判就是免除穷国欠富国的债务。联合国的一些常设机构和组织对一些不发达国家和地区的援助、投资等也属此例。

方法三：以平均分配为标准。穷人与富人各得 200 美元的一半。这种分配表面看也是很公正的，但由于富人的税率比穷人高，富人拿到这 100 美元后，缴税后的剩余要比穷人少，所以富人也指责这种分配不公平。但在现实中，这种方法简便易行，是最常见的分配方法，也是其他演变分配方法的基础，诸如子女继承遗产，企业或社会发放的救济金等。

方法四：以实际所得平等为标准，按 142∶58 的标准来分配。富人在拿到 142 美元之后需纳税 84 美元，最后实际所得 58 美元，与穷人不够纳税的 58 美元正好相等。这种分配方式经常用于企业给职工的工资较低，但通过较高的福利待遇来平衡职工的总体收入。

以上四个分配方法，由于人们的选择角度与标准不同，导致了分配比例结果的不同。尽管有重大差异，但是人们仍然可认为这四个方法是公正的。显然，公正是有多重标准的。同样是上述 200 美元的例子，人们还可以用年龄大小、地位高低、饥饿程度、先后时序、资历深浅等作为标准，制定出其他形式的"公正"分配办法。问题的关键在于，参与分配的双方要对公正的标准事先达成共识与认可，这也说明在具体的谈判中用何种标准来讲求"公正"，是一个很重要的问题。

2. 公平或公正的两种分配方法

这里介绍两种有代表性的方法。

(1) 朴素法。朴素法是由哈佛大学的谈判专家提出的，他们通过对遗产继承问题的研究，以遗产继承者对所继承的遗产的评估的期望值，得出一种"公正"分配遗产的方法。

假如某夫妇意外死亡，没有留下遗嘱，他的三个孩子：乔丹、迈克尔、玛丽将如何公正平等地分配 ABCD 四件物品呢？

首先，让孩子评估每件物品的价格，然后进行分配。

一种"公正"分配的方法是将物品分配给出价最高的人，然后按所有物品的最高估价总值为 21 000 美元，来作为三个孩子共同平等分享四件物品(把最高估价相加)的总金额，每个孩子可以分得其中的一份，相应地减去他们对物品的评估值，例如，乔丹对 A 评估 10 000 美元，扣除他应该分得的 7 000 美元后，他还应支付 3 000 美元；同理其他两个孩子也得到他们的物品。用朴素法进行的分配是公平的。

(2) 拍卖法。拍卖法是以类似于公开拍卖的方式处理所有遗物，然后分配者再平分全部拍卖所得。在实际拍卖活动中，情况比较复杂，由于人们选择的角度与标准不同，人们对公正的看法及所采取的分配方式有很大差异，完全绝对的公正是不存在的。人们坐下来谈判就是要对合作中利益的公平分配的标准达成共识与认可。

本 章 小 结

商务谈判是谈判各方为了自身利益和满足对方需要而进行的把可能商机确定下来所进行的交流过程。商务谈判的实质就是为了各方之间的相互关系与利益而形成的共识。谈判者只有掌握商务谈判的特点和坚持的原则，才能在实际谈判过程中控制主动权把可能的商机确定下来；同时谈判人员还要把握不同类型的谈判特点及理解相关谈判理论，才能不断提高自己的谈判水平。

本 章 习 题

一、思考题

1. 什么是商务谈判，你是如何理解的？

2. 现代商务谈判的特点是什么？

3. 什么样的谈判才是成功的谈判？评价商务谈判成败的标准有哪些？

4. 谈判可分为哪些类型？各类谈判的特点有哪些？

5. 商务谈判应该遵循哪些原则？你是如何理解的？

6. 你是如何理解公平理论的？

7. 从博弈论的角度讲，你对商务谈判有哪些感悟？

二、拓展练习

练习一　你应该如何处理

你与妻子正在家具市场选家具，看了很多家的家具，最后看中一套标价 5 800 元的沙发。你和售货员谈判，要求打一定的折扣，但得到的回答是："这套沙发前几天还卖 7 200 元呢，这个星期是促销，所以才这个价。根据店里的规定，价格是没有多少商量余地的。"在这种情况下，你应该如何处理，才能对你最有利？

(1) 要求见经理。

(2) 接受售货员给出的折扣。

(3) 再向售货员施加压力以求降价。

你还有更好的办法吗？

练习二　你应该和谁谈

你的朋友告诉你一条出售你所需要的二手车的信息，要求有意购买者亲自去面谈。但是当你亲自出面时，却发现对方并非出售者本人，而是他指定的代理人。这种情况下，你应该怎么做？

(1) 坚持与车主本人谈判。

(2) 问该代理人是否为有权代理，是否不必征求卖主的意见。

(3) 以边谈边观察的方式与代理人进行谈判。

(4) 留下联系方式，要求卖主与自己联系。

练习三　这样的购买活动怎么样

你在百货大楼的家具商场看中了一套实木家具，标价是 6 600 元。你分析各方面的情况后觉得不合适，最多只能付 5 000 元。家具商的销售经理介绍完这套家具的优点之后，你表示对这套家具非常感兴趣，并告诉他最多只能付 2 500 元。销售经理听后，告诉你，他愿以优惠价 5 000 元给你。此时你的感受是什么？

(1) 不接受他的建议。

(2) 不表态，看对方还能降价吗。

(3) 这是一个让你满意的购买价格。

如果你真的遇到上述情况，你该怎么办？你觉得为什么会出现这样的尴尬局面？

练习四　你应该按什么样的顺序来接触

假设你是一位施工设备公司业务员，对一个有可能购买你们产品的公司，你认为应该先拜访谁，后拜访谁？

(1) 采购代理商。

(2) 公司总经理。

(3) 现有设备的使用人员。

(4) 接待员推荐的任何一个人。

(5) 公司的技术人员。

练习五　你如何解决这样的工程变更

你与某个装修公司签订了一份为他们提供装修劳务的承包合同。在你工作进行了一段时间后，该公司不但改变了一些设计内容，增加各式各样的新东西，且提出了提前交工的要求，他们还特别地难为你，要强行削减合同的费用。这样，完成这个工作已经无利可取，该工程的制作还没有完成，你面对这样的情况应该怎么办？

(1) 应立即记下合同中每一项改变的内容，记下每笔额外的花费，马上把这些告诉该公司的人员。

(2) 你弄清了新设计全部费用的数目以后，正式提交这个清单，你有正当的权利收取全部额外费用。

(3) 这个清单应把全部各式各样的费用说明，按常识你必须通过谈判来解决这个问题。

(4) 除非他们同意按期支付这些费用，并商谈增加的工作，否则以停止合同相要挟，因为你是他们最理想的施工人员。

从这个小事上你得到什么感悟？如果是你，你应该把什么放在第一位？

三、案例分析

案例一　这样的谈判有什么问题

在上海进行的一项关于特许权的谈判中，谈判的甲方花费了一个多小时的时间提出了一项新的、极端的扩充方案，并列举了对方必须接受这一方案的种种理由。他们的做法激起了乙方的强烈反应，乙方的首席代表发表了下列意见："如果贵方必须引入这样一个代价昂贵而危险的计划，那么让我们也来谈谈我们的想法……"接着他也提出了一个根本没有希望被接受的方案。

问题：

(1) 在该项谈判中，谈判双方的做法是否存在不当之处？你是如何看待这一问题的？

(2) 你认为应如何把此项谈判引入正常发展的轨道？

(3) 你认为这样的谈判违背了谈判的哪些原则？为什么会出现这样的情况？

(4) 如果是你，你如何处理已经发生的情况？

案例二　问题出在什么地方

小王想在新年为他的女朋友买一套好点的化妆品。他已准备1 000元，还有一个月才到新年呢，并且在这段时间还可以继续准备一点儿。一天，他在一大商场的化妆品柜台，一下子被一套标价1 500元的化妆品吸引住了。他认为这就是他想送给女朋友的礼物，但他的资金不足。售货员说，你可以新年前来买，但不能保证那时是否有货。小王很沮丧。随后，他偶然进入另一家小一点的店，见有一套与前家店一样的化妆品，标价980元。他想买，但觉得那家大商店的那套1 500元的化妆品更好。新年前，那家大商店仍然有货，还降价20%，减为1 200元。但小王的钱仍然不够。售货员再向他提供5%的现金折扣，现付1 140元。小王当即付款，怀着喜悦的心情离开了。

其实，两个店的化妆品是完全相同的，都是从批发商那里以每套800元进的货，但大商场获纯利340元，而另一家小店标价虽低，却未能吸引小王。他为自己聪明的等待而感到愉快，还为与售货员讨价还价后又得到5%的优惠而高兴。

问题：

(1) 小王的谈判水平如何？

(2) 为什么他会选择多花钱？违背了谈判的什么原则？

(3) 你认为那个大商场的售货员的谈判有哪些优点？

(4) 你得到了什么启示？

(5) 如果你是小王，你决定在大商场购买，你将如何做？

案例三　他们为什么会有这样痛苦的购后感觉

有一个经典案例，一对夫妻，一天晚上在浏览杂志时，两人看到一幅老式时钟的广告，广告上没有标明价格。夫妻都同意购买类似的钟，但价格只能在800元以内。

他们经过三个月的搜寻后，终于在一家古董展示会场的橱窗里看到那座钟。丈夫说："记住，我们绝不能超出800元的预算。"他们走近那个展示摊位。"哦！"妻子说道："时钟上的标价是1 500元，我们还是回家算了？"丈夫说："我还是试一试吧，争取以800元买下。"

丈夫鼓起勇气对那座钟的售货员说："你们的那个座钟价签上蒙了不少灰尘，现在我给你出个价，只出一次价买那座钟，想你可能会吓一跳，你准备好了吗？"他停了一下以增加效果。"你听着——400元。"那座钟的售货员连眼也不眨一下，说道："那座钟是你的了。"

那个丈夫的第一个反应是什么？得意扬扬？"我真是棒透了，才用了400元。"

我们都曾经碰到过类似的情况。他的最初反应必然是："我真蠢！我该对那家伙出价200元才对！"你也知道他的第二个反应："这座钟应该很重才对，怎么那么轻呢？是否有什么毛病。"然而，他仍然把那座钟放在家里的客厅中，看起来非常美丽，而且也没什么毛病，但是他和太太却始终感到不安。那晚他们安歇之后，半夜三度起来，因为他们没有听到时钟的声响。这种情形持续了无数个不眠的夜晚，也影响了他们的健康。只因为那个售货员不经交涉就以 400 元钱把钟卖给了他们。

(案例来源：刘文广. 商务谈判. 北京：高等教育出版社，2000，部分修改)

问题：

(1) 这样的谈判怎么样？

(2) 为什么夫妻以比愿意支付还低的价格买下那个钟，还会有那样痛苦的感觉，问题出在哪儿？

(3) 售货员有什么问题？

(4) 你认识到了什么谈判要点？

案例四　这样的分割公平合理吗

有一个妈妈把一个橙子给了两个孩子，两个孩子便讨论起来如何分这个橙子。两个人吵来吵去，最终达成了一致意见，由一个孩子负责切橙子，而另一个孩子先选橙子。结果，这两个孩子按照商定的办法各自取得了半个橙子，两个孩子都高高兴兴地拿自己分到的半个橙子进入家中。

大的孩子把半个橙子的皮剥掉扔进了垃圾桶，把果肉放到果汁机上打果汁喝。小的孩子回到家把果肉挖掉扔进了垃圾桶，把橙子皮留下来磨碎了，混在面粉里烤蛋糕吃。

从上面的情形，我们可以看出，虽然两个孩子各自拿到了看似公平的一半，然而他们各自得到的东西却未物尽其用。这说明，他们在事先并未做好沟通，也就是两个孩子并没有申明各自利益所在。没有事先申明价值导致了双方盲目追求形式上和立场上的公平，结果双方各自的利益并未在谈判中达到最大化。

问题：

(1) 两个孩子为什么这样分一个橙子？

(2) 如果你是其中的一个孩子，你想得到整个橙子，你有什么好办法吗？

(3) 这样分橙子的优点和缺点是什么？

(4) 你从这个故事得到了什么启示？

案例五　你该如何谋划

小张拥有一家经营四川风味的餐厅。去年营业额 286 000 元，利润约 120 000 元。这家店开业已经几年了，位置极佳，不远处是繁华的商业街，而且周围也有几家餐厅，很多人喜欢到这条街来吃饭。

小张打算趁生意还算红火的时候，早把它兑出去，广告上要价 450 000 元，其中，存货值 50 000 元，厨房设备估价 150 000 元(购进时花了 200 000 元)；餐厅设备在三年前新购置时花费 90 000 元；其余部分为店堂不动产和商业信誉等无形资产的估价。

你在本市其他地方已拥有一家四川风味的餐厅，营业都相当不错。为了扩大营业，打算只要价钱合理、位置适中就再购进一家新店。

你为此曾和多家餐厅进行接触，但均因价钱问题而作罢。现在你看中了小张的店和另外一家，认为条件都不错，符合自己的要求。存在的问题是：你可以借到一部分钱，但还不足以支付小张的要价。即便先付 70%，仍力不从心，希望能分两年付清。

问题:

(1) 小张的要价为 450 000 元,对于一个位于那个地段且又颇能赢利的餐厅,可谓合适。谈判时,什么事你绝不可以说?为什么?

(2) 关于小张的商店,你所必须弄清的主要情况有哪些?

(3) 如果你决定价钱超过 400 000 元就不买,那么你在向小张还价时可以考虑哪些因素?

(4) 如果你准备接受的最高价为 460 000 元,但只能最多先付一半,其余部分分两年付清,那么你将如何引导小张接受这一价格?

(5) 这样的谈判如何把蛋糕做大?

案例六 原则性和灵活性的统一

20 世纪 90 年代中期,中美贸易摩擦频繁,有关这些摩擦的谈判曾几度陷入僵局,又几度起死回生,最终达成协议。

(1) 中美争端的原因。

美国对我国知识产权侵权问题比较突出,动辄挥舞其"特殊 301 条款"的大棒,以贸易报复相威胁。美国在 1974 年贸易法 301 条款(1988 年又改为"特殊 301 条款")规定,美国贸易代表有权将没有对美国的知识产权给予充分有效的保护和未对持有知识产权的美国人给予公平的市场准入的国家,列为重点国家,经过 6 个月的调查,谈判达不成协议则实行贸易报复。

1994 年 6 月 30 日,美国再次将我国列为重点国家,对所谓中国侵犯知识产权的行为进行调查,并扬言在 6 个月里一经调查属实,就将实行贸易报复。

(2) 施加压力。

自美国将中国列入"重点观察国家"之后,中美两国就知识产权保护就开始展开谈判。美国贸易代表坎特甚至指责中国"至今不愿采取必要措施保护美国的知识产权。"说道:"如果中国不在版权上满足美国的要求,美国就很难支持中国复关。"

面对美方的漫天要价和不断施压。我方代表团根据我国的法律和有关的国际公约,坚持有理、有利、有节的原则,在关系到我们国家内政和国家尊严的问题上,绝不让步。从 1994 年 6 月 30 日到 1994 年 12 月 31 日这一段时间,双方共进行了七轮磋商,终于由于美方态度僵化强硬,谈判最终破裂。

(3) 实施报复和反报复。

就在 1994 年即将结束时,美国贸易代表坎特单方面宣布,如果中国不能在 1995 年 2 月 4 日之前满足美方的要求,美国将对中国实行贸易制裁。坎特公布的这份总价值约 28 亿美元的中国商品清单,美国将征收高达 100%的惩罚性关税。

针对美国的贸易制裁,中国政府做出了迅速反应,拟就反报复清单,这些报复措施拟于美国正式对中国出口产品进行报复时生效,公告确定的征求意见的最后期限为 1995 年 1 月 31 日。

一个多月后双方又坐到了谈判桌前,但这轮谈判历经 10 天,双方依然未能达成协议。

1995 年 2 月 3 日,中美知识产权的谈判再度破裂。双方形成了紧张对峙的局面,到了一触即发的时刻。

(4) 这样的结果是两败俱伤。

美国的报复可以说是直接的、现实的，它抓住了中国在中美贸易中中国有着巨大顺差，中国产品对其有着较大依赖度的弱点，在谈判中，态度强硬，不肯让步。而中国的反报复可以说是间接的、长远的。如果美国放弃了中国这个大市场，欧洲和日本就要来占领。

双方与其两败俱伤，不如以和为贵。

(5) 原则下的妥协。

在 1995 年 2 月 26 日中美两国代表在北京终于达成了协议。由原外经贸部吴仪部长与美国贸易代表坎特以换函的形式结束了这场中美知识产权磋商和一触即发的贸易战。

这样的谈判对于中美两国都是赢家。

(6) 给我们的启示。

从谈判学的角度而言，美国在这次中美知识产权谈判中，凭借"特殊 301 条款"这个有力武器，施加压力。而中方在谈判中始终坚持有理、有利、有节的原则，在原则问题上绝不让步，在非原则问题上则保持较大的灵活性。当然随着谈判的进行，美方强硬的谈判策略中也显露出灵活性。在这场谈判中，美方的进攻和中方的防御，美方的强硬和中方的灵活，美方的漫天要价和中方的让步策略，美方的灵活性和中方的原则性，在中美两方协调下，实现了谈判中的双赢。

(案例来源：刘园. 国际商务谈判. 北京：中国对外经济贸易出版社，2001.)

问题：

(1) 美方施加压力的关键是什么？

(2) 为什么美方单方面提出报复的同时，还要求进行下一步的磋商？

(3) 中方报复的关键是什么？

(4) 双方谈判为什么没有最终破裂？

第二章 商务谈判的组织与管理

学习目标：

● 　了解谈判计划内容及制订谈判计划要考虑的因素。
● 　掌握制订谈判计划的过程。
● 　掌握谈判队伍的构建。
● 　了解选择谈判人员的方法。
● 　掌握谈判人员的分工与相互支持。
● 　了解对谈判的管理和控制。

核心概念：

最低限度目标　可以接受的目标　最高期望目标　谈判方案　谈判议题

　　"知己知彼，百战不殆"；"凡事预则立，不预则废"。商务谈判是科学的，它需要完整的计划、组织准备，才能使可能的商机确定下来。商务谈判是谈判者代表不同的利益组织和个人判断对方是否具备合作条件，合理确定谈判各方权利和义务，确定谈判各方共同遵守的协议的过程。这个过程大体上可分为谈判前期准备、正式谈判和谈判结束三个阶段。在每个阶段都会因双方目标的不一致而产生许多有待解决的问题。谈判者的任务就是针对不同阶段所出现的问题，准备好解决问题的方法，巧妙地缓和矛盾，有效地解决面临的一切问题。谈判准备工作做得充分可靠，谈判者就会增强自信，从容应对谈判过程中的变化，处理好各种问题，在谈判中处于主动地位，为取得谈判成功奠定基础。

第一节 商务谈判的计划

　　事实证明，大部分重要的谈判工作是在准备阶段完成的。商务谈判准备工作一般包括谈判背景调查、谈判计划的制订和谈判组织准备等工作。

　　商务谈判者如果希望能通过谈判达到预期目标，首先就要做好周密的准备工作，对自身状况与对手状况都有较为详尽的了解，并对这些情况进行充分的分析，确定科学合理的谈判方案，选择有针对性的谈判策略，从而在谈判中处于主动地位，获得较为满意的结局。因此，完整全面的谈判计划是谈判成功的保证。

　　谈判准备得越周全越充分，谈判场上掌握主动的可能性就越大。然而，由于时间、精力、费用等的限制，一个和实际发展过程完全一样的计划是不存在的。所以谈判的计划是指导谈判实际进程的一个纲领性计划，也需要一定的灵活性。商务谈判是一个复杂多变的过程，所以任何准备工作都有一个适度的问题。谈判准备的适度就是指在各种客观约束条件下的"相对充分"，当谈判过程中出现一些始料不及的情况时，也能使谈判者依然镇定自如，从容应对。

一、为什么要制订谈判计划

谈判是一项非常复杂的工作，很容易受到谈判者的主观因素和客观环境等可控与不可控因素的影响。因此，谈判桌上往往形势多变，令人难以应付。要适应这种局势并在错综复杂的局势变化中把握谈判的发展，使自己处于有利地位，这就要求事先周密地搜集整理各种信息，精心制订谈判计划，在精神上、物质上和组织上充分准备，预测可能出现的各种问题，提出对策，做到从容不迫，成竹在胸。只有这样，谈判人员才能在谈判过程中驾轻就熟，从容应对，使谈判成功。

谈判的各项准备工作做得如何，在于是否有一个较完善的谈判计划。谈判计划是一份关键性的指导实际工作的文件，是在思想上、物质上和组织上为谈判的发展而进行的筹划，是谈判成功的基础。在谈判桌前，谈判的实力一方面来源于其地位，另一方面取决于谈判人员的知识、智慧。计划之所以成为谈判中最重要的方面，就在于它的全面分析和有针对性的应对策略。

在实际工作中，谈判双方的知识结构有很大差别。买卖双方中，一般买主对所涉及的产业知识远不如对手，而卖主在本产业领域内却具有明显的知识优势，并且通晓成本和利润等各类细节问题。相对而言，买主便处于不利的地位。精细的谈判计划可以纠正这种知识差别，使双方有可能在同等的水平上进行竞争。

正是基于上述原因，许多谈判者总是根据谈判项目内容的不同，或详或疏地制订谈判计划。当然，有时谈判很仓促，不一定有足够时间去制订详细计划。一般来讲，如果准备时间不足，就尽可能避免谈判。如果有可能，在计划未形成之前拖延谈判；如果必须进入谈判，那么先定点小合同，大的合作放在详细计划之后再谈。

二、商务谈判计划的内容

不同类型的商务谈判对计划工作有不同的要求。一般来说，商务谈判计划工作主要包括以下几个方面。

(1) 对谈判对象的研究。

(2) 做好谈判可行性研究。

(3) 确定谈判的基本原则。

(4) 确定谈判的目标和策略。

(5) 确定谈判的组织队伍。

(6) 模拟谈判。

(7) 确定好谈判地点。

(8) 确定谈判的礼品及排定议事日程等。

三、制订谈判计划需要考虑的因素

谈判需要一份好的计划，好的计划来自对环境的准确认识及适应，依赖于对谈判各方所具有的针对性分析。只要计划具有适应性和针对性，不管它是烦琐还是简单，是精心的准备或是紧急筹划，它都是一份好的计划。制订计划和执行计划，不仅是对计划本身和谈判者的考察，而且谈判人员只有在占有足够多的相关信息的基础上，知己知彼，才能做到有理、有据、有节地进行谈判。因此，要组织好谈判，必须对谈判的环境因素、谈判对手进行调研，进行信息的收集、传递和保密工作。这也是对谈判综合管理能力的检验。

制订一份科学合理的谈判计划需要考虑以下几个方面的因素。

(一)谈判环境

商务谈判是在特定的社会环境中进行的，社会环境中的各种因素，如政治环境、经济环境、社会文化环境、自然资源环境、基础设施条件、气候条件和地理位置等都会直接或间接地影响谈判。谈判人员必须对上述各种环境因素进行全面系统正确的调查和分析，才能制订出合理的、有针对性的谈判计划。

一般对谈判环境因素的分析，可以作为商务谈判，特别是国际商务谈判环境分析的基础。具体地讲，谈判环境分析的内容包括以下几个方面。

1. 政治因素

1) 政府对企业的管理程度

这涉及参加谈判的企业自主权大小的问题。如果政府对企业管理程度较高，那么政府就会干预或限定谈判内容及谈判过程，关键性问题可能要由政府部门人员做出决定；如果政府对企业管理程度较低，企业就会有较大的自主权。有时候谈判的内容受到政府的限制，政府也直接决定谈判的成败。

2) 经济运行机制

政府采取何种经济运行机制对谈判有着重要影响。其中，主要看对方所在国是否实行市场经济体制。

3) 谈判项目是否有政治上的联系

谈判项目如果有政治上的联系，程度如何？哪些领导人对此比较关注？这些领导人各自的权力如何？商务谈判通常是纯商业目的的，但有时可能会受到政治因素的影响。如果政府或政党的政治目的参与到商务谈判中，政治因素将影响甚至直接决定谈判的结果。涉及关系国家大局的重要贸易项目，涉及影响两国外交的敏感性很强的贸易往来，都会受到政治因素的影响，尤其是集权程度较高的国家，领导人的权力将会制约谈判结果。

4) 谈判对手当局政府的稳定性如何(主要是对外谈判)

在谈判项目执行期间，政局是否会发生变动？国家元首大选的日子是否在谈判期间？国家主要领导人的变更是否会影响所谈项目？谈判国与邻国关系如何？是否处于敌对状态？有无战争风险？

国家政局的稳定性对谈判有重要的影响，一般情况下如果政局发生动乱，或者爆发战争，都将使谈判被迫中止，或者已达成的协议变成一张废纸，不能履行合同，造成极大的多方面的损失。

5) 合作双方政府之间的政治关系如何(主要是对外谈判)

如果两国政府关系友好，那么合作双方的贸易是受欢迎的，谈判将是顺利的；如果两国政府之间存在敌对矛盾，那么合作双方的贸易会受到政府的干预甚至被禁止，谈判中的障碍会很多。

6) 该国(地区)有没有将一些间谍手段运用到商务谈判中的情况

有些国家和公司在商务谈判中采取一些间谍手段，如在客人房间安装窃听器，偷听电话，偷录谈话内容，或者用各种利害关系来诬陷某人等。谈判人员应该提高警惕，防止对方采用各种手段窃取信息，设置陷阱，造成己方谈判陷入被动局面。

2. 宗教信仰因素

1) 该国家(地区)占主导地位的宗教信仰是什么

首先要搞清楚该国家或地区占主导地位的宗教信仰是什么；其次要研究这种占主导地位的宗教信仰对谈判人的思想行为会产生哪些影响。

2) 该宗教信仰是否对下列事物产生重大影响

(1) 政治事务。例如，该国政府的施政方针、政治形势、民主权利是否受该国宗教信仰的影响。

(2) 法律制度。有些受宗教影响很大的国家，其法律制度的制定须依据宗教教义，人们行为的认可，要看是否符合该国宗教的精神，如信奉伊斯兰教的国家。

(3) 国别政策。由于宗教信仰不同，一些国家在对外贸易上制定国别政策。对于宗教信仰相同的国家实施优惠政策；对于宗教信仰不同的国家，尤其是有宗教歧视和冲突的国家及企业施加种种限制和刁难。

(4) 社会交往与个人行为。宗教信仰对社会交往的规范、方式、范围都有一定的影响；对个人的社会工作、社交活动、言行举止都有这样那样的鼓励或限制。这些都会形成对谈判者在思维、价值取向、行为方式上的宗教影响。

(5) 节假日与工作时间。不同宗教信仰的国家都有自己的宗教节日和活动。谈判日期不应与该国的宗教节日、礼拜日等相冲突，应该尊重对方的宗教习惯。

3. 法律制度因素

(1) 该国(地区)的法律制度是什么？是依据何种法律体系制定的？是英美法还是大陆法？或是自己制定的？

(2) 在现实生活中，法律的执行程度。法律执行情况不同将直接影响到谈判成果能否受到保护。实际中，要研究对方所在的国家或地区是否法制健全、是否有法可依、是否依法办事。有的地方与当权者关系如何将直接影响法律制度的执行。

(3) 该国法院受理案件的时间长短。当谈判双方在交易过程中以及合同履行过程中出现问题，不能进行协商解决，递交法院，是否可以得到及时解决。

(4) 该国对执行国外的法律仲裁判决的程序。国际商务谈判活动必然会涉及两国法律适用问题，必须清楚该国执行国外法律仲裁判决需要哪些条件和程序。因此须弄清，在某一国家裁决的纠纷拿到对方国家是否具有同等的法律效力，如不具有同等法律效力，那么需要什么样的条件和程序才能生效。

(5) 该国(地区)法院与司法部门是否独立。要研究地方法院与司法部门是否各自独立，是否不受行政的影响。

(6) 该国(地区)当地是否有完全可以信任的律师。如果必须在当地聘请律师，一定要考虑能否聘请到公正可靠的律师。因为律师在商务谈判过程中始终起着重要的参谋和辩护作用。

4. 商业习惯因素

(1) 该国企业的经营制度。看对方有没有真正的权威代表，例如，阿拉伯国家公司大多数是由公司负责人说了算；而日本企业的决策必须经过各级人员互相沟通，共同参与，达成一致意见后再由高级主管拍板。弄清谈判对手所在国企业的这种决策程序、差异是首先应了解的商业习惯。

(2) 是不是做任何事情都必须见诸文字，或是只有文字协议才具有约束力。有些国家必须以合同文字为准，另一些国家有时也以个人信誉和口头承诺为准。

(3) 在谈判和签约过程中，律师等专业顾问是不是像美国一样始终出场，负责审核合同的合法性并签字，还是仅仅起到一种附属作用。

(4) 正式的谈判会见场合，双方领导及陪同人员的讲话次序如何？其他出席陪同的成员是否只有当问到具体问题时才能讲话？如果是这样，那么谈判成员的职权不是很大，领导人的意志对谈判会产生较大影响。

(5) 该国(地区)有没有工业间谍活动。

(6) 在商务往来中是否有贿赂现象，方式如何，起码的条件如何。尽管在大部分国家坚决反对通过行贿做生意，行贿和受贿是违法的；而另一些国家认为交易中的行贿受贿是正常现象，是交易的润滑剂，不行贿就难以成交。因此，我们应搞清楚对方这方面的商业做法，以便采取对策。调查这些问题的目的在于防止不正当的贿赂，使己方人员陷入圈套，使公司利益蒙受损失。

(7) 一个项目是否可以同时与几家公司谈判，以选择最优惠的条件达成协议。如果一个项目可以同时与几家公司谈判，谈判的选择余地就大得多；如果能够抓住保证交易成功的关键因素，就可以为达成交易寻找最佳伙伴。

(8) 业务谈判常用的是什么语种。谈判语言是非常关键的交流表达手段，要争取使用双方都熟悉的语言进行谈判，翻译一定要可靠。合同文件如果使用双方两种语言文字，两种语言应该具有同等法律效力，如为了防止争议，也可使用第三国文字来签约。

5. 社会习俗

谈判者必须了解和尊重该国、该地区的社会风俗习惯，不同地区有不同的社会习俗，它们会自然或不自然地影响着业务洽谈活动。要善于利用这些社会习俗为己方服务。例如，该国家或地区人们在称呼和衣着方面的社会规范标准是什么？是不是只能在工作时间谈业务？在业余时间和娱乐活动中是否也能谈业务？社交场合是否携带妻子？社交款待和娱乐活动通常在哪里举行？赠送礼物有哪些习俗？当地人在大庭广众之下是否愿意接受别人的批评？人们如何看待荣誉、名声等问题。当地人民公开谈话不喜欢哪些话题？妇女是否参与经营业务？这些社会习俗都会对人们的行为产生影响和约束力，必须了解这些。

6. 财政金融因素

(1) 对手的外汇储备情况。

(2) 对手的外债情况。如果对手的外债过高，就有可能因为外债紧张而无能力支付交易的款项，必然使商务谈判成果不能顺利实现。

(3) 结算的货币是否可以自由兑换。如果交易双方国家之间的货币不能自由兑换，就要涉及如何完成兑换，要受到哪些限制的问题。汇率变动也会对双方造成一定风险，这也是需要认真考虑和协商的。

(4) 对手在支付方面的信誉。了解对手支付方面的信誉情况是必要的，如果对方信誉不佳，就要考虑用何种手段控制对方，以免延误支付。

(5) 取得外汇付款是否方便。这些问题会涉及商务交易中支付能否顺利实现，怎样避免不必要的障碍。

(6) 该国(地区)适用的税法。该国(地区)是根据什么法规进行征税的？该国是否签订过避免双重征税的协议？如果签订过，是哪些国家？这些问题都会直接影响支付双方最终实际获利的多少。

(7) 公司在当地赚取的利润是否可汇出境外，有什么规定。搞清楚该问题可使交易双方资产形成跨国间的顺利流动，保证双方经济利益不受损失。

7. 基础设施与后勤供应系统因素

基础设施与后勤供应系统是指该国的人力、物力、财力情况及当地运输条件、网络、邮电通信状况。该国人力方面必要的熟练工人和非熟练工人、专业技术人员情况如何？该国的建筑材料、建筑设备、维修设备情况如何？在财力方面有无资金雄厚、实力相当的分包商？在聘用外籍工人、进口原材料、引进设备等方面有无限制？当地的运输条件如何？这些也都需要加以考虑。

8. 气候因素

气候因素对谈判也会产生多方面的影响。例如，该国家的季节特点，雨季的长短、冬季的冰雪霜冻情况、夏季的高温情况、潮湿度情况，以及台风、风沙、地震等情况，都是气候状况因素。

以上几种环境因素，从各个方面制约和影响着谈判工作，是谈判前准备工作中重要的调查分析因素。

(二)自身情况

在谈判前的准备工作中，不仅要分析客观环境，而且要了解和评估谈判者自身的状况。"欲胜人者，必先自胜；欲知人者，必先自知"。谈判者一定要客观准确地评估自己，但是自我评估很容易出现两种倾向：一是过高估计自身的实力，看不到自身的弱点；二是过低评估自身实力，看不到自身的优势。这两种情况都可能使谈判取得不理想的结局。要对谈判参与者的有关情况进行分析，主要应围绕以下几个方面展开。

1. 谈判信心的确立

谈判信心来自对自己实力和优势的了解，也来自谈判准备工作是否做得充分。谈判者应该了解自己是否准备好说服对方的足够的依据，是否对可能遇到的困难有充分的思想准备，一旦谈判破裂是否会找到新的途径实现自己的目标。如果对谈判成功缺乏足够的信心，是否可以寻找到足够的确立信心的条件，还是需要修正原有的谈判目标和方案。树立谈判信心是谈判取得成功的心理保障。

2. 自我需要的认定

清楚理智地认识到自身的各方面需要，才能制定出切实可行的谈判目标和谈判策略。谈判者应该认定以下几个问题。

1) 谈判将满足己方哪些需要

买方分析自己到底需要什么样的产品和服务，需要多少，要求达到怎样的质量标准，价格可以出多少，必须在什么时间内购买等；卖方应该分析愿意向对方出售哪些产品，是配套产品还是拆零产品，卖出价格最低限是多少，可以接受的支付方式和时间如何等。

2) 各种需要的满足程度

己方的各种需要重要程度并不一样，要搞清楚哪些需要必须得到全部满足，哪些需要可以降低要求，哪些需要在必要情况下可以不必考虑。

(三)对手情况

在正式谈判前，不仅要对与谈判有关的环境因素进行分析，而且要分析对手的情况，因为谈判对手是己方谈判中面对面的交锋对手。如果对谈判对手的情况一无所知，则谈判的结果是对己方极为不利的。谈判对手的情况是复杂多样的，主要调查分析对方的身份、对方的资信情况、对方的资本、信用及履约能力、参加谈判人员的权限和谈判目的等情况。对不同的对手采用不同的谈判策略与方式。

1. 对手的身份

对谈判对手属于哪一类客商要了解清楚，避免错误估计对方，使自己失误甚至受骗上当。目前，商业界的客商基本上可以归纳为以下几种情况。

(1) 在世界上享有一定声望和信誉的公司。这类公司资本比较雄厚，往往有财团作为自己的后台力量，通常都有自己的技术咨询机构，并聘请法律顾问。一般情况下，对方要求我方提供准确完整的各种数据、令人信服的信誉证明。谈判前要对对手进行研究，谈判中要求有较高超的谈判技巧，要有充足的自信心，不能一味为迎合对方的条件而损害自己的根本利益。这类公司是很好的合作对象。

(2) 享有一定知名度的公司。对方资本雄厚、比较讲信誉、技术服务和培训工作比较好、对己方在技术方面和合作生产的条件比较易于接受，可采取合作式的谈判策略。这样的对手是较好的合作对象。

(3) 没有任何知名度的对手。只要确认其身份地位，深入了解其资产、技术、产品和服务等方面的情况，也是我们很好的合作伙伴。因为其知名度不高，谈判条件不会太苛刻，他们也希望多与己方合作，不断扩大合作范围。

(4) 专门从事交易中介的中间商。要认清他们所介绍的客商的资信地位，防止他们打着中介的旗号行欺骗的手段。这类客商在东南亚和香港特别行政区较为多见，美国、日本也有一些。

（5）挂靠的公司(对手)。不要被其母公司的光环所迷惑，对其应持慎重态度。如果是子公司，要求其出示其母公司的授权，并提交承担子公司一切风险的授权书。母公司拥有的资产、商誉并不意味着子公司也如此，要警惕这样的公司打着母公司招牌，虚报资产的现象。如果是分公司，它不具备独立的法人资格，公司资产属于母公司，它无权独自签约。

（6）各种骗子型和有劣迹的客商(对手)。这类客商往往在某公司任职，但他往往是以个人身份进行活动，关键时刻打出其所在公司的招牌，干着纯属自己额外的买卖，以谋求暴利或巨额佣金。我们一定要调查清楚其真实面目，谨防上当，尤其不要被对方虚假的招牌、优惠的条件和所获得的巨大利益、给个人的好处所迷惑，使自己受骗上当。

（7）实属骗子的"客商"。目前这类"客商"为数不少，他们自己私刻公章，搞假证明、假名片、假地址，从事欺骗活动。这类人往往是无固定职业，专门利用关系，采取交友、行贿、请客送礼等手段，先给受骗者一个"好感"，然后骗取其利益。对于这类客商，我们应保持冷静的头脑，辨别其本来面目。

2. 谈判对手资信

调查研究谈判对手的资信状况是谈判前准备工作极其重要的一步，缺少必要的资信状况分析，谈判对手主体资格不合格或不具备合同要求的基本的履约能力，那么所签订的协议就是无效协议或者是没有履行协议的保障，谈判者将蒙受巨大损失。

对谈判对手资信情况的调查包括两个方面：一是对方的主体的合法资格；二是对方的资本信用与履约能力。

1）客商(对手)合法资格

作为参加商务谈判的企业组织必须具有法人资格。法人应具备三个条件：一是法人必须有自己的组织机构、名称与固定的营业场所；二是法人必须有自己的财产；三是法人必须具有权利能力和行为能力。对对方法人资格的审查，可以要求对方提供有关文件，如法人成立地注册登记证明、法人所属资格证明、营业执照；详细掌握对方企业名称、法定地址、成立时间、注册资本、经营范围等；还要弄清对方法人的组织性质，是有限责任公司还是无限责任公司，是母公司还是子公司或分公司，因为公司组织性质不同，其承担的责任是不一样的，还要确定其法人的国籍，即其受哪一国家法律的管辖。对于对方提供的证明文件首先要通过一定的手段和途径进行验证。

对客商合法资格的审查还应包括对前来谈判的客商的代表资格或签约资格进行审查。在对方当事人找到保证人时，还应对保证人进行调查，了解其是否具有担保资格和能力。在对方委托第三者谈判或签约时，应对代理人的情况加以了解，了解其是否有足够权力和资格代表委托人参加谈判。

2）对手资本、信用、营运情况及履约能力

对谈判对手资本审查主要是审查对方的注册资本、资产负债表、收支情况、销售状况、资金状况等有关信息。

通过对谈判对手商业信誉及履约能力的审查，主要调查该公司的经营历史、经营作风、产品的市场声誉、在金融机构的财务状况，以及在以往的商务活动中是否具有良好的商业信誉。因此，在实际谈判中应该对老客户的资信状况也要定期调查，特别是当其突然下大订单或有异常举措时，千万不要掉以轻心。无论是何方来的大老板，打交道前要先摸摸底细，即使是资信好的大公司也不能保证其下属的公司有良好的资信。

3）　对方谈判人员的权限

谈判绝对不能与没有决策权的人进行。首先，要清楚谈判对手在公司的身份，从法律的角度看，只有董事长和总经理才能代表某企业对外签约，而公司或企业对其工作人员超越授权范围或根本没有授权而对外所承担的义务是不负任何责任的。不了解谈判对手的权力范围，将没有足够决策权的人作为谈判对象，不仅浪费时间，甚至可能会错过更好的交易机会。一般来说，对方参加谈判人员的规格越高，权限也越大；如果对方参加谈判的人员规格较低，就应该了解对方参加谈判人员是否得到授权；对方参加谈判的人员在多大程度上能独立做出决定，有没有决定权，是否有让步的权力等。

4）　对方的谈判时间安排

谈判时间多少与谈判任务多少、谈判策略、谈判结果都有重要关系。时间越短，对谈判者而言，用以完成谈判任务的选择机会就越少，哪一方可供谈判的时间越长，他就拥有较大的主动权。了解对方谈判时限，就可以了解对方在谈判中会采取何种态度、何种策略，己方就可制订相应的策略。因此，要注意搜集对手的谈判时限信息，辨别表面现象和真实意图，做到心中有数，针对对方谈判时限制订谈判策略。

5）　对方谈判人员其他情况

谈判对手的其他情况，比如，谈判对手的谈判班子的组成情况，即主谈的背景、谈判班子内部的相互关系、谈判班子成员的个人情况(包括谈判成员的资历、能力、信念、性格、心理类型、个人作风、爱好与禁忌等)、谈判对手的谈判目标、所追求的中心利益和特殊利益。

四、制订谈判计划的过程

制订谈判计划的过程包括调查研究、确定目标、拟订方案、制订具体的谈判策略、安排谈判议程、确定谈判执行计划和确定控制办法。

(一)调查研究

调查研究既是一个长期的经常性工作，又是根据具体谈判内容的需要，所进行的具体调查活动。企业还要根据某具体谈判的要求，进行专业的调查研究。了解、掌握、分析该项谈判的资料，为计划的制订提供依据。调查研究的对象和范围包括整个市场行情、自身实力、竞争者以及谈判对手的各种状况。

1. 市场行情

一个企业需要随时注意整个市场的变化情况，及时掌握市场变动的最新信息。例如，了解价格变动情况、产品更新换代速度、行业的竞争、市场供需的有关情况以及未来的发展情况等。这些调查研究必须是客观的，这种客观是指所搜集的信息是客观的，对这些信息的分析也必须是客观的。这样，可以明确自己的位置和实力，选择最佳的谈判对手，确定合理的目标，制订谈判的最佳方案。

2. 正确认识自己

调查研究最主要的就是要"知己知彼"，也就是既要正确估计自身的实力情况，确定合理的对策。

在谈判过程中，就买方来说，一个重要的谈判力量就是"货比三家"，如果有其他卖者存在，自己就可以随时转向其他卖者。就卖方来说，虽然竞争对手存在，但由于自身的下列情况，也造成了他具有一定的谈判实力。这些情况包括：一是同其他竞争者比较，自己具有地点优势，交货相对比较快；二是有些竞争者不能提供全面性的服务，而自己可以提供更优质全面的服务；三是有些竞争者要价太高；四是不同的卖者具有不同的生产能力，而自己占有优势；五是自己的产品质量的性价比有优势等。总之，要发现并充分利用和发挥优势和特长，尽可能弥补不足，提高自己对谈判的主动性。

3. 客观了解对方

谈判必须掌握有关对手的情况，只有摸清对手的实际情况才能对症下药，制订相应对策。因此，弄清对方虚实，是谈判人员在谈判的准备和计划阶段应当重点解决的问题。

对于未来的谈判对手的公司和参与谈判的人员的情况进行客观的分析，前面已经提到这方面的内容，这里就不再赘述。

4. 掌握谈判的竞争者

谈判的竞争者是指双方的竞争者。要知道他们是谁，各自的特点和要求是什么，谈判者还要了解同行业的有关情况，特别是有关竞争者的资料。因此，作为卖方应该了解至少一个商品售价高于自己售价的竞争者的情况，并且也应该至少详细了解一个产品质量低于自己产品质量的竞争者的情况。作为买方，应该了解关于可供选择的卖者的类似这些可以利用的情况。

(二)确定目标阶段

制订计划的核心问题是建立目标。目标是谈判的前提，只有在明确、具体和可行的目标指引下，谈判才可能处于主动地位。盲目和含混的目标本身，就意味着谈判失败。

谈判目标因谈判的具体内容不同而不同。如果谈判是为了获取资金，那么谈判目标就是可能获得的资金数额；如果谈判是为了推销产品，那么谈判目标则为产品的销售量和交货日期；也有些谈判，是以价格的高低、双方关系的改善、争议矛盾的解决程度作为谈判人员心中的目标的。通常情况下，谈判目标作为一种预测性和决策性的指南，它的实现还需要参与谈判的各方根据自身利益的需要、他人的需要和谈判桌内外因素来正确制订和设置。

1. 谈判目标的确定

一般情况下，谈判者应把自己所追求的各种目标划分为三个层次：最低限度目标、可以接受的目标和最高期望目标。

1) 最低限度目标

最低限度目标是在谈判中对己方而言没有退让余地、必须达到的最基本的目标。对己方而言，宁愿谈判破裂，放弃商务合作项目，也不愿接受比最低限度目标更低的条件。因此，也可以说最低限度目标是谈判者必须坚守的最后一道防线。

2) 可以接受的目标

可以接受的目标是谈判人员根据各种主、客观因素，经过对谈判对手的全面估价，对企业利益的全面考虑、科学论证后所确定的目标。这个目标是一个区间或范围，是己方可努力争取或做出让步的范围，谈判中的讨价还价就是在争取实现可接受的目标。所以，可接受的目标的实现，往往意味着谈判取得成功。

3) 最高期望目标

最高期望目标是对谈判者最有利的一种理想目标。实现这个目标，将最大化地满足己方利益。当然己方的最高期望目标可能是对方最不愿接受的条件，因此很难得到实现。但是确立最高期望目标是很有必要的，它激励谈判人员尽最大努力去实现最高期望目标，也可以很清楚地评价出谈判最终结果。在谈判开始时，以最高期望目标作为报价起点，有利于在讨价还价中使己方处于主动地位。

2. 在确定谈判目标时需要注意的事项

(1) 要明确目标要求达到的程度。不能盲目乐观地将全部精力放在争取最高期望目标上，而很少考虑谈判过程中会出现的种种困难，造成束手无策的被动局面。谈判目标要有一点弹性，定出上、中、下限目标，根据谈判实际情况随机应变、调整目标。

(2) 所谓最高期望目标不止一个，可能同时有几个目标，在这种情况下就要对各个目标进行排队，抓住最重要的目标努力实现，而其他次要目标可让步，降低要求。

(3) 己方最低限度目标要严格保密，除参加谈判的己方人员之外，绝对不可透露给谈判对手，这是商业机密。在国外的重要经济贸易谈判中，有的商人甚至不惜重金聘请商业间谍，摸对方的底数，可见这个问题的重要性。如果一旦疏忽大意透露出己方最低限度目标，就会使对方主动出击，使己方陷于被动。

(4) 如果需要修改谈判目标，要经全面商量后，在洽谈小组内部相互沟通，取得一致见解，再严格保密，重新开始谈判。

(三)拟订谈判方案

谈判方案是谈判人员在谈判前预先针对谈判目标具体内容所做的安排，是谈判者行动的指南。制订了谈判方案，谈判人员才能心中有数，才能按照方案所要求的去做。在谈判过程中还要根据实际情况修改和补充谈判方案，从而保证谈判协议的顺利实现。

拟订具体谈判方案并不意味着必须制订最理想的方案。事实上，由于谈判人员各方面知识能力的限制，以及情报的准确性和各种偶发因素存在，不可能有和实际一样的方案。因此，我们只能在现有条件的基础上拟订若干可行方案，并进行比较和优选，找出一个与实际情况最接近的方案。

1. 谈判方案的内容

1) 确定谈判的基本策略

在谈判方案中，必须拟定所要达到的最高目标和最低目标，以及为了能够达到和实现己方的这些目标所采用的基本途径和方法。这种基本策略的制订是建立在对双方谈判实力及其影响因素细致而认真的研究和分析的基础上的，可分为两步来确定。

第一，对对手的分析。要确定对方在本次谈判中的目标是什么，包括最低限度的谈判目标、可接受的谈判目标和最高期望的谈判目标。通过分析对手的目标层次，了解他最想得到什么，他可能在哪些方面做出让步，他实现目标最有力的支持因素是什么，不利于他的因素有哪些。通过对对手的分析，可以采取针对性的策略。

第二，确定对策。根据对对手的分析，明确己方应在哪些条款上可以让步，哪些不能让步；对于坚决不让步的条款，如果对方也不肯让步，应采取什么对策来解决问题。但由于谈判是双方的博弈，情况发展往往与预先估计不同。因此，应尽可能多地估计到这些会遇到的情况，准备相应的策略。

2) 分析具体的合同内容

在制订谈判方案时，要对交易条件和合同条款的每一项进行分析和研究，从而找出哪些条款可以接受，以便在谈判中予以贯彻和实施。

3) 价格谈判的幅度问题

商务谈判的核心内容往往是价格问题。拟订方案时，要设计出争取最佳结果的策略和具体措施。同时，对于能够支持己方意见的证明，广泛地搜集，以便在洽谈中使对方心服口服。

2. 可行性方案的确定

到底哪个方案更经济合理，必须逐一对谈判方案进行全面详尽的评价，并通过以下方法进行评价。

(1) 组织专门人员，依据真实可靠的资料，确定出评价的标准和评价方法。

(2) 运用评价标准和方法对各个方案进行逐一分析和判断。结合谈判的具体内容，紧密联系谈判的实际情况，认真寻找差异，正确区分优劣，从中选出可采用的方案。

(3) 正确估计方案实施过程中可能会由于谈判形势的某些变化，对执行方案估计不良后果的可能程度和严重程度，并进一步经过利弊的权衡后，补充制订相应的应变措施，防患于未然。

(4) 对评估、选择、分析的结果进行进一步的整理，写出评价报告，以备领导定案时参考。

(5) 采取既民主又集中的方法，进行讨论定案。

(四)制定具体的谈判策略

谈判策略是指为达到谈判目标所采用的基本对策、手段，以及达到目标的途径。它是通过调查分析双方的需要及实力后制定的。为谈判的每个部分制定一个策略是必不可少的环节。

谈判策略包括多种策略，如开局策略、报价策略、磋商策略、成交策略、让步策略、打破僵局策略、进攻策略、防守策略和语言策略等。要根据谈判过程可能出现的情况，事先有所准备，心中有数，在谈判中灵活运用。

针对不同的谈判主题或对手，可以设计出不同的策略。比如，在某一特定条件下，可以采取拖延时间的策略、长期施加压力的策略；而在另一特定条件下，可以采取速战速决的闪电策略。实施策略本身也需要制订出周密的计划。

(五)安排谈判议程

谈判议程的安排对谈判双方非常重要，议程本身就是一种谈判策略，必须高度重视这项工作。谈判议程一般包括谈判时间的安排和谈判议题的确定。谈判议程可由一方准备，也可双方协商确定。议程包括通则议程和细则议程，前者由谈判双方共同使用，后者供己方使用。

1. 谈判时间安排

谈判时间安排即确定谈判在什么时间举行、多长时间、各个阶段时间如何分配、议题出现的时间顺序等。如果时间安排得很仓促，准备不充分，很难沉着冷静地在谈判中实施各种策略；如果时间安排得很拖延，不仅会耗费大量的时间和精力，而且随着日期的推延，各种环境因素都会发生变化，还可能会错过一些重要机遇。

(1) 在确定何时开始谈判、谈判计划多长时间结束时要考虑以下几个方面。

① 谈判准备的程度。如果已经做好参加谈判的充分准备，谈判时间安排得越早越好，而且也不怕马拉松式的长时间谈判；如果没有做好充分准备，就要晚一些。

② 谈判人员的身体和情绪状况。如果参加谈判的人员不年轻，要考虑他们身体状况能否适应较长时间的谈判。如果身体状况不太好，可以将一项长时间谈判分割成几个较短时间的阶段进行谈判。

③ 市场形势的紧迫程度。如果谈判项目与市场形势不允许谈判的时间太长，谈判就要尽早。

④ 谈判议题的需要。对于多项议题的大型谈判，不可能在短时间内解决所有问题，所需时间相对长一些；对于单项议题的小型谈判，没有必要花很长时间。

(2) 谈判过程中时间的安排要讲策略。

① 对于主要的议题或争执较大的焦点问题，最好安排在总谈判时间的五分之三时提出来，这样在经过一定程度的意见交换后，有了一定基础，就不会拖得太晚而显得仓促。

② 合理安排好己方各谈判人员发言的顺序和时间，尤其是关键人物问题的提出，应该选择最成熟的时机，当然也要给对方人员足够的时间表达其观点。

③ 对于不太重要的议题、容易达成一致的议题可以放在谈判的开始阶段或即将结束阶段，把大部分时间用在关键性问题的磋商上。

④ 己方的具体谈判期限要在谈判开始前保密。实践证明，如果对方摸清己方谈判期限，就会在时间上用各种方法拖延，待到谈判期限快要临近时才开始谈正题，迫使己方为急于结束谈判而匆忙接受不理想的结果。

2. 确定谈判议题

谈判议题就是谈判双方提出和讨论的各种问题。确定谈判议题首先要明确己方要提出哪些问题，要讨论哪些问题。要把所有问题全盘进行比较和分析，哪些问题是主要议题，列入重点讨论范围；哪些问题是非重点问题，可以忽略。这些问题之间是什么关系，在逻辑上有什么联系；还要预测对方要提出哪些问题，哪些问题是需要己方必须认真对待、全力以赴去解决的；哪些问题是可以根据情况做出让步的；哪些问题是可以不予讨论的。一般议题可分为通则议程与细则议程。

(1) 通则议程。通则议程是谈判双方共同遵照使用的日程安排，一般要经过双方协商同意后方能正式生效。在通则议程中，通常应确定以下几个方面的内容。

① 谈判总体时间及各分阶段时间的安排。

② 双方谈判讨论的中心议题，尤其是第一阶段谈判的安排。

③ 列入谈判范围的各种问题，以及问题讨论的顺序。

④ 谈判中各种人员的安排。

⑤ 谈判地点及招待事宜。

(2) 细则议程。细则议程是对己方参加谈判的策略的具体安排，只供己方人员使用，具有保密性。细则议程的内容一般包括以下几个方面。

① 谈判中的统一口径，如发言的观点、文件资料的说明等。

② 对谈判过程中可能出现的各种情况的对策安排。

③ 己方发言的策略。如何时提出问题、提什么问题、向何人提问、谁来提问、谁来补充、谁来回答对方问题、谁来反驳对方提问、什么情况下要求暂时停止谈判等。

④ 谈判人员更换的预先安排。

⑤ 己方谈判时间的策略安排、谈判时间期限。

3. 谈判现场的布置与安排

1) 洽谈室的布置

洽谈室应精心布置，使洽谈者拥有一个良好的谈判空间。较为正规的商务谈判活动，应有主要谈判室和秘密会谈室。其中主谈室的布置是关键的，应以舒适、大方为原则。主谈室一般不设有录音(像)设备。经验证明，录音(像)设备对业务洽谈的双方往往会产生负作用。室内主要配备文字记录所需设施。密谈室同样不应有录音(像)设备。有的公司有情报窃取人员，所以，若是客场谈判，在利用其密谈室时一定要小心。

2) 谈判双方座位的安排

谈判中座位安排很有讲究，不同的座位安排对谈判的气氛，对谈判各方在谈判过程中的内部交流与控制都有影响。一般可有三种方式就座：第一种为双方各居谈判桌一边，相对而坐，许多国际政治谈判，以及重要的和常规的经济业务洽谈都采用这种方法。它使洽谈的同伴相互接近，便于信息交流，增强凝聚力。第二种可供选择的就座方式是交叉就座，实际运用得不多。第三种为不设谈判桌。对于业务合作关系持久的谈判双方来讲，由于他们之间已经有了约定俗成的交易习惯，每次洽谈只需就简单问题进行商讨，这时不用谈判桌。总之，不管选择什么方式就座，都要便于信息的传递和沟通。

(六)确定谈判执行计划

在制订谈判计划时，应该把谈判方案与谈判执行计划区分开。谈判方案是谈判人员在谈判前预先针对谈判目标具体内容所做的安排，是所拟定的一些标准和规定。谈判执行计划，是谈判小组为了实施谈判方案所规定的内容和制订的具体措施。

谈判的执行计划具体包括以下内容。

(1) 确定谈判的结构框架。这是对谈判规律的一种方略性总结。

(2) 制定谈判开始阶段应采取的策略。

(3) 谈判全面开展后,对临时出现的不同问题,将采取何种解决措施。

(4) 决定谈判地点。谈判最好争取在自己的地盘上进行,如办公室、家里或自己熟悉的其他地方举行。在自己的地盘谈判,可以使自己专注于谈判,而无须分心于熟悉或适应环境,并且节省了一定的差旅费用;同时,心里也有一种优势,即对方是来找我们进行谈判的。

(5) 妥善安排与谈判有关的各种行政管理事务。

(七)确定控制办法

谈判不但要制订计划,而且还要对计划进行控制。从管理的角度看,这是一个通过信息反馈不断完善计划的过程。在实际谈判过程中的每个阶段上,都需要对最初的预期目标重新修订,因为实际总是和我们的计划有不一样的地方。看对方是否提出了意想不到的条件,己方是否需要修改原来对各种可能事态发展的估计等。如果实际工作没有与事先的计划背道而驰,那么一个考虑周全的计划对谈判的益处就充分显示出来了;如果实际工作的结果与计划相比,存在着一些出入,就要进行控制,控制的关键是确定控制的方法和进行分工,才能使谈判成功的概率更大。

总之,制订一个科学合理的谈判计划,需要考虑与谈判有关的各种因素,进行全面系统的分析,确定适合的目标,以及达到目标的策略,而且还要做好控制,拟定应变策略,这样的计划才能对谈判成功有指导意义。

第二节 商务谈判的组织与管理

要使谈判取得成功,不仅要组建一支优秀的谈判队伍,还要通过有效的管理使谈判团队提高谈判能力,实现谈判的最终目标。所以需要建立一个人员齐备、相互协调、适应各种谈判的团队,并且要调动其积极性,提高谈判效率,把握每个可能的商机。

一、谈判小组的构建

为了使谈判小组高效率地工作,谈判人员之间应该紧密配合,精诚合作。谈判人员的选择应十分慎重,他们不仅要符合一定的素质要求,而且要形成各方面互补的结构,达到最优组合。尤其是组长应该是心胸开阔、立场坚定、知识广博、经验丰富、善于随机应变、富有创造能力和组织能力的人,其他代表原则上应根据各自的专长,能够互相配合。

(一)谈判小组的规模

谈判小组人数的多少,应根据谈判项目的实际需要和谈判性质来确定,不宜过多。一般情况下,可以一个人也可以多个人,应该根据实际业务的需要而定。小金额、老客户、内容简单一般可以一个人;大金额、新客户、内容复杂就需要多个人参与。

1. 一个人谈判的缺点和优点

1) 一个人谈判的缺点

一个谈判的缺点主要有以下几个方面。

(1) 既要陈述自己的交易条件，又要观察对方的反应。

(2) 倾听对方并做好笔录，而且边筹划边回答对方的问题。

(3) 要及时衡量各种交易条件对本方的利害得失，并做好相应的对策。

(4) 既要进行整个谈判的记录，又要明确各项交易条件和进行签约。

(5) 有时候说不清楚，而且为对方行贿提供了机会。

2) 一个人谈判的优点

一个谈判的优点主要有以下两个方面。

(1) 战术灵活，便于调整。

(2) 全力以赴，主动性好。

2. 两个人以上谈判的缺点和优点

1) 两个人以上谈判的缺点

两个人以上谈判缺点主要是有时候意见不好统一。

2) 两个人以上谈判的优点

两个人以上谈判优点主要有以下几个方面。

(1) 可以运用谈判小组的战略战术。

(2) 可以进行分工，一个人讨价还价，另一个人可针对不同情况采取不同的对策。

(3) 一个人身体不支，可由另一个人继续洽谈，这在国外谈判中尤为重要。

(4) 遇到困难，可以集思广益，这在国外谈判且通信设施很差的情况下更能体现出它的好处。

(5) 人多势众，提高士气。

一般的谈判小组直接上场谈判的人以 3～4 名为宜，并要使谈判代表的身份与对方代表的身份相对等。如果谈判涉及的内容较广泛复杂，需要由各方面的专业技术人员参与，可以考虑把谈判小组分为两部分：一部分主要从事背景资料的准备，人数可以适当多一些；另一部分直接上场谈判，这部分人数以与对方相当为宜。

谈判小组一经形成，就要制订相应的谈判工作规范，明确成员的职责分工，弄清应注意的事项和应遵循的准则。如有必要，还应对谈判小组成员在专业知识、谈判技巧和策略、行为礼仪等方面进行必要的培训。

谈判小组成员与对方的关系，也应在准备过程中加以考虑。有时熟人好办事，而有时反而不利于谈判的顺利进行。对此谈判的组织者应予以足够的重视。

(二)商务谈判人员的配备

在现代社会中，谈判所涉及的面很广。从它所涉及的知识领域来讲，包括商业、贸易、金融、技术、法律、保险和海关等多方面的内容。谈判所处的环境是错综复杂的，面对谈判对手的挑战，需要收集多方面的资料，这些是个人的精力、能力难以胜任的。因此，在大多数情况下采用小组谈判。小组谈判的好处在于可以有许多不同知识和背景的人参与谈判，取得知识结构上的互补和综合的整体优势，能够集思广益，使对方感到有更多的压力。

1. 谈判人员的配备

从国内、国际贸易的实务看来，一般情况下，商务谈判需要的人员包括以下几个方面。

(1) 商务方面。由熟悉商业贸易、市场行情、价格形势的贸易专家担任。商务人员要负责合同条款和价格等条件的谈判，帮助谈判方确定合同文本，负责经济贸易的对外联络工作。

(2) 技术方面。由熟悉生产技术、产品标准和科技发展动态的工程师担任。在谈判中负责对有关生产技术、产品性能、质量标准、产品验收和技术服务等问题的谈判，也可为商务谈判中价格决策做技术顾问。

(3) 财务人员。由熟悉财会业务和金融知识、具有较强的财务核算能力的财会人员担任。财务人员的主要职责是对谈判中的价格核算、支付条件和支付方式、结算货币等与财务相关的问题把关。

(4) 法律人员。精通经济贸易各种法律条款，以及法律执行事宜的专职律师类人员担任。法律人员的职责是保障合同条款的合法性、完整性、严谨性，也负责涉及法律方面的谈判。

(5) 语言方面。由精通外语、熟悉业务的专职或兼职翻译担任。其主要负责语言与文字翻译工作，沟通双方意图，配合谈判运用语言策略。在涉外商务谈判中翻译的水平将直接影响到谈判双方的有效沟通和磋商。

2. 配备谈判人员时应注意的三个方面问题

配备谈判人员时应注意以下三个方面问题。

(1) 应尽量选择"全能型的专家"。所谓"全能"是指通晓技术、商务、法律、金融和语言知识的人员。作为谈判人员，特别是经常参与重大项目谈判的人员，应努力将自己培养成具备这四个方面知识的全才，同时又特别精通其中的某一方面。如果一个谈判人员，只知商务和法律方面的知识，而对技术方面一窍不通，在谈判时涉及技术条款方面，就会显得很被动，己方谈判人员之间的配合也就比较困难，无疑降低了己方的谈判实力。如果己方技术人员、商务人员、法律人员各持己见，谈判工作就更加难以协调，对谈判工作极为不利。

(2) 谈判小组中配备一个懂业务和技术术语的翻译也十分重要。即使己方其他人员均精通对方语言最好也配备一名专职译员。因为谈判是一项十分紧张、耗费大量脑力的活动。谈判的整个过程是不断根据临场的信息组织调整思路的过程，尽管谈判人员通晓外语且在谈判前有较充分的准备，但仍会在谈判中遇到一些语言问题。配备翻译使谈判人员可以得到改正失误的机会或借口，再者利用译员复述的这段时间观察对方的反应，决定下一段的措辞和验证己方运用策略的效果。有经验的谈判专家认为译员复述这段时间正是主谈进行观察、思考的有利时机。

(3) 在配备人员时，还应从业务洽谈实际情况出发，配备一名领导人员负责协调整个谈判工作。一般此人往往是在公司的业务经理中产生的。他应具备两个条件；一是应有的专业技术知识，而且他的领导能力要强；二是对谈判出现的利害得失具有高度责任心。谈判小组的负责人并不一定要是所谈业务的技术专家，但他必须尽可能全面掌握谈判所涉及的各方面的知识，这样才能有自己独到的见解，并采取更有效的工作方法。

(三)确定谈判小组的规模、人员选派时，应依据的原则

1. 依据项目的大小和难易程度来确定谈判小组的阵容

在确定谈判小组阵容时，应着重考虑谈判主题的大小、难易程度和重要性等因素以决定选派的人数。如果是一对一谈判，那么对于参与谈判的人来讲要求很高。谈判人员应将自己训练成为多方面的专家，一旦谈判项目需一人上阵，就可发挥作用。但是当项目很大时，应考虑选派一个小组来参与谈判。至于谈判阵容及参加人员的多少及成分，可因项目不同而定。通常情况下，有关商品交易的谈判，可由主管该项目的业务人员参加。如果是重要的交易应由总经理作为主谈。对于技术引进的谈判，可由业务人员、技术人员、法律工作者共同组成谈判小组，在统一领导下，分工负责，协同工作，完成任务。

2. 依据项目的重要程度组织谈判小组

一些内容复杂的大型交易，如技术引进项目，合资经营项目，以及在外地投资项目等，必须组织一个强有力的谈判小组。

3. 依据对手的特点配备谈判人员

一般对手的谈判成员是由雇主聘请技术咨询顾问，负责审查欲购商品的质量、技术性能指标，并提出修改意见，以满足其特殊要求；同时聘请法律顾问洽谈商务条件，然后运筹出最佳方案提交雇主裁定。所以，己方配备的谈判人员必须与之匹配，聘请精通技术的工程技术人员和精通各种贸易和商务条款的专业人员，负责运筹技术、商务和法律方面的业务。对专业化谈判小组的人员来讲，必须懂技术、精通国际贸易，并能用英语直接与客商谈判。

4. 依据谈判的分工特点配备谈判人员

谈判小组具体规模应多大，在通常情况下，参加谈判小组中人数不宜过多。作为一个高效的谈判集体，其内部必须进行适当而严密的分工协作，内部的意见交流必须畅通无阻。要达到这种有效工作要求，谈判小组的规模过大是不行的。在谈判中，既需要充分发挥个人的独创性和独立应变能力，又需要内部协调统一、一致对外。此外，过往的谈判经验告诉我们，即使是大型项目的谈判，其所涉及的专业知识很广，但在谈判的不同阶段，牵涉到的主要知识种类是有限的，这意味着谈判并不需配备具有各种专业知识的人同时参加，只要对谈判小组成员进行调整，就可以完成任务。有时也可以请某方面的专家、学者作为谈判小组的顾问，这样更能提高谈判的效率。

(四)合格谈判小组的标准

1. 知识互补

知识互补包含两层意思：一是谈判人员具备自己专长的知识，都是处理不同问题的专

家，在知识方面相互补充，形成整体的优势；二是谈判人员书本知识与工作经验的知识互补。谈判队伍中既有高学历的青年学者，也有身经百战具有丰富实践经验的谈判老手。高学历学者可以发挥理论知识和专业技术特长，有实践经验的人可以发挥见多识广、成熟老练的优势，这样知识与经验互补，才能提高谈判队伍整体战斗力。

2. 性格协调

谈判队伍中的谈判人员性格要互补协调，将不同性格的人的优势发挥出来，互相弥补其不足，才能发挥出整体队伍的最大优势。性格活泼开朗的人，善于表达、反应敏捷、处事果断，但是性情可能比较急躁，看待问题也可能不够深刻，甚至会疏忽大意；性格稳重沉静的人办事认真细致，说话比较谨慎，原则性较强，看问题比较深刻，善于观察和思考，理性思维比较明显，但是他们不够热情，不善于表达，反应相对比较迟钝，处理问题不够果断，灵活性较差。如果这两类性格的人组合在一起，分别担任不同的角色就可以发挥出各自的性格特长，优势互补，协调合作。

3. 分工与合作

谈判小组中的每个人都要有明确的分工，每个人都有自己特殊的任务，不能工作越位，角色混淆。遇到争论不能七嘴八舌争先恐后发言，该谁讲谁讲，要有主角和配角，要有中心和外围，要有台上和台下。当然，分工明确的同时要注意大家都要为一个共同的目标而通力合作，协同作战。

基于上述几个方面的原因和经验，认为由 4 人组成的谈判小组比较合适。但这只是一般的谈判。由于谈判具体内容、范围、性质，特别是谈判人员的经验、素质和能力不同，谈判小组的规模也不同。无论什么样的谈判，归结到一点，就是谈判小组既能实现目标，又可以实现高效率。

二、谈判人员的选择

(一)选择谈判人员的要求

选择谈判人员主要有以下几个方面的要求。

1. 选用品质可靠的人员

商务谈判工作多数是在单独一人的情况下进行的，谈判中所涉及的很多购销条件，在一定限度内可由谈判人员自己掌握。因此，谈判者必须忠诚可靠，并能赢得客户对他的信任。如果一位商务人员欺诈客户和自家企业，而从中使自己获得好处，其后果是可以想象的。但是，这类人的品质事先却难以衡量，道德和个人的人格问题，必须要经过一定时间的接触才能有所认识。一般的办法是征询过去与他有关人的看法，如他的介绍人、同事及领导等，在可能的情况下，应向他以前的老客户询问。

2. 选用具有独立工作能力而又具有合作精神的人员

商务谈判人员依靠自身的力量，发掘自身的力量，是一项必不可少的品质，他需要独立工作，上司很少会给他以直接的帮助和指导。所以要能不受任何外界干扰，顶住压力，独立做出自己的决断。商务谈判人员是否具有积极主动、自愿肯干的精神，是一项十分重要的条件。谈判是一个团队的工作，需要相互配合，才能形成战斗力。因此，既要有独立工作的能力，又要有团队合作精神，这两者是完全可以相融的。

3. 选用具有相当智力水平与谈判能力的人员

商务谈判人员的知识范围、智力水平和谈判能力，是一项必不可少的重要条件。例如，谈判者要有相当程度的记忆力，相当广泛的知识面，必须对公司的每项产品或服务有深入的认识，对各种可能的客户有深切的了解，还必须谈吐自如、举止适度。因此，在选用谈判人员时，必须要考核在这几个方面是否能与他所担当的工作相适应。

4. 选用愿去各地出差的人员

很多人都知道商务工作是件美差，但却不知道它的辛苦，特别是长时间出差在外。所以，在选用商务谈判人员时，须向其说明要出差时间是多久，特别是外埠出差。如果忽略了这一点，很可能使谈判者产生一些个人问题(如产生家庭纠纷)，他的工作成绩也将受到严重影响。有的人不能或不愿出差，这对商务工作无益；但也有的人特别愿意出差，尤其是长期在外。不过在这方面也是会出问题的，这类人闲不住，遇事就往外跑，不管是否有必要或不管事情大小，必然要增加成本。

5. 具有良好的判断力而且可以听取各方意见的人员

参加谈判的人员要能够洞悉问题的症结所在，并且能够注意到可能影响谈判结果的潜在因素。有忍受冲突和面对暧昧态度的耐心，对待事物能分清主次，抓住重点，合理掌握时间进度。

6. 身体健康的人员

商务谈判人员必须具备健康的体魄和充沛的精力，以应对旅途奔波和连续的工作。

(二)什么样的人不宜选用

1. 不能选用遇事相要挟的人

很多企业和公司的领导人，常以某人手里是否有客户、有关系为条件而选用商务人员，实际上这是很片面的。这类人员确实能够在短期内给公司带来可观的收入；但这类人却常常居功自大，无限向上边要条件，如果不能如愿，随时可能离去，并将他的客户带走。

2. 不能选用私心过重的人

由于商务谈判人员对企业的里里外外所知甚多，工作性质比较特殊，因此容易产生个人私利。如果商务谈判人员发展到这种程度，管理者便无法掌控了，他甚至可以把商业秘密转卖给竞争者。此类事件在国内外企业界经常发生，因此一定要注意这方面。

(三)对谈判人员的正确认识

一般情况下，企业所选择的谈判人员总是很有才干的，但是不应期望他一夜之间即给公司带来很多好处，这样想往往是危险的。被选用的商务人员不论有多么丰富的经验，也需相当的时间来了解公司的情况，并探寻解决问题的方法。如果领导者期望自己的谈判者成为一流的人才，就不要忘了给他以支持、激励和有效的训练，这是最现实的做法，否则你的期待必然落空。

三、谈判人员具备的素质与能力

(一)谈判人员具备的素质

谈判人员需具备以下几个方面的素质。

1. 气质性格方面

谈判人员应具备适应谈判需要的良好的气质和性格。有些性格特征是不利于谈判的，例如，性格内向、孤僻多疑、不善表达、冷漠刻板、急躁粗暴、唯我独尊、嫉妒心强、心胸狭窄等。良好的气质和性格应具备以下特征：大方而不轻佻、爽快而不急躁、坚强而不固执、果断而不粗率、自重而不自傲、谦虚而不虚伪、活泼而不轻浮、严肃而不呆板、谨慎而不拘谨、老练但不世故、幽默但不庸俗、热情但不多情。

2. 心理素质方面

在谈判过程中会遇到各种阻力和对抗，也会发生许多突变，谈判人员只有具备良好的心理素质，才能承受住各种压力和挑战，取得最后的成功。

谈判人员应具备的良好心理主要有以下几个方面。

1) 自信心

自信心是谈判者最重要的心理素质。所谓自信心，是指谈判者相信自己企业的实力和优势，相信集体的智慧和力量，相信谈判双方的合作意愿和光明前景。自信心的获得建立在充分调查研究的基础上，建立在对谈判双方实力的科学分析的基础上，而不是盲目的自信，更不是藐视对方、轻视困难，固执自己错误的所谓自信是有害的。自信心需要培养。

2) 自制力

谈判过程中难免会由于双方利益的冲突而形成紧张、对立、僵持、争执的局面。如果谈判者自制力差，出现过分的情绪波动，就会破坏良好的谈判气氛，造成自己举止失态、表达不当，使谈判不能进行下去，或者草草收场，败下阵来。谈判者具备良好的自制力，在谈判顺利时不会盲目乐观，喜形于色；在遇到困难时也不会灰心丧气，怨天尤人；在遇到不礼貌的言行时，也能够克制自己不发脾气。

3) 懂得尊重

在谈判中只有互相尊重，平等相待，才可能保证合作成功。所以谈判者首先要有自尊心，维护己方的尊严和利益，面对强大的对手不妄自菲薄、奴颜献媚，更不会出卖尊严换取交易。但同时谈判者还要尊重对方，尊重对方的利益、意见、习惯以及正当权利。

4) 坦诚的态度

坦诚的谈判者善于坦率地表明自己的立场和观点，真诚地与对方合作赢得对方的了解和信任。虽然谈判双方都有自己的机密和对策，但是谈判的前提是双方都有合作的愿望。

开诚布公、真诚待人的态度是化解双方矛盾的重要因素。

5)　能够承受压力

谈判是一个较量的过程，双方都将面对各方面的压力，所以要有相当高的心理承受压力的素质，尤其是面对拖延、时间紧张、失败的时候更是如此。

3. 思想意识方面

1)　政治思想素质

谈判者必须忠于职守、遵纪守法、廉洁奉公、维护国家、忠于祖国，正确处理好国家、企业和个人三者的利益。

2)　讲究信誉

谈判者注意维护企业和个人的信誉形象，诚信待人。

3)　合作的思想

互惠互利是谈判原则，谈判者要善于借助一切可借助的力量实现自身利益，将竞争与合作有机统一起来。

4)　团队意识

谈判组织成员之间应该团结一致、齐心协力，集体的利益高于个人的利益。

5)　效率意识

谈判者力争花最少的时间和精力取得最好的谈判结果。

4. 知识方面

谈判人员应该具有各方面的知识，如商务知识、技术知识和人文知识等。有时谈判并不局限于商务、技术和法律等方面的内容，可能还涉及其他方面，这就要求谈判人员具有多方面的知识。

5. 身体素质

谈判是既消耗体力又消耗脑力的人类活动，没有健康的身体是很难胜任谈判工作的。根据上述要求，选择谈判人员应考虑适当的年龄跨度。应该有充沛的精力，一般在 35～55 岁年龄跨度内，正是思路敏捷、精力旺盛阶段。其特点是已积累了一定经验，事业心、责任心和进取心较强。当然，由于谈判内容、谈判要求不同，年龄结构可灵活掌握。

以上为谈判人员在素质方面应具备的条件，一个具有良好素质的谈判人员，对于完成谈判有好处，是谈判取得成功的基石。

(二)谈判人员具备的能力

谈判人员需具备以下几个方面的能力。

1. 敏锐的洞察力

谈判人员在谈判的过程中应该注意观察对方的行为，从而发现对方的想法。一般就手势来说，张开双手表示接纳；紧握双拳意味着防范；当对方的手使劲握着桌边，证明你的观点击中其要害，或表明你的观点将遭攻击。就面部表情来说，如嘴唇紧闭、眉角下垂、瞪大眼睛盯着你，则表明对方充满敌意并且极具攻击力；若眼睛突然往下看，脸部转向旁边，多表明拒绝或厌烦你的讲话。需要指出的是，判断言行举止是一个十分复杂的问题，要结合当时的具体情况作综合判断。因此，需要谈判人员自身具有敏锐的洞察力，否则单凭经验判断会得出错误的结论。

2. 独立自主地处理问题的能力，遇事沉着冷静，不动怒，不发火，不感情用事

谈判人员要有随时与谈判伙伴协调配合的本领。谈判小组是由个人组成的集体，因此，既要表达自己，又要通过自己表达集体。谈判的风云变幻，即可能出现各种意想不到的事情，要求谈判人员要处变不惊，沉着冷静具有大将风度，这样才能妥善、理智地处理好问题。否则，感情用事将使得谈判人员做出不合理的决策，也给对方以可乘之机。

3. 坚定不移的毅力和忍耐力

谈判人员应具有百折不挠的精神及不达目的决不罢休的自信心和决心。讨价还价、磋商活动也是毅力和耐力的拉锯战，谈判人员的这种个性特征将使己方的利益得到最大的保证。一般刚强型的谈判人员具有这种个性，他们在取得谈判经验后发挥会越来越好。

4. 社交能力和表达能力

谈判实质上是人与人之间思想观念、意愿感情的交流过程，是重要的社交活动。谈判人员应该善于与不同的人打交道，也要善于应对各种社交场合。这就要求谈判人员塑造良好的个人形象，掌握各种社交技巧，熟悉各种社交礼仪知识，所以谈判人员应该有较强的文字表达和口语表达能力，要精通与谈判相关的各种公文、协议合同、报告书的写作，电脑技术的掌握，同时要善于言谈、口齿清晰、思维敏捷、措辞周全，善于驾驭语言，有理、有利、有节地表达己方观点。在涉外商务谈判中要熟练掌握外语的听、说、写、译能力。

谈判者要善于了解不同地区的谈判人员的特点，掌握他们在谈判风格上的差别，宗教信仰方面的异同，针对这些方面的不同情况与谈判对手和平共事。同时，要富有幽默感，谈判经常会出现低潮或僵局，谈判人员的风趣幽默则能淡化僵局，缓和气氛，使谈判顺利进行。

5. 逻辑思维和判断能力

谈判者要思路开阔敏捷，判断力强，决策果断。对方往往会用许多细枝末节的问题来纠缠你，而把主要的或重要的问题掩盖起来，或故意混淆事物之间的前后、因果关系。作为谈判人员就应具备抓住事物的主要矛盾和主要方面的能力，同时要思路开阔，不要为某一事物或某一方面所局限，而要从多个方面去考虑问题。提高这方面的能力就要善于倾听对方的意见并把握对方的意图。谈判是双方相互交换意见，但有些人思维敏捷，冲动性强，往往对方的话刚说一半，他就自以为领会了对方的意思，迫不及待地发表自己的意见，这也是不可取的，造成误解对方，反而给对方提供一些可乘之机。

6. 组织、应变的能力

谈判是一项需要密切配合的集体活动，每个成员都要在组织中发挥出自己的特殊作用。所以谈判人员要有组织、协调的能力，分清主次，抓住重点，合理掌握时间，才能发挥出最大的战斗力；谈判中会发生各种突发事件和变化，谈判人员面对突变的形势，要有冷静

的头脑、正确的分析、迅速的决断，善于将原则性和灵活性有机结合，机敏地处理好各种矛盾，变被动为主动，变不利为有利。

7. 创新能力

谈判人员要具备丰富的想象力和不懈的创造力，勇于开拓创新，拓展商务谈判的新思路、新模式，创造性地提出新的谈判方法和思路。

总之，合格的谈判人员必定具备上述的多种素质和能力，一个完美的谈判家，应该心智机敏，且具有无限耐性，能巧言掩饰，但不欺诈行骗，能取信于人，而不轻视他人；能谦恭节制，但又刚毅果断；能施展魅力，而不为他人所惑；拥巨富，藏娇妻，而不傲。

四、谈判小组的负责人

谈判小组的负责人(组长)一般情况下也是主谈，或称谈判首席代表，是谈判的某一阶段，或针对某一个或几个方面的议题，由他为主进行发言，阐述己方的观点和立场。因此，主谈是谈判小组的核心，是谈判工作能否达到预期目标的关键性人物。

1. 谈判负责人的条件

谈判组织负责人应当根据谈判的具体内容、参与谈判人员的数量和级别，从企业内部有关部门中挑选，可以是某一个部门的主管，也可以是企业最高领导。谈判组织负责人有时并不一定是己方主谈人员，但他是直接领导和管理谈判队伍的人。谈判负责人应具备以下几个方面的条件。

1) 高尚的人品

高尚的人品是最重要的条件，可以保证企业的安全和最根本的利益的实现。

2) 具备组织和果断的决策能力

指挥员的能力对谈判的成败具有至关重要的作用。如果己方领导人的能力低于对方的领导人，必然会处于被动地位。谈判负责人要能够敏锐地利用机遇解决问题，做出果断的判断和正确的决策；同时要能够分清主次，知人善任，善于倾听各方面的意见，善于与各种人打交道。

3) 具备较全面的知识

谈判负责人本身除应具有较高的思想素质和业务素质之外，还必须掌握整个谈判涉及的多方面知识。只有这样才能针对谈判中出现的问题提出正确的见解，制订正确的策略，使谈判朝着正确的方向发展。

4) 有感召力

谈判的负责人能够通过自身的行为感召团队的成员，使整个集体更具有凝聚力，这是现代谈判的要求，也是克服困难的保障。因此，谈判小组领导人的工作方式必须与本企业的工作方式相一致，整个谈判小组才能有效地工作。

5) 具备一定的权威地位

谈判负责人要具备权威性，有较大的权力，如决策权、用人权、否决权和签字权等；要有丰富的管理经验和领导威信，能胜任对谈判队伍的管理。谈判负责人一般由高层管理人员或某方面的专家担任，最好与对方谈判负责人具有相对应的地位。

6）　具有激励团队的能力

谈判经常面临巨大的压力和困难，这个时候就需要有人能够激励整个团队渡过难关，所以谈判负责人必须能承受压力而不表现出来，而且还要让大家看到未来的希望。

2. 谈判小组负责人的职责

(1)　负责挑选谈判人员，组建谈判小组，并对谈判过程中的人员变动与上层领导取得协调。

(2)　管理谈判队伍，协调谈判队伍各成员的心理状态和精神状态，负责振奋大家的精神，使大家在任何情况下都能以高昂的士气参加谈判。处理好成员间的人际关系，增强队伍凝聚力，团结一致，共同努力，实现谈判目标。

(3)　制订谈判计划，确定谈判各阶段目标和策略，并根据谈判过程中的实际情况灵活调整。

(4)　总管谈判进程，组织谈判策略的实施，负责具体的让步时间、幅度，掌握谈判节奏、决策的时机。

(5)　负责向上级或有关的利益各方汇报谈判进展情况，贯彻执行上级的决策方案。

五、谈判人员的分工与相互支持

1. 谈判人员的分工与支持

谈判人员的分工是指每一个谈判者都有明确的分工，都有自己适当的角色，各司其职。谈判人员的配合是指谈判人员之间思路、语言、策略的互相协调，行为步调一致。要明确各类人员之间的主从关系、呼应关系和配合关系。

1）　在谈判时主谈与其他人员(辅谈)的配合

主谈是谈判工作能否达到预期目标的关键性人物，其主要职责是将已确定的谈判目标和谈判策略在谈判中得以实现。主谈必须与辅谈密切配合才能真正发挥主谈的作用。

(1)　在谈判中，己方一切重要的观点和意见都应主要由主谈表达，尤其是一些关键的评价和结论更得由主谈表述。辅谈不能随意谈个人观点或说与主谈不一致的结论，辅谈要配合主谈，起到参谋和支持作用。

(2)　在主谈发言时，辅谈自始至终都应支持，可以通过口头语言或肢体语言做出赞同的表示，并随时拿出相关证据证明主谈观点的正确性。

(3)　当对方集中火力多人多角度攻击主谈时，辅谈要善于使主谈摆脱困境，从不同角度反驳对方的攻击，加强主谈的谈判地位。

(4)　辅谈充当"黑脸者"的角色。"黑脸者"的主要任务是在谈判过程中，根据不同的情况，采取强硬的态度，有意去激怒对方，使对方怒中失态，怒中出错。特别是当有些问题不便由主谈者或负责人出面拒绝或否定时，"黑脸者"就应挺身而出，毫不留情地加以拒绝或否定。尤其是当己方主谈处于被动或困境时，"黑脸者"采取强硬立场，"引火烧身"，转移对方的视线，以解脱主谈的困境。

(5)　辅谈充当调和者的角色。调和者就应把握时机和分寸，为防止僵局扩大，以调和的姿态，缓和的口气，再借助"诚恳"的态度，温和的言辞，提出似乎"合情合理"的条件，这种做法是很明智和策略性的。要知道在商务谈判中如果在出现僵局之前能及时采取措施挽救，不但可以避免不愉快事情的出现，有时还可"因祸得福"，获取对方以让步或优惠条件作为报答。因为双方都不希望出现僵局，你如果能采取措施避免对方的不快，对方当然会表示感谢。

(6) 当主谈提到辅谈所熟知的专业问题时，辅谈应给予主谈更详尽、更充足的证据支持。例如，在进行合作商务谈判时，专业技术人员和法律人员应从技术的角度和法律的角度对谈判问题进行论证并提供依据，给予主谈有力的支持。主谈与辅谈的身份、地位、职能不能发生角色越位，辅谈不可以因为自己在某一方面的特长而喧宾夺主；否则，谈判就会因为己方乱了阵脚而陷于被动。

(7) 运用"游击战"的策略进行人员间的配合。在谈判中各个角色应有意识地调换，使对方捉摸不透，也免于己方某一角色成为对方的众矢之的。在谈判中如果一个人的长处被对方设法避开了，弱点却被对方死死抓住，即使是一个天才也是不难攻破的。防线一旦被攻破，要么冲动、愤怒而失态，要么气馁而消沉。所以应在对方尚未攻破己方组员前及时调换其所充任的角色是十分必要的。

2) "台上"和"台下"的配合

在比较复杂的谈判中，为了提高谈判的效果，可组织"台上"和"台下"两套班子。台上人员是直接在谈判桌上谈判的人员，台下人员是不直接与对方面对面地谈判，而是为台上谈判人员出谋划策或准备各种必需的资料和证据的人员。台下人员有以下几种情况。

(1) 台下人员是负责该项谈判的主管领导，可以指导和控制台上人按既定目标和准则行事，也可以是台上人员的幕后操纵者。台上人员在大的原则和总体目标上接受台下班子的指挥，敲定谈判成交时也必须得到台下人员认可，但是台上人员在谈判过程中仍然具有随机应变的战术权力。

(2) 台下人员是各种专业参谋，如法律专家、贸易专家和技术专家等，他们主要向台上人员提供专业方面的参谋建议，台上人员有权对其意见进行取舍或选择。当然台下人员不能过多、过滥，也不能过多地干预台上人员，要充分发挥台上人员的职责权力和主观能动性，争取实现谈判目标。

2. 调换组员所充任的角色

组员所充任的角色应根据以下几个方面进行调换。

(1) 当对方对本次谈判欠诚意，或是对方有求于己方，而己方对本次贸易谈判兴趣不太大时，可适当加强"黑脸者"攻势，并适当调换充任"黑脸者"这一角色的组员。

(2) 根据谈判的议题，充分考虑每个人的专长和业务能力。当谈判技术条款时，应以技术人员为主谈，商务、法律人员处于辅谈的位置，以确保合同技术条款的准确性；而当涉及合同法律条款时，律师等法律人员成为主谈；如果在商务条款的谈判中，商务人员应作为主谈。例如，日本人在进行较大型的商务谈判时，往往根据不同的议题由不同的专家充当主谈，其他的角色也相应地有所变换，这个策略使日本商人受益匪浅。

3. 谈判小组成员相互支持经常采用的方法

谈判小组成员相互支持经常采用以下几种方法。

(1) 夸大地介绍本组成员，但要注意分寸。

(2) 必须肯定本组成员提出的问题。

(3) 对主谈表示尊重和支持，如不断地点头、目光注视、不时传递信息等。

(4) 组内互相通气。

(5) 己方成员出现错误时想办法为其开脱。

六、对谈判的管理和控制

谈判是一个复杂的过程，要使谈判成功，需要对谈判的计划执行情况进行管理和控制，才能不偏离方向。对谈判的控制和管理就是对谈判人员的控制与管理，所以需要对谈判人员的心理和行为有充分的了解。

1. 满足谈判人员的心理需要

谈判人员的行为是由其心理决定的，其行为表现的类型主要包括：进取型(以取得成功为满足)、关系型(以与别人保持良好关系为满足)、权力型(以对别人和谈判局势施加影响为满足)。因此，可以把谈判人员分为以下三类，并在谈判中给他们安排不同的角色，满足他们的需要，有利于谈判的成功。

1) 对成功的期望很高、对关系的期望很低、对权力的期望很高的人员的使用

在谈判中，这种类型的人，凡是他个人认为重要的东西，都无所顾忌地争取，对他所代表的企业有时却不以为然。由于他在人事关系上不寄予太高希望，所以他不十分在乎领导和同事的看法，有功则沾沾自喜。此外，他还采取强权的办法求得利益，极力地向对方施加压力。对这种人可以让他负责谈判的进程，让他第一个陈述，以满足他对权力的需求，从而使他觉得自己获得了一种特权。但同时还必须策略地控制谈判的进程。所以管理者要注意把目标定得相对合理，此类人员受成功愿望的驱使，就可以让其经过艰苦努力后，达到一定的目标，从而使他得到获胜心理的满足。

2) 对成功期望很高、对关系期望很高、对权力期望很低的人员的使用

这种人也渴望获得骄傲的成功，希望与领导和同事们共同分享成功的快乐，他不仅求得与领导和同事们友好相处，也较多地注重与对方人员保持友好关系。由于他热衷于关系而不追求权力，这就意味着他在谈判过程中更容易处于被动地位，与这种人谈判成功的概率极大。如果他与一个权力型的人谈判，他极可能被操纵。所以此类人员可以做调和人员。

3) 对成功的期望一般、对关系的期望一般、对权力的期望一般的人员的使用

这种人认为对权力要求过高可能使对方产生敌对情绪，所以只希望能够影响对方而不是支配对方。一般来说，这种人能够与对方建立友好关系，能够满足公司及同事们的要求；能够有力控制谈判过程，能把自己的意志体现在谈判内容和谈判过程中；他的成功只要人们满意而不期望特别的赞赏；他随时有可能在高压下做出让步，他愿意有个较为满意的结果而不愿意使谈判破裂。在谈判领域，这种人被认为最为理想和具有潜力。但必须是在受过良好的训练和他本人有足够智慧的前提下，可以作为谈判的负责人。

2. 对谈判人员的激励

对商务谈判的管理应该以激励谈判人员为主。对谈判人员的激励有精神和物质两种。

精神方面是指内在报酬，如表扬、提升；物质方面是指外在报酬，如奖金或实物等。

对谈判人员的激励方法主要有以下几种。

(1)　对取得的成果进行肯定和鼓励，如对谈判人员给予表扬、公布成绩、授予荣誉称号等。

(2)　对其工作的信任。

(3)　安排更重要的工作。

(4)　提升、学习。

(5)　物质上的奖励。

(6)　提高福利、增加假期等。

3. 对谈判人员的监督

为了使谈判能够向成功的方向发展，需要对商务谈判的过程和人员进行监督和控制，监督和控制的手段很多，常见的有以下几种。

(1)　对现场的直接监督与控制。

(2)　对通信监督与控制。

(3)　通过完善的制度进行自动监督与控制，如报酬制度、地域分派制度、销售配额制度和费用控制制度等。

(4)　通过商务谈判人员的工作报告来控制。

(5)　通过定期集会来控制。

(6)　通过内部舆论进行监督与控制。

4. 提高谈判队伍团队意识的管理

实践告诉我们，在实际谈判工作中，商务谈判人员由于目的不同、需求不同、经历不同及观察事物的方法不同，因而会常常产生矛盾和冲突。为了使谈判团队人员之间能很好地合作，应该做好以下几个方面的工作。

(1)　使谈判人员认识到共同的职责和职权。

(2)　树立企业精神。要信任谈判人员，给予较大的自主权与灵活性，让谈判人员掌握谈判中的问题、机会和目标，这样会使谈判人员更具有责任感。

(3)　尊重所有的谈判参与人员。

(4)　加强信息交流。保持辅助人员与一线谈判人员之间的联系，使他们在谈判过程中相互支持，彼此监督，协调相互间的利益问题，并根据谈判形势的变化而修订计划。

5. 在谈判过程中对谈判人员进行指导和调控

高层领导应与谈判人员保持密切联系，随时给予谈判人员指导和支持。谈判内外的情况在不断发展变化，谈判桌上有些重要决策需要高层领导批准。有时谈判外部形势发生变化，企业决策有重大调整，高层领导要给予谈判者及时指导或建议，对谈判队伍进行指挥。

(1)　谈判桌上出现重大变化，与预料的情况差异很大，交易条件变化已超出授权界限时，需要高层领导做出策略调整，重新确定目标和策略。

(2)　企业本部或谈判班子获得某些重要的新信息，需要对谈判目标、策略做重大调整时，高层领导应及时根据新信息做出决定，授权给谈判班子执行。

(3) 谈判队伍人员发生变动时，尤其是主谈发生变动时，要任命新的主谈，并明确调整后的分工职责。

(4) 谈判的关键时刻，高层领导应该适当干预谈判。

(5) 当谈判陷入僵局时，高层领导可以主动出面干预，可以会见谈判对方高层领导或谈判班子，表达友好合作意愿，调解矛盾，创造条件使谈判走出僵局，顺利实现理想目标。

本 章 小 结

商务谈判是科学和艺术的统一，因此需要进行计划、管理和控制。要很好地完成谈判任务首先要对谈判制订完善的可行性计划；其次，对商务谈判的管理需要考虑的因素很多，包括谈判人员的选择与配置、队伍的规模、内部的分工与合作、激励与控制等问题都需要全面的分析研究。只有这样，才能针对实际情况，采用合理的管理方式，使谈判向有利于成功的方向发展。

本 章 习 题

一、思考题

1. 制订谈判计划时要考虑哪些因素？
2. 谈判人员应该具备哪些素质和能力？
3. 对主谈来说需要具备哪些条件？
4. 较大型的商务谈判应由哪些人员构成？
5. 谈判人员之间如何分工？
6. 谈判人员之间如何相互支持？
7. 在什么情况下需要调换谈判人员？
8. 你认为应如何使用成功型、关系型和权力型的谈判人员？怎样发挥他们的作用？
9. 应采取哪些措施对谈判人员进行监控和激励？
10. 如何确定谈判目标？

二、拓展练习

练习一　你应该怎么办

你是公司的一个部门的负责人。一天，公司中的某位同事偷偷告诉你说，公司经理对你近期内的业绩有意见，准备把你调离现岗位。面对这种突发的事件，你应该怎么办？

(1) 充耳不闻、顺其自然，以不变应万变。
(2) 私下向一些交情较好的同事打听一下，看是否是真的。
(3) 直接找经理解释。
(4) 做好离开公司的准备。
(5) 向领导递交辞呈。
(6) 消极怠工，发牢骚。

练习二 应该听客户的吗

你和销售部门的同事去深圳拜访客户并争取订单。途中顺便拜访北京、上海和广州的客户，北京的客户告诉你："你们的报价过高"；上海的客户说："我们可以买到比你们更便宜的产品"；广州的客户也说："经销你们的产品利润太小，正在与同类生产商联系经销事宜。"你们所得到的客户们的反应对你们都是不利的，面对这种情况你应该怎么办？

(1) 立即与公司联系、汇报，说明此行计划可能出了毛病，望公司给予答复。

(2) 按原计划继续拜访深圳客户。

(3) 要求公司降低计划价格。

(4) 取消去深圳的行动计划，重新制订计划。

练习三 泰然面对

你在做好充分准备后去应聘某企业的销售主管。你提前于该企业指定时间半小时到达该企业人事部门，准备面谈。结果你发现会客室内已坐满前来应聘的人。此时你会怎么办？

(1) 觉得被录用的机会较小，所以准备应付面谈。

(2) 觉得被录用的机会没变，按照在家里准备的内容进行。

(3) 觉得被录用的可能性更大，准备借此机会展示自己。

(4) 与前来应聘的人员交流，然后调整自己的面谈计划。

练习四 准备不充分之旅

一位香港女装连锁店的采购商，给其一家总公司在巴黎的供应商打电话，要求来人到香港做秋装展示洽谈。两家公司在过去几年里不断有生意往来。巴黎公司派女设计师罗斯去香港。到香港的第二天，公司安排好做展示。罗斯想，既然以前有合作往来，直接坐下来谈生意不会有问题了。于是，客套话之后，罗斯立即放幻灯片做展示，接着报价；谈完价钱又谈如何促销。说了半天后她发现香港听众，上自老板下至业务员，一个个都呆若木鸡，面无表情地看着她。一阵沉默之后，香港老板开口了，并突如其来地问罗斯许多问题：问她是在哪里学服装设计的，过去的工作经验，她念的时装学校怎么样，嗜好是什么，在巴黎公司工作多久等与生意无关的事情。由于话题转折太快，起初她还吞吞吐吐地不愿意说，之后，她想既然是聊天，就有问必答。香港老板又说了些他与法国公司关系如何的成功，两者合作的计划如何，以及法国公司最高级主管来访时如何陪他们走访香港的一些琐事。最后香港老板再三叮嘱罗斯，要切记所谈的一切，等她回巴黎见到上司时一定得着。后来，她打电话回巴黎，把事情的始末一五一十地说给上司，并表示对洽谈的生意不觉乐观。你觉得为什么会这样？

(1) 罗斯对香港之行，准备不够充分。

(2) 香港的听众对罗斯的展示说明不感兴趣，所以香港老板改变话题。

(3) 罗斯不该用幻灯片做秋装展示，应该用活生生的模特。

(4) 罗斯没有了解与香港合作的历史。

(5) 由于文化和商业习惯不同的原因。

(6) 你认为还有其他原因吗？

三、案例分析

案例一　素质和能力决定他的成功

1918年的一天，希尔顿酒店的创始人老希尔顿带着5 000美元，越过州界，进入得克萨斯州，决定到充满石油发财机会的锡施戈镇去冒险。他走进靠近火车站的一家银行，问经理："你们这家银行要多少钱才出售？"对方答："75 000美元。"75 000美元对5 000美元的差额竟是如此悬殊。然而希尔顿似乎并没有为手中的钱不够而烦恼，他顾不得同对方讨价还价，就急忙来到火车站拍电报给那家银行的业主，表示准备以75 000美元的价格购买该银行。

电报发出后，希尔顿悠然自得地漫步在大街上，想象着今后自己如何经营这家银行，梦想着成为"银行业王国"的国王。然而，当他重新踏进银行大门时，迎接他的并不是银行主的允诺，而是报务员交给他的一份电报，电文说："售价已涨到80 000美元，不必争论。"这无异于当头一棒。希尔顿气得涨红了脸，差点儿把电报纸朝报务员脸上摔过去。最后，他强忍住怒火，对那脸上充满惊异之色的报务员说了一句，"他可以保留他的银行。"就大踏步地走了出去。

夜色降临了，他横过街道向一座写着"莫希利旅店"的两层红砖楼房走去、想在这里住宿一夜。希尔顿跨进旅店大门，看到走廊里站满了人，挤到柜台前，争着让值班员办理住宿登记手续。正当他准备开口要一个房间时，只见那个值班员猛然合上他的旅店登记簿，说："客满了!"顿时，许多人目瞪口呆，没等希尔顿想出办法，就看到那些人像小孩抢座位一样，争夺着走廊里仅有的几张椅子。等他也想挤进这行列时，座位已经被占满了。希尔顿只好靠着一根褪了漆的柱子站着，盘算着下一步该怎么办。一位板着面孔的绅士出现了，他推推这个，又推推那个，力图赶走坐在椅子上的人。最后，他走到希尔顿面前，"对不起，朋友，请在8个小时后，当我们腾空这个地方的时候再来。"希尔顿几乎要发火，短短的几个小时，一连串倒霉的事都发生在他身上。他刚想发作，却又灵机一动地问："你的意思是说，你让他们睡8个小时，就做第二轮生意吗？""是的，一天到头，每24小时做3轮生意，如果我允许，他们可以付款，睡在工具室的餐桌上。""你是这家旅店的主人"，他平静地问："你是不是说，这家旅店准备出售？""……是的，何人付出50 000美元现金，就可以获得这家旅店，连同这里所有设备。"希尔顿马上接口说："先生，你已经找到一个买主了!"用了3个小时，希尔顿查阅了莫希利旅店的账簿，发现这个想要发石油财的人是个十足傻瓜。经过一番唇枪舌剑，最后店主愿以45 000美元的价格出售，比原来的开价降低了10%。

希尔顿对形势的准确把握和临场的紧急策划与决定，使他从此一步步走上了旅店国王的宝座。他的机遇是偶然的，他现场的正确发挥却是必然的。他虽然没有预先计划，但他所拥有的这份素养却发挥了作用。

(案例来源：刘文广. 商务谈判. 北京：高等教育出版社，2000.)

问题：

(1) 老希尔顿成功的决定因素是什么？

(2) 老希尔顿的谈判计划和决策考虑了哪些因素？

(3) 谈判人员的素质和能力是怎么培养的？

(4) 你得到了什么启示？

案例二　约翰为什么感觉不舒服

约翰是在城市建设工程方面颇有名气的专家，一家沙特阿拉伯工程公司请他到沙特。该公司负责营建部分城市建设工程。约翰从来没在中东工作过，大部分的工作经验是在欧洲和美国。当约翰到达工程公司总经理的办公室时，他被安排到坐在地板上的一个坐垫上等。总经理忙着招呼其他来访的客人，当时他也清楚地看到约翰，在这些客人中，约翰是最后一位，他前面还有七位。半个小时过去了，约翰忍不住问秘书什么时候才能到他，秘书也弄不清楚。这期间，有许多人进进出出打断总经理接见的工作，约翰开始有些不耐烦。很显然，总经理一点儿不在乎被他人打扰。一小时过去了，秘书才领着约翰到总经理办公室，坐在总经理对面的那张椅子上。他们用英文交谈，一阵客套后，总经理把约翰介绍给公司里的一个工程师小组，其中包括公司的副总经理，美国麻省理工学院的毕业生。引见之后，约翰就热心地开始简单报告，用的是英文，主题当然是道路规划问题。不久约翰发觉许多听众都表情茫然，这时他才想到，许多的专有技术名词和概念必须经过翻译才能使听众听懂。这一组人当中，似乎只有副总经理听懂了简报。晚上回到饭店休息，他觉得好像有点问题。

(案例来源：刘文广. 商务谈判. 北京：高等教育出版社，2000.)

问题：

(1) 约翰对这一天发生的事为什么感觉奇怪？

(2) 问题出在什么地方？

(3) 你认为从商务谈判的角度约翰犯了什么样的错误？

(4) 你认为该怎么办？

案例三　合格的谈判组长

中国某公司与伊朗某公司谈判出口陶瓷品的合同。中方给伊方提供了报价，伊方说还需要研究，约定明天早 8:30 到某饭店咖啡厅继续谈判。8:20，中方小组到了伊方指定的饭店，等到 9:00 还未见伊方人影，咖啡喝了好几杯。这时有人建议离开，也有人抱怨太过分了。组长认为既然来了，就等下去吧。一直等到 9:30，伊方人员才晃晃悠悠来了，一见中方人员就握手致敬，但未讲一句道歉的话。

在咖啡厅双方谈了一个钟头，没有结果，伊方要求中方降价。组长告诉对方，按照约定 8:20 来此地，我们已等了一个小时。桌上的咖啡杯可以作证，说明诚心与对方做生意，价格没有太多余地了。对方笑了笑说，我昨天睡得太晚了。中方建议认真考虑后再谈，伊方沉思了一下，提出下午 2:30 到他家来谈。

下午 2:30 中方小组准时到了他家，并带了几件高档丝绸衣料作礼物，在对方西式的客厅坐下后，他招来他的三个妻子与客人见面。三个妻子年岁不等，脸上没有平日阿拉伯妇女带的面纱。中方组长让翻译表示问候，并送上事先准备好的礼品，三位妻子很高兴。

伊方代表说："我让她们见你们，是把你们当朋友，不过，你们别见怪，我知道在中国是一夫一妻制，我还有权按穆斯林的规定再娶一个，等我赚钱再说。"中方人员趁机祝他早日如愿，并借此气氛将新的价格条件告诉对方。对方高兴地说："中方说研究就拿出了新方案。"于是，他也顺口讲出了自己的条件。中方一听该条件虽与自己的新方案仍有距离，但已进入成交范围。

翻译看着组长，组长自然地说："贵方也很讲信用，研究了新方案，但看来双方还有差距。怎么办呢？我有个建议，既然来了您的家，我们也不好意思只让你让步，我们双方一起让如何？"伊方看了中方组长一眼说道："可以考虑。但价格外的其他条件呢？"中方："我们可以先清理然后再谈价。于是双方把合同的产品规格、交货期的文本等清理了一下。伊方说："好吧，我们折中让步吧，将刚才贵方的价与我的价进行折中成交。"中方说："贵方的折中是个很好的建议，不过该条件对我还是过高些，我建议将我方刚才的价与贵方同意折中后再进行折中，并以此价成交。"伊方大笑，说："贵方真能讨价还价，看在贵方等我一个小时的诚意上，我接受！"

问题:

(1) 为什么中方人员对对方迟到的处理是继续等待？

(2) 伊方把中方请到家里的做法意味着什么？

(3) 为什么给伊方带礼物？

(4) 你认为中方的组长怎么样？

案例四 针对对手特点的谈判

荣发公司是生产挖掘设备的中型企业。事情纠葛主要涉及两个人物：负责技术设计的副总经理刘光和负责销售的副总经理王强。

荣发公司已开始将一种叫作"TX 型"的新设备投入市场。"TX 型"是由刘光负责的部门研究开发的。王强的工作是把"TX 型"同荣发公司生产的其他产品一起推销出去，并负责设备出售后的维修工作。

当刘光同意"TX 型"可以上市时，他规定"TX 型"的速度不得超过每小时 1 000 个单位。刘光的那个班子还在继续努力，以使"TX 型"的输出能力再增一倍。然而，刘光发现，一些客户在使用"TX 型"时超过了这种机器的额定工作能力很多。在这种负荷下，有些机器发生了故障。于是，他就向王强提出了责问。

王强手下的推销员没有为这种超速运转提供担保，也没有向用户强调"TX 型"的运转速度不得超过每小时 1 000 个单位。王强认为，想在竞争中赢得优势，就必须充分发掘这种新机器的潜力，这不仅仅是为了推销"TX 型"，有"TX 型"做开路先锋，他就能更好地推销荣发公司的所有产品；王强还认为，何况机器的故障报修率还远远没有达到不可容忍的程度，并愿意为此承担责任。

但刘光从现实考虑，意识到一旦产品普遍发生故障，就会对公司的声誉造成极坏的影响，还会损害他的名声。荣发公司的总经理意味深长地对刘光说："我希望两位自行解决问题。"这就是说，通过谈判来解决这个问题。二人商定在一个星期后进行会谈。

刘光知道，他们与销售部门的关系时有矛盾，而且他对此负有一部分责任。刘光认为，销售部门固然是公司的一个不可缺少的组成部分，但他又觉得自己要比他们高出一筹。研发出"TX 型"这样的杰出产品，他付出了很大努力，对此，销售部门并不了解。

刘光认真考虑了这些情况，并不掩饰自己的感情。在这个行业中，他已经颇具名声，他不愿让销售部门为了完成销售指标而败坏他的名声。刘光用足够的时间对自我和自身的内在情感做了反省。接着，他又分析了自己的谈判对手——王强。

王强是个正直的人，他精力充沛、性格外向，很讨人喜欢。他是个精明的销售经理。

刘光还要做进一步的准备。他指导自己的副手小马去做一次调查研究。小马受命，尽力查清近年来荣发公司在某些特定领域的销售情况：哪些人是最大的客户，与客户关系如何，客户报修率的增减等。

刘光想，不管整个局势的现实究竟如何；不管达成什么协议，都决不能只对哪一部门有利，必须使总经理相信，只有达成一项兼顾本公司短期和长期利益的协议，才是最好的解决办法，其他做法对刘光和王强都没有什么光彩。然而，刘光必须扭转局势，因为，现状——销售人员允许客户以更高运转速度使用设备，对王强有利，而对刘光不利。所以，他必须扭转现状。

在小马完成调查研究之后，刘光就把本部门的骨干召集起来，一起研究小马收集的那些资料。他们对这个问题进行"即兴讨论"。他写出计划草稿，然后同小马碰头密商。他让小马试作王强的代言人，提出他们认为王强可能会做出的反驳。经过此番扎实的准备，刘光就开始筹划对策了。他在等待谈判的到来。

问题：

(1) 刘光做了哪些谈判的准备工作？通过这些准备工作你如何评价刘光所拥有的谈判素质和能力。

(2) 你认为刘光所准备的谈判有无漏洞？如果是你怎么办？

案例五　了解市场把握机会实现双赢

中国某公司在上海著名的国际大厦，围绕进口农业加工机械设备，与日本一公司进行了一场别开生面的谈判。

在谈判的准备阶段，中方已做好了充分的国际市场行情预测，摸清了这种农业机械加工设备的国际行情和变化趋势，同时制订了己方的谈判方案。

谈判一开局，按照国际惯例，首先由卖方报价，日方深悟报价之道，首次报价为3 000万日元。这一报价离实际卖价偏高许多。日方之所以这样做，是因为他们以前的确卖过这个价格。如果中方不了解谈判当时的国际行情，就会以此作为谈判的基础，日方就可能获得厚利；如果中方不能接受，日方也能自圆其说，有台阶可下，可谓进可攻，退可守。由于中方事前已摸清了国际行情的变化，深知日方是在放"试探气球"。于是中方单刀直入，直截了当地指出这个报价不能作为谈判的基础。日方分析，中方可能对国际市场行情的变化有所了解，因而己方的高价目标恐难实现。于是日方便转换话题，介绍起产品的特点及其优良的质量，以求能以迂回前进的方法来支持己方的报价，这种做法既回避了正面被点破的危险，又宣传了自己的产品，还说明了报价偏高的理由，可谓一石二鸟，潜移默化地推进了己方的谈判方案。但中方一眼就看穿了对方的计谋，于是中方运用"明知故问"暗含回击的发问艺术，不动声色地说："不知贵国生产此产品的公司有几家？贵公司的产品优于美国、德国的依据是什么？"此问题实际则是点了对方的两点：其一，中方非常了解所有此类产品相关情况；其二，此类产品绝非你一方独有，中方是有选择权的。中方点到为止的问话，彻底摧毁了对方高价的企图。中方话未说完，日方就领会了其中含意，顿时陷入答也不是，不答也不是的境地。但他们毕竟是生意场上的老手，其主谈为避免难堪的局面借故离席，副主谈判也假装找材料，埋头不语。过了一会儿，日方主谈神色自若地回到桌前，因为他已利用离席的这段时间，想好了应付这一局面的对策。果然，他一到谈判桌前，就向他的助手问道："这个报价是什么时候定的？"接着日方主谈人笑着解释说："时间太久了，不知这个价格是否有变动。我们只好回去请示总经理了。"老练的日方主谈运用踢皮球战术，找到了退路。中方主谈人自然深知谈判场上的这一手段，便采取了化解僵局的方法，主动提出休会，给对方以让步余地。中方深知此轮谈判不会再有什么结果了，如果逼紧了，就可能导致谈判的失败，而这是中日双方都不愿看到的结局。

此轮谈判，从日方的角度看，不过是放了一个"试探气球"。因此，凭此取胜是侥幸的，而告吹则是必然的。日方在这轮谈判中试探了中方的虚实，摸清了中方的态度，同时也了解了中方主谈人的谈判能力和风格。从中方角度来说，在谈判的开局就成功地回击了对方的高报价手段，使对方的高目标要求受挫。同时也向对方展示了己方的实力，掌握了谈判中的主动。双方在这轮谈判中，互通了信息，加深了了解，增强了谈判成功的信心。从这一意义上看，首轮谈判对双方来说，都是成功的，而不是失败。

第二轮谈判开始后，双方首先闲谈了一阵，调节了情绪，融洽了感情，创造了有利于谈判的友好气氛。之后，日方再次报价："我们请示了总经理，又核实了一下成本，同意削价300万日元。"同时，他们夸张地表示，这个削价的幅度是不小的，要中方"还盘"。中方认为日方削价的幅度虽不小，但离中方可以接受的价钱仍有较大的距离，马上"还盘"还有困难。在弄不清对方的报价离实际卖价的"水分"究竟有多大时就轻易"还盘"，往往造成被动，高了己方吃亏。究竟"还盘"多少才是适当的，中方一时还拿不准。为了慎重起见，中方一面电话联系，再次核实该产品国际市场的最新价格，一面对日方的二次报价进行分析。根据分析，这个价格，虽日方表明是总经理批准的，但根据情况看，此次降价是谈判者自行决定的。由此可见，日方报价中所含水分仍然不小，弹性很大。基于此，中方确定"还盘"价格为2 200万日元。日方立即回绝，认为这个价格不能成交。中方认为谈判的时机已经到了，该是展示自己实力、运用谈判技巧的时候了。于是，中方主谈郑重向对方指出，这次引进，我们从几家公司中选中了贵公司，这说明我们购买的诚意，该价虽比贵公司销往法国的价格低一点，但由于运往上海口岸的运费比运往法国的运费低，所以利润并没有减少。加上一点，诸位也知道我国有关部门的外汇政策规定，每笔生意允许我们使用的外汇只有这些，要增加需再审批。如果这样，那只好等下去改日再谈。这是一种欲擒故纵的谈判方法，旨在向对方表示己方对该谈判已失去兴趣，以迫使其做出让步。但中方仍觉得这一招的分量还不够，又使用了类似的"竞卖会"的高招，把对方推向一个与"第三者竞争"的境地。中方主谈人接着说："美国、德国还等着我们的邀请。"说到这里，中方主谈把一直捏在手里的王牌摊了出来，恰到好处地向对方泄露情报，把中国和美国、德国的电传递给了日方主谈人。日方见后大为惊讶，他们坚持继续讨价还价的决心被摧毁了，陷入必须"竞卖"的困境，要么压价握手成交；要么谈判就此告吹。日方一再举棋不定，握手成交吧，利润不大，有失所望；告吹回国吧，跋山涉水，兴师动众，花费了不少的人力、物力和财力，最后空手而归，不好向公司交代。这时中方主谈称赞日方此次谈判的确精明强干，自己付出了很大努力，但限于中方的政策，不能再有伸缩余地。如日方放弃这个机会，中方只能选择美国或德国的产品了。日方掂量再三，还是认为成交可以获利，告吹只能赔本。

这个谈判的成功，既体现了双方的合作，也反映了双方的竞争。就中方而言，以有限的外汇做成了一笔质量不差的设备交易，而且仅仅两轮谈判就达成了协议，其成功的原因有以下两个方面。

第一，主要在于中方在谈判之前，就为谈判投入了大量精力，进行市场调查，搜集信息，分析预测，从而为谈判做好了充分的准备工作，同时在谈判过程中，为了准确"还盘"，对变动的市场行情仍时刻注意调查了解，从而在谈判前和谈判过程中都能做到胸有成竹，应付自如，进而掌握谈判的主动权。

第二，在上述基础上，谈判过程中的手段、技巧、策略运用得及时、高超和有效。从谈判一开局中方运用信息的力量，成功地瓦解了对方的策略，进而适时地使用"给台阶"的方法，提供了使对方让步的机会；到第二轮谈判中，采用了欲擒故纵的"竞卖"策略，陷对方与美国、德国同类产品竞争的被动局面。

在本次谈判中，日方卖给中国的产品价格的确低了一些。但是由于他们与中国是近邻，运费和风险都比售往他国小得多，也就是说他们的利润并未减少。当然谈判的结果与日方的谈判目标从形式上看不相符。这是由于日方在谈判之初，报了一个过高的价格作为谈判基础的原因。日方是精明的，他们宁肯低价出手，少得利润，也决不让竞争者取胜。所以，可以认为，中日双方都是该谈判无可非议的胜利者。

(案例来源：刘园. 国际商务谈判. 北京：中国对外经济贸易出版社，2001.)

问题：

(1) 中方做了哪些准备工作？

(2) 你认为日方的主谈怎么样？

(3) 你觉得双方的目标制定的怎么样？

(4) 谈判的目标和策略应该怎样调整？为什么？

第三章 商务谈判的开局

学习目标：

- 了解商务谈判的过程。
- 掌握建立良好开局气氛的过程。
- 掌握开局应注意的相关事项。
- 了解谈判开局的方式。
- 重点掌握谈判开局的原则。
- 重点掌握商务谈判开局策略。
- 把握开局策略的调整。

核心概念：

询盘 实盘 虚盘 开局摸底

商务谈判需要按一定的程序进行，才能使谈判向有利于自己的方向发展、尤其是开局阶段，它直接关系到未来的谈判发展。因此，谈判人员要重视这一阶段的工作。

第一节 商务谈判的开局

一、商务谈判的过程

商务谈判一般分为询盘、发盘、还盘、接受(承诺)和签约这几个阶段。

1. 询盘

询盘又叫询价，是谈判的一方就本商品或商务交易的内容向交易的另一方询问买卖该项商品的各种交易条件所发出的询问，是寻找买主或卖主的行为。询盘可以是口头的，也可以是书面的；可以由卖方提出，也可以由买方提出。在实际业务中，通常由买方主动向卖方询价的居多。

询盘是在整个谈判过程中的第一道程序，虽然从法律上说是可有可无的，但在实际业务中却可以借以了解行情。询盘对买卖双方没有任何约束力，如欲购某种商品，可发出询盘若干份。一般来说，受盘人出于礼节，多予答复。询盘还可以了解对方情况，通过对方对询盘的态度可以分析其心理，可以看出对方是否有诚意，从中可粗略掌握对方所要达到的目的，自己可以有针对性地调整策略和目标，使己方处于谈判相对的主动地位。

2. 发盘

发盘又称报盘或报价，是由一方向另一方书面或口头提出交易条件，并表示愿意经过磋商达成协议。在实际业务中，通常是卖方在收到买方的询盘后向买方提出发盘。不论是由卖方发盘或由买方发盘，其法律后果是一样的。即发盘一经对方无条件接受，就算达成交易，买卖合同即告成立，买卖双方即受合同的约束。对外发盘除采用一般函电和口头形式外，还可采用报价单和价目表的方式。

在实际业务中，发盘有实盘和虚盘两种。

1) 实盘

实盘也称受约束的发盘，是指发盘人愿按所提出的条件达成交易的肯定表示。在实盘有效期内发盘人受其约束，只要受盘人在规定期限内接受发盘，交易即告成立。一项实盘应具备以下基本条件：一是实盘的内容必须完备、明确，无任何附加条件，这是构成实盘的基本条件。在实际业务中判断是否实盘，主要是看发盘的内容是否完备，即发盘中所提出的主要交易条件应该齐备，如品名、规格、数量、包装、价格、装运期和支付方式等基本条件不能缺少。所以实盘的每个条件必须清楚，不能模棱两可、似是而非。二是实盘是发盘人受约束的发盘，只要受盘人接受发盘内容，发盘人就有按照发盘条件与受盘人达成交易的义务。实盘是发盘人单方面在一段时间内的自我约束。三是发盘人在发盘有效期对所发的实盘不能修改和撤销。四是一项实盘只有送达到受盘人时才生效。

2) 虚盘

虚盘是指发盘人虽然向受盘人提出一定的交易条件，但不作为确定的达成交易和签订合同的全部内容。同实盘相反，发盘人不受任何约束。虚盘的表现形式主要有两种：一种是发盘内容不完备、不明确，如只有品名没有具体规格，或者没有规定数量，没有装运期，或者只有一个抽象的价格，没有价格术语等；另一种是发盘内容虽然完备、明确，但附加了保留条件。

那么什么情况下比较适合发虚盘呢？一是发盘时，对某项交易尚无把握，是为了抓住客户而发的虚盘；二是同时有多个客户来询问，而己方资源有限，应发虚盘；三是当接到客户询盘时，该商品已向其他客户发盘，且在有效期内，如货源有限，应发虚盘抓住客户；四是对国外市场情况一时难以判断，应发虚盘进行试探。

3. 还盘

还盘又称还价，是指交易的一方接到交易的另一方的一项发盘后，对发盘内容不同意或不完全同意而对发盘人提出的修改意见。

在进出口业务中，进口人对出口人的还盘是对原发盘的拒绝，原发盘便随之失效。如果受盘人在还盘后又重新表示愿意以原发盘开列的条件接受原发盘，这种接受对发盘人是没有约束力的，因为原发盘早因受盘人的还盘而失效。

还盘可以更公平更合理地平衡双方的利益。一般情况下，如果原发盘人对还盘不能接受，也可以继续还盘，继续协商。根据还盘的性质，可把还盘分为还实盘和还虚盘两种。还实盘是一项新的实盘；还虚盘一般带有保留条件。再还盘又称反还盘，是指发盘人接到受盘人的还盘后再提出修改意见。有时一笔交易往往要经过发盘、还盘和多次再还盘才能达成，也相当于具体谈判中的讨价还价阶段。

4. 接受

接受是指交易的一方在有效期内完全同意交易的另一方的发盘或还盘中的交易条件，

并愿意按此条件达成协议。接受可由卖方表示，也可由买方做出。接受等同于法律上的承诺，所以也叫承诺。接受可分为有效接受和有条件接受。通常说的接受是指有效接受，而有条件接受等于一项还盘。

一项有效接受应具备四个条件：一是必须由合法的受盘人表示，也就是接受必须由被指定的受盘人表示才有效。二是应由受盘人采用书面或口头的声明或行为的方式表示。如买方以按发盘要求开出信用证的行动来表示接受。三是必须完全同意，并不提出任何更改、添加或限制的意见，也无任何保留条件。但有两种情况值得注意：一种情况是如一方在接受另一方实盘的前提下，提出某种希望或建议，要求在可能的情况下提供满足，如提前交货等条件，而不是对发盘提出的更改条件；另一种情况是接受对发盘内容做了不重要的更改，只要发盘人没有即时表示异议，仍能构成有效接受。如果发盘人不同意这种非实质性的变动，他可以拒绝，但需及时告知对方，否则，交易就需按此变动成立。四是必须在有效期内做出表示。

接受时应注意认真分析对方的发盘是实盘还是虚盘；对方所提出的主要交易条件我们是否能够接受，如果能够接受，最好在有效期内或合理时间内将接受送达对方，避免不必要的纠纷。在客户表示接受时，我们要分析对方的表示是有效的接受还是还盘，对方的添加或变更是否涉及实质性的交易条件，是否构成有效接受。

接受的撤回必须是在一项尚未抵达发盘人而未生效的时候才可以撤回，但英美法等国家奉行投邮原则，按它们的规定接受一发出就已生效，合同就已成立，因而不存在撤销问题。

5. 签约

通过交易的磋商，一方的实盘被另一方有效地接受后，交易即告成立，买卖双方就构成了合同关系。根据商业习惯，买卖双方一般都要签订书面文件，以书面形式规定双方的权利与义务，也就是签合同。

在实际的商务谈判中，往往面对面的交易磋商是签订买卖合同的根据和基础，合同是交易磋商的目的和结果，所以我们要重点做好在谈判桌上的谈判。

二、谈判的开局

谈判各方在做了各种准备工作之后，就要开始面对面地进行实质性的谈判工作。谈判过程可能是多轮次的，要经过几轮谈判；谈判过程也可能要经过多次的反复，才能达成一致。不论谈判过程时间长短，谈判双方都要各自提出自己的交易条件和意愿，然后就各自希望实现的目标和相互间的分歧进行磋商，最后消除分歧达成一致。这个过程依次是谈判开局阶段、谈判磋商阶段和谈判结束阶段。掌握各个阶段的策略，完成每个环节的任务，顺利实现双赢的结果。

商务谈判开局阶段也称非实质性谈判阶段，主要是指谈判双方进入具体交易内容的洽谈之前，彼此见面，互相介绍、寒暄以及就谈判内容以及谈判事项进行初步接触的过程。开局阶段虽然在时间上只占整个谈判过程的很小一段，涉及的内容似乎与整个谈判的主题关系不大，但它却是十分重要的。因为开局阶段关系到双方谈判的诚意和积极性，关系到谈判的发展趋势。一个良好的开局将为谈判成功奠定良好的基础。

谈判开局对整个谈判过程起着至关重要的作用，这一阶段的目标主要是对谈判程序和相关问题达成共识，双方人员互相交流，创造友好合作的谈判气氛，分别表明己方的意愿和交易条件，摸清对方情况和态度，为实质性磋商阶段打下基础。为达到以上目标，开局阶段的基本任务有以下三项。

1. 明确谈判的具体事项

所谓谈判的具体事项主要包括：谈判的目的、计划、进度及成员四个方面内容。

谈判双方初次见面，要互相介绍参加谈判的人员，包括姓名、职务和谈判角色等情况。然后双方进一步明确谈判要达到的目标，这个目标应该是双方共同追求的合作目标。同时双方还要磋商确定谈判的大体议程和进度，以及需要共同遵守的纪律和共同履行的义务等问题。要做到双方友好接触，统一共识，明确规则，安排议程，掌握进度。

2. 建立合作的谈判气氛

谈判气氛会直接影响谈判者的情绪和行为方式，进而影响谈判的发展。谈判气氛受多种因素的影响，谈判的客观环境对谈判的气氛有重要影响。例如，双方面临的经济形势、市场变化、文化氛围和实力差距，以及谈判时的场所、天气、时间和突发事件等。对于客观环境对气氛的影响，需要在谈判准备阶段做好充分准备，尽可能营造有利于谈判的环境气氛。谈判气氛的形成一般是通过双方相互介绍、寒暄，以及双方接触时的表情、姿态、动作、说话的语气等方面来实现的。谈判气氛的营造既表现出双方谈判者对谈判的期望，也表达出谈判的策略特点，还表明了双方的态度，是获得对方第一手信息的时间。

3. 进行开场陈述和报价

双方各自陈述己方的观点和愿望，并提出己方认为谈判应涉及的问题及问题的性质、地位，以及己方希望取得的利益和谈判的立场。通过初步接触，探测对方的目标、意图以及可能的让步程度。这一过程就是我们通常所说的摸底。通过摸底，谈判者应完成下述几项工作。

(1) 考察对方是否诚实、正直、值得信赖，能否遵守诺言。

(2) 了解对方对该项交易的诚意与合作意图，对方的真实需要是什么。

(3) 设法了解对方的谈判经验、作风，对方的优势与劣势，了解对方每一位谈判人员的态度、期望，甚至要弄清对方认为有把握的和所担心的是什么，是否可以加以利用等。

(4) 要设法了解对方在此项谈判中必须坚持的原则，以及在哪些方面可以做出让步。

在谈判双方进行实质性的谈判之前，谈判者应特别重视通过对方的言谈举止去获取对己方有利的各种信息，要留意对方阵营中正直坦诚和表现出合作倾向的人，与他们沟通合作，会得到更高的回报。同时，也要注意听话听音，领会对方谈话所包含的信息，这些信息可能反映了对方的真实意图。双方各自提出自己的各种设想和解决问题的方案，提出寻求实现双方共同利益的最佳途径。

通过摸底，可以大致获悉对方利益之所在，应该进一步发现双方共同获利的可能性。可以就谈判的规程、计划、进度等提出一些初步的建议。由于这是一个不涉及或很少涉及双方利益的问题。因此，通过与对方坦率交流、协商，往往很快就可以达成一致。这样就顺势将先前建立的诚挚、融洽的气氛引入了双方进一步的洽谈过程中。

三、开局气氛建立的必要性

1. 建立良好开局气氛的重要性

每一项谈判都会有其独特的气氛，有热烈的、积极的、友好的，也有冷峻的、紧张的、对立的；还有松松垮垮、慢慢吞吞、旷日持久的，以及严肃认真、力争朝夕、速战速决的。一般情况下，总有一种气氛处于主导地位并且贯穿于谈判过程始终。虽说谈判气氛可能会随着谈判阶段的推进而转换，但是，谈判双方一经见面接触，谈判气氛基本已经形成，并且将会延续下去，一般不会改变。就如同两人初次见面，第一印象往往是根深蒂固的一样。当然，这样说并不意味着双方最初的接触是决定洽谈气氛的唯一时刻，谈判双方在洽谈以前的非正式见面以及洽谈过程中的交锋都会对洽谈气氛产生影响，只是开局瞬间的接触最为重要而已。从有利于达成协议的角度出发，谈判初期需要创造一个互相信赖、诚挚合作的谈判氛围。为此，谈判者要做的第一件事就是要获得对方的好感，在彼此之间建立一种互相尊重和信赖的关系。一般来说，双方初次接触，不要急于进入实质性洽谈。相反，倒是可以花一定的时间，选择一些与谈判无关的，令双方感兴趣的话题。诸如彼此以前各自的经历，共同熟悉或交往过的人，一场精彩的足球比赛，甚至天气、当天新闻等都可以成为谈判双方之间形成轻松、和谐气氛的媒体。

有时一种融洽对等的气氛不太容易形成，特别是遇到实力较强，优势明显的谈判对手时更是如此。在对手的眼中，双方地位相当悬殊，己方很难与其对等谈判。然而即使面对这样的谈判对手，只要有合作前景，我们也要争取营造一种良好的谈判气氛。通常的处理方法有两种：一种是比较消极的，即给对方出点难题，挫其锐气，使其正视我方的地位；另一种则是积极的，即在开始时表现出对对手的极大尊重，附和或赞同他的见地，找机会显示出己方谈判人员的水准，不失时机地展示己方的独特优势，令对手自然转变态度。这两种方法具体选用哪一种，应根据时间和对象的不同而异。

2. 影响开局气氛的因素

影响开局气氛的因素有很多，有环境方面的，有心理方面的，也有地位和实力方面的。许多人在谈判的过程中，始终处于紧张和不安的状态，他们觉得面对面的交锋太可怕了，这也许是因为不习惯于谈判，或者这次谈判将决定他们及其公司的命运，这样的气氛对谈判不利。

谈判人员要注意以下情况不利于建立轻松的谈话气氛。

(1) 被动的一方没有听完对方讲话的全部内容，就把精力集中于回答问题以及如何应付上了。

(2) 双方都按照各自的愿望去理解对方讲话的内容，不能正确理解所听到的内容。

(3) 对对方保持怀疑的心态，即使正确理解了对方的意思，也不愿意相信。

(4) 由于紧张或者单凭主观的标准来判断对方的讲话，而不愿意接受的那部分内容听不进去。

这几个方面需要谈判人员注意克服自身的障碍，消除紧张因素，才能建立良好的洽谈气氛。

四、如何建立良好的开局气氛

谈判为了达到互惠双赢的目的，洽谈的气氛必须是诚挚、合作、友好、轻松和认真的。要想取得这样一种洽谈气氛，需要谈判各方共同努力，精心营造，不能在洽谈刚开始不久就进入实质性谈判。因此，要花足够的时间，利用各种因素建立合作的良好气氛。谈判人员可以从以下几个方面设计。

(一)营造轻松的谈判环境

谈判的环境好坏直接影响谈判的气氛，所以在选择谈判地点时应该找一个与谈判主题相适应的谈判场合。

1. 谈判地点的选择

谈判地点的选择，对谈判人员的心理有不小的影响。在谈判者所在地谈判，可以随时向上级领导和专家请教、查找资料和提供样品等；在生活方面也能保持正常，饮食、起居都不受影响；而且处于主人的地位，心理上占有优势。但主场谈判易受各种杂事干扰，要花费一定时间照顾对方。在异地进行谈判虽有诸多不便，但也有一定的好处。例如，便于观察和了解某些情况，在遇到难以解决的问题时，可以以权力有限，必须向领导请示为借口，暂时中止谈判，以便深入思考某些问题。

一般来说，对于重要的问题或难以解决的问题最好争取在己方所在地谈判，一般性问题或容易解决的问题，可在对方所在地举行谈判，也可选择中立地进行谈判。

2. 谈判室的布置

谈判室最好选一个幽静，没有外人电话干扰的地方。房间大小要适中，桌椅摆设要紧凑但不拥挤，环境布置要温馨，灯光要明亮，颜色布置要明快，使人心情愉快、开阔。谈判室的安排可根据谈判的内容重要情况进行调整，一般开始时比较正规可在会议室进行，如只剩下一些无关紧要的问题时也可以在娱乐的公共场合进行。

谈判桌一般有两种：一是方形谈判桌，双方谈判人员对面入座，但这样给人带来凝重感，有时还会产生对立的感觉，交谈也不太方便。所以一般在中间放一些鲜花等物品进行调节；二是圆形谈判桌，双方谈判人员成圆而坐，这种形式常使双方人员感到一种和谐一致的气氛，交谈也比较方便。在现实的谈判实践中，也有不设谈判桌的情况，大家随便坐在一起，轻松交谈，这样能增加友好气氛。有时候也根据实际的需要安排其他形状的谈判桌。

谈判人员的座位安排主要有两种方式。根据谈判情况不同可以双方分开而坐，双方分坐一边，可以从心理上产生一种安全感，而且便于查阅资料；也可以双方交叉而坐，这样有一种"谋求一致"的感觉，能增强合作、轻松、友好的气氛。双方的座位间距也有一定的要求，排得太紧，彼此会感到拘束，不舒服；离得太远，交谈不方便，而且有一种疏远的感觉。保持适当的距离，有利于形成一种亲密的交谈气氛。安排谈判不仅要摆放好桌椅，而且要适时适量地提供一些茶点、冷饮等，另外，要尽量避免电话或来访者的干扰。

(二)良好的个人形象

一个人的气质，对其精神面貌和对方的心情都有很大的影响。所以谈判人员要注意气质的培养。良好的气质，是以人的文化素养、文明程度、思想品质和生活态度为基础的。在现实中，有相当多的人只注意穿着打扮，并不注意文化素养和思想品质。因此，往往精心打扮却不能给人以美感，倒显得庸俗做作。品德是气质美的又一重要方面，为人诚恳、心地善良是不可缺少的。文化水平在一定程度上对气质起着很大的影响作用。因此，谈判人员在平时生活中应该注意个人气质美的培养，要在个人的举手投足、待人接物上修炼。在谈判过程中表现出以下几个方面。

(1) 在精神状态上：神采奕奕、精力充沛、自信而富有活力。

(2) 在性格上：大方、自重、认真、活泼和直爽，尽量克服性格中的弱点。

(3) 在态度上：诚恳待人、端庄而不矜持、谦逊而不骄满，热情而不轻佻。

(4) 在仪表礼节上：秀美整洁、洒脱、俊逸潇洒，使人乐于亲近。

(5) 在谈吐上：幽默文雅、言之有据、言之有理、言之有物、言之有味。

(6) 在动作表情上：适当得体。

(三)适合的服饰

谈判人员的服饰要与谈判的环境和对方相配，具体要注意服装的配色。衣服面料的各种色调的协调固然重要，但这些又要与环境、穿着者的年龄以及职业相协调，协调才是美。另外，还要注意款式与体型的和谐，服装的新颖款式可以给人增添魅力，能使自然美和气质美更加突出，也能使原有的体型、气质上的不足得到弥补。但是，由于现在的服装款式的变化层出不穷，而人的体型又千差万别，所以对于服装款式的选择并没有一定之规。一般来说，谈判人员的装束应当美观、大方和整洁，但由于服饰属于文化习俗范围，不同的文化背景也就会有不同的要求。

(四)共同的中性话题

在谈判进入正式话题之前谈一些双方都喜欢的中性话题，有利于创造和谐的气氛。这些话题一般与业务无关，容易引起双方共鸣，有利于创造和谐气氛。中性话题的内容通常有：各自的旅途经历，都喜欢的著名人士，都熟悉的人和事，文体新闻事件，业余爱好，对于彼此有过交往的老客户等。

(五)亲切真诚的表情

人体语言与有声语言一样，具有很强的感染力，它可以反映出此人是信心十足还是优柔寡断，是精力充沛还是疲惫不堪，是轻松愉快还是剑拔弩张。这些情绪是通过头部、背部和肩膀的动作反映出来的。所以谈判人员的表情对谈判的气氛有很大的影响，为了创造好的谈判气氛，谈判人员在表情方面要注意以下几方面的事项。

(1) 表情要恰当和善变，要适应交流的过程。

(2) 表情务必率真、自然。

(3) 注意眼睛的变化，而且要以唇和脸部肌肉变化相配合。

(4) 切忌面无表情、呆板。

(六)平和的心态

创造开局的良好气氛需要谈判人员保持平和的心态，所以要把对方看作合作伙伴，而不是竞争者，目的是达到双赢。平和的心态在行为上表现为：一是礼貌，谈判双方在开局阶段要营造出一种尊重对方、彬彬有礼的气氛，不能流露出轻视对方、以势压人的态度，不能以武断、蔑视、指责的语气讲话；二是自然，无论是语言和表情，还是行为都应该表现出自然；三是友好、合作，要求谈判者真诚地表达对对方的友好愿望和对合作成功的期望，热情的握手、信任的目光、自然的微笑都是营造友好合作气氛的手段；四是进取，进取的行为主要有追求效率、追求成功的决心，解决问题的方法，不论有多大分歧，有多少困难，相信一定会获得双方都满意的结果。

五、开局气氛建立的过程

为了建立一个相对较好的气氛，谈判者在一个开局过程中应该按照以下方式进行。

(1) 友好地与对方见面，热情地与对方握手，且衣着要整齐、干净合适。

(2) 握手和第一次目光相遇，要表现出诚实和自信。

(3) 说话和行动要自然、清楚、到位。

(4) 用一些中性话题过渡。

(5) 合理地安排开局时间的长短。

(6) 各方按指定位置就座后，过渡一下再进行正式的谈判。

六、谈判人员的精力分配

谈判人员的精力和注意力不是一成不变的，这一变化是有其内在规律可循的。一般在谈判刚开始的时候，双方的精力都十分集中，但持续的时间较短。在这一段时间里，每个人的注意力都集中在各自关心的一些问题上。但是，随着谈判的进行，充沛的精力会明显下降，明显下降期之后，下降的速度会变慢，直到洽谈的最后阶段，人们的精力下降趋势才停止。只有当谈判人员意识到即将达成协议时，各自的精力才会重新集中，会突然振作起来，但时间也非常短。此后，再使用什么办法也很难复苏了。例如，某一谈判进行 3 个小时，那么开始时精力旺盛的阶段只不过十几分钟，而最后情绪高涨阶段也只有十几分钟。再如，在一两个月左右的谈判中，只有前几天精力旺盛，以后的一周里精力明显下降，再以后的一个多月里，精力下降速度减缓，呈缓慢趋势。在双方即将达成协议的最后两天里，才会出现精力充沛期。当然，谈判人员的精力也不会完全这样，在谈判过程中，人员的精力可能会出现较大的波动，当涉及某个对自己重要的问题时也会突然精力集中。在谈判过程中人员的注意力总是在谈判开始时和临近结束时高度集中。

合格的谈判人员应采取有效措施，充分利用情绪高涨期，与此同时，要善于应付情绪低落期。洽谈人员应利用这几个关键时刻，达到己方的洽谈目标。

七、开局应该注意的事项

谈判开局时对于谈判人员来说不仅要把精力放在建立好的谈判气氛上，还要注意以下几点。

1. 要注意观察对方

谈判人员在开局阶段不仅要创造合作的气氛而且要注意观察对方。谈判者要通过对方的言谈举止，观察和分析对方，掌握对方的性格、态度、意向、策略、风格以及经验等各个方面的情况。例如，对方在寒暄时，不能应付自如、瞻前顾后、优柔寡断；或是锋芒毕露、赤膊上阵，那么很显然，他是一个新手。相反，如果双方一见面，对方即从容自若、侃侃而谈，并设法调动谈判的兴趣和探测对手的实力，那么他肯定是位行家里手。所以，谈判者要留心观察对方的言谈举止。

2. 注意对方的谈判风格

不同人的谈判风格不一样，在谈判的开始阶段就可以发现对方的谈判风格，并采取相应的方式使谈判健康的发展。谈判高手为了寻求双方合作，经常在开始谈判时说些一般的话题，探求哪些是优势，哪些是劣势，哪些是对方的立场、原则或需要，以及在哪些问题上对方可以让步；他们不仅要了解对方的整体情况，而且对个人的背景和价值观以及能否加以利用的事项，都要搞得一清二楚。例如，下面的开场白就说明了这个问题。

"欢迎你，见到你真高兴！"

"我也十分高兴能再来这里。您对这笔生意如何看？"

"这笔买卖对于你我都很重要，但首先请允许我对你的顺利到达表示祝贺。旅途愉快吗？"

"非常愉快。不知道交货是否有什么困难吗？"

"这个问题也是我们要讨论的。旅途很辛苦，来点茶，好吗？"

这看起来是一个随便的寒暄，虽然表面上很平静，但体现出双方谈判的风格，而且采用的是针对对方开门见山的风格，进行婉转的回避，效果很好。否则就不利于谈判的发展。因此，在这种情况下如果他能接受这种轻松的聊天，并破译对方背后的想法，多关注对方的利益，他就有可能将这种潜在的麻烦在进一步的洽谈中转化掉。在这个阶段，谈判者千万不要把对方的意图看成是固定的想法。谈判者不可能在一开始就将对方的所有情况搞到手，了解到的信息仅能引导你的方向，随着洽谈的不断深入才能使你获知对方的真正需要，最终使双方走向合作。

3. 注意阐明谈判的议题

当双方步入谈判室，一方面为创造气氛而努力，另一方面也为开场破题做准备。这一阶段，双方多是站着寒暄，为双方调整接触角度提供了机会。一旦双方坐下来，彼此的阵容和个人的地位也就确定下来了，并且会自然而然地从一般性交谈转入正式的业务谈判，精力也就随即集中起来。然后进入谈判的议题，这个时间多长，要根据谈判的性质和谈判时间长短来确定，一般来说，控制在谈判总时间的 5%以内较为合适，如果进行两个小时的洽谈，有 6 分钟也就够了；如果谈判将持续几天，双方可以在开始谈判前举行个轻松的聚会，如接风宴会等。谈判的参与人员较多时，应该分组阐明谈判的议题。小组间的谈判，人多嘴杂，很容易出现混乱局面。在这种情况下，最好先将谈判双方编成几个组，然后分别在较小的范围内会面，这样有助于双方的实际沟通。

第二节　商务谈判开局的策略

一、具体谈判的结构

一般情况下，具体谈判阶段可分为开局摸底、报价、磋商、成交及签约五个阶段。

1. 开局摸底阶段

双方都力争取得各自的最大利益，包括：双方互相了解各自的期望，阐明谈判的议题；双方对将要成交的内容做到大致心中有数；双方都力图让对方承认自己的观点；搞清最后成交的大致眉目；在磋商过程中，对于将要实现的目标也要逐步地予以明确。

2. 报价阶段

谈判的一方或双方要进行报价或报盘。

3. 磋商阶段

双方为了各自的利益进行交流、协商、让步、施加压力的过程。

4. 成交阶段

随着磋商的进行，双方在某一时刻对各个交易条件达成一致意见。

5. 签约阶段

最后还要对达成的协议给予最终认可，一般要形成书面文件，达到法律上的认可。

每一具体的商务谈判都要经历这五个阶段，有时，双方在这些阶段之间跳来跳去；有时是对某个议题有了结论以后再从头开始讨论第二个议题。不管怎么说，为了有效地控制谈判过程，谈判人员对这五个阶段要很好地把握。

二、谈判开局的方式与原则

(一)谈判开局的方式

谈判正式开始后，首先要表明各自的观点和交易条件，谈判开局的方式有以下几种。

1. 书面和口头交易条件相互补充

在会谈开始将书面条件交给对方，这种方法有很多优点，书面交易条件内容完整，能把复杂的内容用详细的文字表达出来，对方可多人反复阅览，全面理解。提出书面交易条件也有其缺点，如写上去的东西会形成一种束缚并难以更改。另外，文字形成的条款都不如口语热情，表达也不如口语精细，特别是在不同语种之间，局限性就更大了。因此，在提出书面交易条件之后，并做相应的语言说明和解释，使自己的观点和条件表达更清楚、准确。应努力做到：让对方多发言，不可多回答对方提出的问题；尽量试探出对方反对意见的坚定性；如果不做任何相应的让步，对方能否接受；不要只注意眼前利益，还要注意目前的条件与其他条件的内在联系；无论心里如何感觉，都要表现出冷静、泰然自若；要随时注意纠正对方的某些概念性错误，不要只在对本企业不利时才纠正。

2. 当面提出交易条件

这种方式是事先双方不提交任何书面形式的文件，仅仅在会谈时提出交易条件。这种谈判方式有许多优点，包括：可以见机行事，有很大的灵活性；先磋商后承担义务；可充分利用感情因素，建立个人关系，缓解谈判气氛等。但这种谈判方式也存在着某些缺点，包括：容易受到对方的反击；阐述复杂的统计数字与图表等相当困难；语言不同，可能产生误会。

运用这种方式应注意以下事项。

(1) 谈判应有明确的谈判内容和要点。

(2) 对每个交易条件和立场都应该表达清楚、准确、到位，使双方都能明确。

(3) 不要忙于自己承担义务，而应为谈判留有充分的余地。

(4) 要注意交易条件之间的关系。

(5) 注意纠正对方的概念性错误，包括与自己无关的，防止对方借题发挥。

(6) 心态稳定，泰然自若。

3. 提出书面交易条件，不做任何补充

这种开局方式使用的较少，只在两种情况下运用。第一种情况是，本部门在谈判规则的束缚下不可能选择其他方式。比如，本部门向政府部门投标，这是因为政府机构规定在裁定期间是不准与投标者磋商的。另一种情况是，本部门准备把所提交的最初的书面交易条件也作为最后的交易条件。这时对文字材料的要求是：各项交易条款必须写得准确无误，让对方一目了然，无须再做解释。如果是还盘，还盘的交易条件也必须是实盘，要求对方无保留地接受。

(二)谈判开局的原则

要使开局有利于谈判的发展，就要遵循一定的原则。在开局阶段，谈判双方对发言的次序、发言的时间分配以及议事日程的确定，这些具体问题需要按照一定的原则进行，否则会影响谈判的结果和效率。

谈判开局应遵循下列原则。

(1) 开局发言机会均等。

(2) 表达的内容要简洁、轻松。

(3) 善于提出有利于合作的建议，同时征求对方的看法。

(4) 肯定对方的意见。

(5) 队员之间相互配合。

遵循上述原则，谈判开局就不会出现东一句西一句的混乱局面，就可以把核心问题突出出来，对谈判的进程和最终的结果都会起作用。

三、商务谈判开局策略

商务谈判开局策略是谈判人员为谋求和实现对谈判开局的控制而采取的行动方式或手段。营造适当的谈判气氛实质上就是为实施谈判开局策略打下基础。商务谈判开局策略一般有以下几种。

1. 坦诚的开局策略

坦诚的开局策略是指以开诚布公的方式向谈判对手陈述自己的观点和条件，尽快打开谈判局面。坦诚的开局策略比较适合双方过去有过商务往来，而且关系很好，互相比较了解的谈判。在陈述中可以真诚、热情地畅谈双方过去的友好合作关系，适当地称赞对方在商务往来中的良好信誉。由于双方关系比较密切，可以省去一些礼节性的外交辞令，坦率地陈述己方的观点以及对对方的期望，使对方产生信任感。

坦诚的开局策略有时也可用于实力弱于对方的谈判。实力的强弱双方都了解，因此没有必要掩盖。坦率地表明己方存在的弱点，使对方理智地考虑谈判目标。这种坦诚也表达出实力较弱一方不惧怕对手的压力，充满自信和实事求是的态度，这比虚张声势掩饰自己的弱点要好得多。

2. 协商的开局策略

协商的开局策略是指以协商、肯定的语言进行陈述，使对方对己方产生好感，创造双方对谈判充满合作的感觉，从而使谈判双方在友好、愉快的气氛中展开谈判工作。

协商的开局策略比较适用于谈判双方实力比较接近，双方过去没有业务往来的情况。第一次接触都希望有一个良好的开端，要多用外交礼节性语言、中性话题，使双方在平等、合作的气氛中开局。比如，谈判一方以商量的语气来征求谈判对手的意见，然后对对方意见表示赞同或认可，双方达成共识。语言要友好礼貌，表示充分尊重对方的意见，但又不刻意奉承对方。沉稳中不失热情，不卑不亢，自信但不自傲，把握住适当的分寸，顺利打开局面。

3. 谨慎的开局策略

谨慎的开局策略是指以严谨、稳重的语言进行陈述，表达出对谈判的高度重视和鲜明的态度，目的在于使对方放弃某些不适当的意图，以达到控制谈判的目的。

谨慎的开局策略适用于谈判双方过去有过商务往来，但对方曾有过不太令人满意的表现，己方要通过严谨、慎重的态度，引起对方对某些问题的重视。例如，可以对过去双方业务关系中对方的不妥之处表示遗憾，并希望通过本次合作能够改变这种状况，可以用一些礼貌性的语言提醒对方应该注意的问题，不急于拉近关系，注意与对方保持一定的距离。这种策略也适用于己方对谈判对手的某些情况存在疑问，需要经过简短的接触摸底的情况。当然谨慎并不等于没有谈判诚意，也不等于冷漠和猜疑，这种策略正是为了寻求更有效的谈判成果而使用的。

4. 进攻性的开局策略

进攻性的开局策略是指通过语言或行为来表达己方强硬的态度，从而获得谈判对手必要的尊重，并借此给对方制造心理压力，使谈判顺利进行下去。这种进攻式开局策略只有在特殊情况下使用。例如，发现谈判对手居高临下，以某种气势压人，有某种不尊重己方的倾向，如果任其发展下去，对己方是不利的，因此，要争取主动，不能被对方气势压倒。采用此策略是为了捍卫己方的尊严和正当权益，使双方站在平等的地位上进行谈判。进攻性的策略要运用得好，必须注意有理、有利、有节，不能使谈判一开始就陷入僵局，要切中问题要害，对事不对人，既表现出己方的自尊、自信和认真的态度，又不能过于咄咄逼人，使谈判气氛过于紧张。一旦问题表达清楚，对方也有所改观，就应及时调节一下气氛，使双方重新建立起一种友好、轻松的谈判气氛。

例如，广东一家电公司在东北刚刚"登陆"时，急需找一个代理商来为其推销产品。当这家公司准备同东北的一家代理公司就此问题进行谈判时，广东公司的谈判代表因路上塞车迟到了，对方的代表抓住这件事紧紧不放，想以此为手段，获取更多的优惠条件。广东公司的代表发现无路可退，于是站起来说："我们十分抱歉耽误了您的时间，但是这绝非我们的本意，我们对贵方的交通状况了解不足，所以导致了这个不愉快的结果，我希望不要再因为这个无所谓的问题耽误宝贵的时间了。如果是因为这件事怀疑到我们合作的诚意，那么，我们只好结束这次谈判。我认为，我们所提出的优惠代理条件不会在你们这找不到合作伙伴。"该代表的一席话说得对方代表哑口无言，对方也不想失去一次赚钱的机会，于是谈判顺利地进行下去了。

四、使用谈判开局的策略应该注意的问题

谈判人员在使用谈判开局的策略时经常不能正确地估计自己的能力。策略的使用是建立在对自己能力的分析的基础上的，没有正确估计自己的能力，策略也就很难产生效应，不利于在谈判中取得满意的结果。如何正确估计自己的能力呢？

1. 肯定自己，不要害怕对方的身份地位

在谈判桌上常常习惯级别对等，但我们要知道，有的权威是假的，行政等级并不与知识和能力成正比。一个专家可能过于专精，而不知道本行以外的事情。某些具有很高地位和权力的人却不能举一反三，而小人物有时候比大人物更难对付。

2. 不要被无理或粗野的态度吓住

当谈判中遇到粗野无理的对手时，不妨大声地当面斥责他。你如果允许对方这样对你，他就会变本加厉，所以要把对方所表现的无理视为一种狐性的狡猾。有的时候粗野无理也是对方的一种策略。

3. 慢慢显示自己的全部实力

慢慢显示自己的力量，比马上暴露出全部实力更有效。因为慢慢显示会加强对对方的

了解，增加改变意见的可能性，使对方有相当的时间来适应和接受你的观念。

4. 相信自己的潜能

大多数人实际拥有的能力要比他们所想象的大。能力源于坚定的个性、激烈的竞争、奖励或惩罚、冒险精神、知识以及勤奋的工作。

5. 不要特意掩饰自己的弱点

要假设对方不知道你的弱点，再试探这种假设的对错，因为你的处境往往比自己想象的要好些。

6. 不要认为你已经了解对方的要求

要假设你不了解对方的要求，然后耐心地试探和发现事情的真相。如果你根据自己未经证实的估计进行深入洽谈，就犯了严重的错误。

7. 要利用对方存在的不足

不要过分计较可能遭到的损失和过分强调自己的困难，对方存在的问题才是你可以利用的机会。

8. 不要轻信对方的数字、先例、原则、规定

原则是人定的，在特定情况下原则、先例和规定是可以改变的。所以，不要相信对方的这些借口，要保持怀疑的态度，要向它们挑战。

五、开局策略的调整

在谈判有了初步接触之后，应该根据前一段所得到的信息重新制定开局的策略。谈判者应该及时地对各种信息，围绕以下两个方面进行处理：一是分析对方是否在谈判伊始就持有合作、诚挚的态度；二是分析在己方提出的谈判方案中，哪些是对方可能接受的，哪些是不易被对方所接受的，据此来安排下一步谈判的计划与策略。

在双方最初的接触中，如果已经建立起良好的气氛，当然是比较理想的。但在实际工作中，对手往往在一些问题的看法上与己方有明显差距，甚至持不合作的态度。这就需要己方审视造成这种局面的原因。如果对方没有对合作充满诚意，那么己方就应该自省，是否在谈判目标和策略设计方面需要调整，自己原先在哪些方面存在估计不足和判断失误？如果是因为对方没有完全理解己方的建议，那么己方完全有必要征求对方对谈判的时间议程表、谈判内容等的意见，并做出进一步详尽的解释。如果是对方故意采取强压、逼迫的方针，那么己方就应立即放弃幻想，针锋相对，改变自己的谈判策略。

例如，谈判双方刚刚进入洽谈室，对方就以极大的热情，喋喋不休地谈论某一具体问题。在这种情况下，可以让对方谈下去，也可以打断对方，这都无关紧要，重要的是必须要在双方对洽谈的目标和达到目标的途径有了比较一致的意见后，才能进行双方的商谈。例如，对方一开始就讲："我们很关心价格问题。现在我们想……""好，我们也很关心这个问题，不过咱们先把会谈程序和目标统一一下，这样谈起来效率更高。"这样就绕开了刚刚开始就遇到的麻烦。如当对方出于各种目的在谈判一开始就唱反调，我们应该这样

处理："请原谅，我耽误几分钟，我们是否按议程开始商谈？我想这次会谈的目标是达成协议，您说对吧？"

随着开局会谈的逐步展开，双方的策略和意图也就此渐露端倪，双方对彼此的基本情况会有些了解。这样，两方面都要相应调整自己的策略。如果对方在确定谈判目标和议程等小问题上都不肯合作，那么他对谈判毫无诚意或妄自尊大是确定无疑的了。对此，应让他对自己有个正确的认识。如果对方关心的只是他自己的利益，就必须要采取策略，放弃互惠的想法，努力争取自己的利益，这样对方倒可能自行醒悟，放弃其自私的要求。谈判者应刻意掌握对方的实际意图，有时不能强求一致，适时调整对策是必不可少的。

这个时候双方必须回顾一下已取得了哪些共识，应该对己方提出的谈判方案和所采用的策略进行评价，无论对方是否接受，都应对对方可能的反应进行分析，并拟定恰当的应对策略。

六、开局的策略要能够激发对方的欲望

谈判开局的策略一是要明确谈判的议题，另一个就是激发对手的需求和欲望。想要使开局的策略能够激发对方的欲望，就应该使开局的策略有以下特点。

1. 可以引起对方的注意与兴趣

前面的内容已经为创造一个良好的开局构建了框架，因此开局的策略就应该刺激对方的注意力，使对方产生合作的欲望。所以在使用时要注意自己的目光和说话的配合，使对方感觉到我们的策略有助于解决问题，且方法独特可行。

2. 能够刺激其欲望

开局策略应该根据对手的特点有针对性地刺激其欲望，能刺激其谈判的出发点，而且具有合理性，经得起推敲，起到说服作用。

本 章 小 结

本章主要讲述了商务谈判的开局阶段的相关知识。在商务谈判的开局阶段的主要工作是建立好开局的气氛，然后进行开场陈述；同时要倾听对方的陈述，并观察对方的言行，对对方进行摸底；根据己方的实力选择合适的开局策略，尤其要注意根据实际情况进行开局策略的调整，以保证谈判向有利于己方的发展。

本 章 习 题

一、思考题

1. 正式的商务谈判可以分为哪几个过程？
2. 发实盘要注意哪些问题？
3. 接受时应该具备什么样的条件？

4. 开局为什么要创造良好的气氛？

5. 建立良好的气氛要从哪几个方面去做？

6. 开局应该注意哪些事项？

7. 谈判开局主要有哪些方式？每种方式应该注意哪些问题？

8. 谈判开局有哪几种策略，如何使用？

9. 在使用各种开局策略时要注意哪些事项？

10. 开局后为什么要调整策略？

二、拓展练习

练习一　如何处理

你是一位小企业的业主，刚签下了一个大的加工合同，需要你的所有员工加班才可以在合同约定的时间内完成任务。但你的员工知道后，要求你立即给他们的工资加倍，而你又不能立即找到替换他们的人，你将如何处理？

(1) 同他们一起谈判解决。

(2) 在你的办公室里与他们的代表会谈。

(3) 在车间同他们每个人谈。

(4) 约好时间，晚上在家里和他们一个一个地谈。

练习二　你将如何赴约

你明天准备与在经济和谈判经验方面都比自己强的外地客商进行会谈，你希望提高自己在谈判中的地位，对接下去的谈判有利，你将选择以下哪些因素来达到提高自己身价的目的。

(1) 穿上名牌西装。

(2) 送给对方本地的土特产。

(3) 在会谈的时候让你的工作人员站立在你身旁。

(4) 告诉对方你忙，要晚点见面。

(5) 在会谈的时候安排人员向你请示工作。

(6) 邀请一位政府官员和你同往。

(7) 让你秘书记录好你们的谈话内容。

(8) 在会谈过程中愿意多听别人的意见。

(9) 会谈过程中有时候开玩笑。

(10) 建议他到自己的公司见面。

练习三　怎样可以得到贷款

你的企业暂时资金紧张，但很有发展前途，需要银行的贷款。而且你想找的那个银行的经理是个很难对付的人，那么，你怎么办？

(1) 直接去找他。

(2) 在电话中与他商讨这个问题。

(3) 先将你的详细情况写成文字材料给他。

(4) 派工作人员把书面材料送到他那，并告诉他还要送给其他的银行。

练习四　如何应对

在谈判一开始对方就提出很多苛刻条件，而且你希望谈判继续进行下去，但又想改变这样紧张的气氛，你将怎么做？

(1) 表示理解对方的观点。

(2) 直接反驳对方的要求。

(3) 转换话题，不提合作的事。

(4) 告诉对方，这是后面要讨论的问题。

练习五　寻求问题的根源

你的一位客户在谈判开始就抱怨价格太高，却没有提出任何的具体建议。面对这种状况，你该怎么办，哪种方法最好？

(1) 不接受价格太高的看法。

(2) 要求他提出具体的意见或建议。

(3) 问他何以反对你所开出的价格。

(4) 你提出解决谈判问题的办法。

练习六　尴尬的见面

某公司销售代表赴外地某公司进行商谈销售事项，到对方会议室时，门口站着一位小姐和几位对方公司代表，由于是进行电话联系的，双方又是第一次接触，不认识对方人员，见该小姐第一个站在门边，于是就按站立人员离门的远近依次与对方人员握手，就这么进了会议室。

(1) 你认为这样进入会议室有什么问题吗？

(2) 如果是你，该怎么进入？

(3) 如果你是接待方人员应怎么做可使双方均感到方便呢？

练习七　该怎么办

甲公司谈判组去乙公司谈判，开始展示介绍产品时，乙方主谈要求甲方将一些数据写到白板上，甲方主谈走到前面的白板上写，写完后即回原位，没想到脚下的地板太滑，差点摔倒，大家非常惊讶。甲方主谈非常尴尬，连说："对不起。"

(1) 甲方主谈发生这样的事说明了什么？

(2) 乙方将怎么看待这个事情？

(3) 如果是你被绊了应该怎么办？

三、案例分析

案例一　没有谈就圆满地结束了

金地建筑公司承包了一项古建筑的修复工程，要在指定的日期之前完工。开始工程进行得很顺利，不料在接近完工阶段，负责供应装饰用摆放的石雕承包商突然宣布，他无法如期交货。这样一来，整个工程都要耽搁了，要付巨额罚金，要遭受重大损失。于是，通过电话双方争论不休，一次次交涉都没有结果。金地公司只好派李先生前往石雕承包商所在的县城。

李先生一走进那位承包商的办公室，就微笑着说："您知道吗？在这个地方，随便一问，就有人知道您的名字。我一下火车就打听您，想找到您的地址，结果我很惊讶，那个人知道您的工厂，而且知道您们家族的历史，还说您的石雕刻得非常好，我就顺利地找到了您。"

"是真的吗？我一向不知道。"承包商兴致勃勃地而且有些骄傲地说："我们祖上从河北移居这里，已经有200多年了。"他继续谈论他的家族及祖先曾经为宫廷雕刻过石刻。当他说完之后李先生很羡慕其家族的历史，并称赞他居然拥有一家这么大的工厂。承包商说："这是我花了一生的心血建立起来的一项事业。我为它感到骄傲，你愿不愿到车间里去参观一下？"李先生欣然而往。在参观时，李先生一再称赞他的组织制度健全，机器设备的独特。这位承包商高兴极了。他声称这里有一些机器还是他亲自发明的。李先生马上又向他请教："那些机器如何操作？有什么独特的地方？"到了中午，承包商坚持要请李先生吃饭。他说："现在我的工厂忙不过来，但是很少有人像你这样对这一行感兴趣的。"

到此为止，李先生一次也没有提起此次访问的真正目的。吃完午餐，承包商说："我知道你这次来的目的，但我没有想到我们的相会竟是如此愉快，你可以回去交差了，我保证你们要的材料如期运到。我这样做，虽然会给另一笔生意带来损失，不过我认了。"

李先生轻而易举地获得了他所急需的东西。那些石材及时运到，使工程在契约期限届满的前一天完工了。

问题：

(1) 为什么电话中解决不了问题？

(2) 李先生为什么不提前来？

(3) 石雕承包商为什么主动保证按期交货？

(4) 你从中得到了什么体会？

案例二　接受不了的开局话题

电灯刚开始使用不久，世界上生产灯泡的厂商只有一家。这时某公司也第一次制造出电灯泡，他们的董事长就到各地去做推销宣传，希望各地的代理商仍能本着以前的态度进行合作，使这项新产品能顺利地打入市场。

他把所有的代理商召集到一起，向他们详细介绍这项刚刚生产的新产品。他说："经过多年来的苦心研究，本公司终于完成了这项对人类大有用途的产品。虽然它还称不上第一流的产品，只能说是第二流的，但是，我仍然要拜托在座的各位，以第一流的产品价格，来向本公司购买。"

听完董事长的一席话，在场的代理商都不禁哗然："咦！董事长有没有说错？有谁愿意以第一流产品的价格来买第二流的产品呢？我们不是傻瓜，怎么会做这种明摆着亏本的买卖呢？莫非是董事长糊涂了？难道……"大家都以怀疑、用莫名其妙的眼光看着董事长。

"各位，我知道你们一定会觉得很奇怪，不过，我仍然要再三拜托各位。""请你把理由说出来听一听吧！""大家都知道，目前制造电灯泡的厂家可以称为一流的，全国只有一家而已。因此，他们垄断了整个市场，即使他们任意抬高价格，大家也仍然要去购买，是不是？如果有同样优良的产品，但价格便宜一些，对大家不是一项福音吗？否则你们仍然不得不按厂商开出来的价格去购买。"董事长这么一说，大家似乎有了认同。

"就拿拳击赛来说吧！无可否认，拳王的实力谁也不能忽视。但是，如果没有人和他对抗的话，他就不是拳王了。所以必须有个实力相当、身手矫健的对手，来和拳王打擂，这样的拳击才精彩，不是吗？现在，灯泡制造业中就好比只有拳王一个人。这个时候能出现一位对手，就有了互相竞争的机会。换句话说，把优良的新产品以低廉的价格提供给各位，大家一定能得到更多的利润。"

"董事长，你说得不错，可是，目前并没有挑战者啊！""我想挑战者就由我来充当好了。为什么目前本公司只能制造二流的灯泡呢？这是因为本公司资金不足，所以，无法做技术上的突破。如果各位肯帮忙，以一流产品的价格来购买本公司二流的产品，这样我就会得到许多利润，把这笔利润用于改良技术上，相信不久的将来，本公司一定可以制造出优良的产品了。这样一来，灯泡制造业等于出现了竞争，在彼此大力竞争之下，品质必然会提高，毫无疑问价格也就会降低。到了那个时候，我一定好好地谢谢各位。此刻，我只希望你们能帮助我扮演'拳王的对手'这个角色。但愿你们能不断地支持，帮助本公司渡过难关。因此，我要求各位能以一流产品的价格，来购买这些二流产品！"

经过大家的决议之后，他们推出的代表这么说："以前也有不少人来过这儿，不过，从来没有人说过这些话。我们很了解你目前的处境，所以，希望你能赶快成为'另一个拳王'，因为，以一流产品的价格来购买二流产品，这种心情总是不会太好的！""谢谢！谢谢！我真是太感动了！各位的好意我永远都不会忘记的，总有一天我会好好报答各位……"董事长的说服产生了极大的回响。

一年后，这家公司制造的电灯泡以第一流的品质而推出，那些代理商也得到了令他们满意的报酬。

(案例来源：(美)费雪·尤瑞. 哈费谈判技巧. 兰州：甘肃人民出版社，1987.)

问题：

(1) 你认为董事长的开局精妙在什么地方？

(2) 这样开局的前提条件是什么？

(3) 为什么这样的开局可以得到满意的结果？

(4) 董事长采取了什么样的开局策略？

案例三　为对方分忧

约翰是一个在美国商业界声誉卓著的"投资奴隶"，他已经吞并了一批不同类型的企业，如旅馆、实验机构、食品厂、建筑公司及电影院等。出于某些适当的理由，他想要加入杂志出版行业。

多年来，查理一直在发行和编辑一份不错的杂志，内容涉及某个日趋发展的专业领域。这份杂志从未畅销，但由于查理自己承担了大部分工作，成本低廉，所以他的日子过得还算富裕。他在出版界里是一个出色的人物，因此一些大的出版商都主动争取他那份杂志，但由于各种原因他们都没有合作成功。约翰决意要获得那份杂志，更确切地说他要查理为他做事，并以查理为核心发展起一套专业丛刊。

一名经纪人替约翰同查理拉上了关系，经过两次午餐聚会的接触，约翰通过调查和自己的观察，了解到有关查理的一些事情。查理有才能，但很傲。他一向不喜欢那些大出版社，他管它们叫工厂。此外，查理已经有了家庭，并开始添人增口。他喜欢一个独立经营者的那种高度冒险的乐趣，他喜欢在办公室里开夜车，但把时间花在毫无创造性的文字处理等工作上，已使他感到非常厌倦。而且，查理不相信局外人(那些与他的创造性工作不相干的人)，尤其不信任那些"生意人"，特别是那些毫无创造性的出版商。

约翰认为可以进行比较正式的谈判了。谈判一开始，约翰就坦率承认对杂志出版业务一窍不通。对他来说最大利益之一，就是将有一个指挥全局的行家。接着约翰掏出一张35 000美元的支票。他说："此外在股票和长期利益方面，我们还会赚到更多的钱，但我觉得任何一项协议，就如同我希望和你达成的这项协议，都应当有直接的、看得见的好处。"

约翰向查理介绍了他的一些同事，特别是他的业务经理。这些人将听从查理的差遣，并将承担查理所厌倦的那些工作。查理坚持要现金结算，不接受有附加条件的母公司股票，但约翰强调长期保障，他指出，近年来母公司的股票正在不断增值，而且股票的利息将与他们休戚与共。他进一步强调说，他需要查理的创造力，不能让别的工作削弱这种创造力。

经过细致磋商，查理同意把自己的杂志转让给约翰，为期五年，并在此期间为他做事。他得到的现款支付为50 000美元，其余部分划为五年内不能转让的股票。

（案例来源：(美)丹尼斯·霍尔文著. 谈判艺术. 刘慧一译. 南京：江苏科技出版社，1992.)

问题：

(1) 约翰掌握了查理的哪些个人情况，其目的是什么？

(2) 约翰的开局针对的是什么？

(3) 如果你是约翰你会怎么处理？

(4) 这样的合作能够达成，约翰关键抓住了查理的什么？

第四章　商务谈判的磋商与策略

学习目标：

- 掌握谈判磋商阶段应遵循的原则和注意的事项。
- 掌握谈判目标和方案调整方面的内容。
- 掌握谈判磋商过程有哪些时间因素可以利用。
- 了解应对竞争者威胁的方法。
- 了解谈判中如何施加和解除压力。
- 掌握谈判较量过程中处理僵局的方法。
- 了解谈判中障碍产生的原因和解决方法。
- 重点掌握商务谈判过程中各种策略的使用及注意的问题。
- 掌握让步的原则、方法、内容和策略。
- 掌握商务谈判取得进展的方法、策略及注意的问题。

核心概念：

威胁战术　　怀柔策略　　谈判僵局　　心理操纵策略
同化策略　　抬价策略　　最高预算策略

第一节　谈判的磋商与较量

一、谈判磋商阶段应遵循的原则

(一)谈判的磋商阶段

在良好的开局过后就是谈判各方为了达到自己的谈判目的，进行具体的磋商与较量的过程。磋商与较量阶段是谈判双方面对面协商、争取满足各自利益的过程，有时甚至发展为争吵，是实质性的协调阶段。在这一阶段，谈判人员要掌握其规律和特点，按照客观、积极进取和重复等原则进行。

在谈判开始阶段，双方都比较小心谨慎，并试图试探对方及其实力，各自的行为都有一定的隐蔽性。由于谈判双方对谈判的期望不同，初期的要求带有策略的考虑，双方在要求上往往有较大的差异，在其他问题上也难以很快达成一致意见。事实上，参与谈判的任何一方都既想竭力降低对方的期望值，都在找理由来证明对方的要求是不合理的，同时又尽力维护自己的立场，反复阐述自己的理由，说服对方接受自己的方案。于是，谈判便进入了磋商阶段，或称讨价还价阶段。这是谈判过程中费时最长、困难最多，是直接影响谈判结局的最重要的一个阶段。

谈判者在磋商过程中要想有效地维护自己的利益，就要充分了解对方所提要求的依据，让对方说明其理由，然后对照自己的要求，分析双方到底在哪些环节上存在差距，以及为什么会存在差距。如果双方都是合理的，现存的差距也是合理的，则己方可向对方指出这一实际状况，争取双方都做出相应的让步，以求一致。

当双方都固执地坚持自己的要求，或者都希望对方能做出更多让步时，谈判就会陷入僵持状态。谈判者应善于区分不同的分歧及其成因，以便采取相应的对策。如果是沟通中的障碍带来的分歧，谈判人员就应更好地掌握沟通的艺术，消除偏见，使双方重新以合作的态度来磋商；如果分歧是缘于双方对谈判期望的差异，就必须准确分析双方要求的差距和各自实力，尤其要注意己方在谈判中的地位。所以为消除分歧，其中一方做出让步姿态是十分必要的。能首先做出这种姿态的，并不是软弱无能的表现，相反，善于妥协恰恰是谈判人员成熟的表现。

(二)谈判磋商阶段应遵循的原则

在谈判磋商阶段，谈判人员在思想上要清楚整个磋商过程，知道按照什么样的方向进行，才能对谈判的发展有利，所以在磋商阶段要遵循以下原则。

1. 注意谈判的结构

商务谈判的结构方向可以分为横向谈判和纵向谈判。横向谈判是把谈判涉及的议题横向铺开，也就是几个议题同时讨论，同时取得进展，然后再同时向前推进，直到所有问题谈妥为止。例如，一笔进出口生意，一般包括这样一些议题或条款，即价格、交货、付款、货物质量、运输、保险和索赔等。首先，双方应先明确就以上条款展开谈判；然后，双方先开始谈其中一个条款，待稍有进展后谈第二个条款，等到这几项条款都轮流谈完后，再回过头来进一步谈第一个、第二个条款，以此类推。第二轮洽谈也包括所有这些议题，如有必要可再进行第三轮以至更多轮的磋商。纵向谈判比横向谈判相对简单，它的基本方法是明确了谈判所要涉及的问题后逐个把条款谈完，这项条款不彻底解决，就不谈第二个。如同样是上面谈到的那笔进出口生意，在纵向谈判方式下，首先，双方会把价格先确定下来，价格问题解决不了，达不成一致意见，双方就不会谈交货条件。价格问题解决了，交货问题解决不了，双方就不会谈付款问题。

总之，横向谈判是一轮一轮地谈，每轮谈及各个问题；而纵向谈判则是每次只谈一个问题，确定下来为止。具体来讲，横向谈判的步骤是先把要磋商的条款统统列出来，先粗略地磋商每项条款的各个方面，再详细地磋商每项条款的各个方面；纵向谈判的步骤是从某一条款开始，明确条款的范围，并深入讨论这个条款，得出一致意见；再开始第二个条款，并深入磋商得出一致意见；接着第三个条款，直至所有条款都依次磋商完毕。

所以，在实际的磋商过程，谈判人员应该首先明确是采用纵向还是横向的谈判结构，否则就会使谈判磋商混乱，容易引起争执，效率也低。

2. 次序逻辑准则

次序逻辑准则是指把握磋商议题按其内含的客观次序逻辑，来确定谈判的先后次序与谈判进展的层次。

在磋商阶段中，双方都面临着许多要谈的议题，如果不分先后次序，不讲究磋商进展层次，想起什么就争论什么，就会毫无头绪，造成混乱，毫无效率可言。因此，双方要通过磋商确定几个重要的谈判议题，按照其内在逻辑关系排列先后次序，然后逐题磋商。可以先磋商对后面议题有决定性影响的议题，此议题达成共识再讨论后面的问题。也可以先对双方容易达成共识的议题进行磋商，将双方认识差距较大、问题比较复杂的议题放到后面去磋商。次序逻辑准则也适用于对某一议题的磋商，某一议题也存在内在逻辑次序，比如价格问题就涉及成本、回收率、市场供求和比价等多方面内容。选择哪一项内容作为切入点，要考虑最容易讲清楚、最有说服力的内容，避免在一些不容易说清楚的话题上争论不休，影响重要问题的磋商。

3. 掌握节奏准则

磋商阶段的谈判节奏要稳健，不可过于急促。因为这个阶段是解决分歧的关键时期，双方对各自观点要进行充分的论证，许多认识有分歧的地方要经过多次交流和争辩，而且某些关键问题一轮谈判不一定能达成共识，要多次的重复谈判才能完全解决。一般来说，双方开始磋商时，节奏要相对慢一些，双方都需要时间和耐心倾听对方的观点，了解对方，分析研究分歧的性质和解决分歧的途径。关键性问题涉及双方根本利益，双方必然会坚持自己的观点，不肯轻易让步，还有可能使谈判陷入僵局，所以磋商需要花费较多的时间。谈判者要善于掌握节奏，不可急躁，稳扎稳打，步步为营，一旦出现转机，要抓住有利时机不放，加快谈判节奏，不失时机地消除分歧，争取达成一致意见。

4. 沟通说服准则

磋商阶段实质上是谈判双方相互沟通、相互说服、自我说服的过程。没有充分的沟通，没有令人满意的说服，不会产生积极成果。首先，双方要善于沟通，这种沟通应该是双向的和多方面的。一方既要善于传播己方信息，又要善于倾听对方信息，并且积极向对方反馈信息。没有充分的交流沟通，就会在偏见和疑虑中产生对立情绪。首先，既要沟通交易条件，又要沟通相关的理由、信念、期望，还要交流情感；其次，双方要善于说服，要充满信心来说服对方，让对方感觉到你非常感谢他的协作，而且你也非常乐意努力帮助对方解决困难，要让对方真正感觉到赞成你是最好的决定。说服的准则是从求同开始，解决分歧，达到最后的求同，求同既是起点，又是终点。

二、磋商过程的注意事项

在磋商阶段，常常会不断出现双方意见分歧和立场对峙的局面。凡是抱有诚意的谈判者，都希望能消除不必要的误解，使自己的观点为对方所理解和接受，并说服对方放弃其不合理的要求。因此，谈判者应加强自身的修养，善于从对方角度理解和思考问题，要注意倾听对方的意见，善于察言观色，洞悉对方话语背后隐藏的真实动机；在表达自己的意见，回答对方的提问时，应做到准确、简明，善于抓住事物的本质。只有这样，彼此才能充分而正确地了解对方的真实要求，才能进一步寻求说服对方认同己方观点、立场和解决问题的途径，促使谈判活动不断朝成功的方向发展。因此，谈判人员在磋商阶段要注意以下几点，以有利于取得谈判的成功。

(一)注意调动对方合作的态度与行为

商务谈判是在人与人之间进行的，但有的时候在谈判过程中，这一事实却常常被谈判者所忽视和遗忘，其主要表现为：参加谈判的人往往忽视和遗忘了对方作为谈判人员的本性，他们有自我的情绪，有根深蒂固的价值观，有不同的背景和观点，是难以改变的。他们知道谈判需要合作，但却误以为合作要建立在改变对方的态度与行为的基础上。因此，当对方的态度与行为有所偏差时，总是想横加指责，结果极大地伤害了对方的自尊心，并引起对方反感和厌恶的心理，使谈判进行不下去。

因此，谈判人员要清醒地认识到你是在和人打交道，若想使对方合作，就要调动对方在态度与行为上的协助与支持，而不是强行改变对方的态度与行为，使之就范。要做到这一点，就需不断地告诫自己：我是在和人打交道，必须注意到人性基本需求的问题。人性，它可以成为我们进一步谈判的一种阻力，也可以成为一种动力，关键就在于我们是否通过对对方的态度与行为的观察，以及对对方进行正确的分析、判断和估价，从而采取最有利的策略，来调动对方合作的态度和行为。因此，在谈判的过程中应该表现出积极合作的态度和致力于解决问题的工作作风，这样才能感染对方，使之保持积极的态度和行为。

(二)注意发现并满足对方的需求，尤其是基本需求

1. 满足双方真正需求的措施

在谈判的磋商过程中，需求是进行磋商的目的。商务谈判的前提是双方都要求得到某种东西，否则，就会对另一方的要求充耳不闻，也就不会讨价还价了。发现谈判对手的要求才能解决问题，但要了解对方在想什么，真正要求什么，是比较困难的，应动用各种手段和技巧去发现对方的要求。一般通过以下几个办法可以发现并满足对方的真正需求。

1) 通过提问了解对方的要求，然后分析解决问题

在谈判中，可在适当的时机向对方发问，例如，贵方希望通过这次谈判取得什么样的结果？贵方的要求是什么？……通过这种直截了当的试探，不仅能了解对方的要求，还能搜集有关的其他信息。提出什么问题，如何表述问题，应掌握住时机，让别人在表态之前，最好让每人都有机会提出一两个问题。在对方提出问题后要进行认真的分析，对于合理的要求我们应该给予满意的答复；对于不合理要采取合适的办法，进行说服、解释、反驳。

2) 通过聆听对方的表述了解要求，并采取相应的解决对策

谈判时应认真聆听对方吐露的每一个字，以发现对方的真正要求。谈判者之间的谈话，可以有多层次的含意。例如，通过对方的一项陈述，我们可以得到多个信息，例如，可以发现其要交换的意见、可以推断某些信息、可以根据对方探讨问题的方式得知对方的真正要求，据此可以采用有针对性的策略和办法进行磋商解决。

3) 通过观察对方的行为了解其想法，采取正确的解决措施

在谈判中，对手的行为举止非常重要，有着种种心理上的含意和暗示。对方的各种肢体行为都表现出其想法，但一定要分清楚是有意识的还是无意识的。因此，在谈判中要仔细地、不断地观察对手的行为举止，发现其要求和想法。谈判老手始终不会让对方的各种行为逃过自己的眼睛，从而了解对手的要求及其满足程度。例如，咳嗽常常也具有许多含

义，有时它表现了谈判者的不安，借此稳定情绪，以使自己能继续讲下去，有时也常被用来掩饰假话，这时就要发现其根源，消除对方的疑虑，如果是假话就要小心了；再比如发现对手突然往椅背上一靠，粗鲁的叉起双臂，就应意识到这是没有达到对手的真正要求，麻烦可能要发生了，因此需要做进一步的磋商。

2. 满足对方基本需求的措施

在谈判过程中不但要了解对方的需求，还要注意满足对方的各种基本需求。事实表明，人们在基本需求得到满足之后，往往产生愉快、骄傲和自豪的感觉，从而更激发了合作的兴趣与愿望，使谈判得以顺利发展。因此，谈判者要注意满足对方的一些基本需要。

1)　满足对方的安全需求

人都有安全需要，商务谈判的人更是有过之而无不及。因为，商务谈判中的"安全"就意味着生存与发展；"不安全"就意味着上当受骗。所以，如果对方的"安全需求"不能得到满足，他就会处于一种战战兢兢的恐惧、怀疑、戒备状态，对于你的本来是正面积极的建议和主张，他却很可能从反面、消极的意义上去理解，这样的谈判当然难以顺利进行。如果人的安全欲望能够得到充分的满足，那么，他就会视你为自己的朋友，对你加以充分的信任，从思想中免去了后顾之忧，放心大胆、诚心诚意地与你谈判。有了这份信任基础，他对你的话才可以从正面、积极的意义上去理解、分析，响应你的意图。所以，谈判人员应该用诚信的态度和行为方式给对方以安全感，让其相信你的谈判诚意、你的为人、你的产品和服务、你所代表的企业等。

2)　满足对方的经济利益需要

商务谈判的目的是满足双方的经济利益。谈判双方就更需要注意创造一种相互满足的气氛，同时，必须充分分析、考虑如何满足对方的经济利益。谈判的利益就好比只有一张饼，你拿得多，他就得少拿。那么，少拿点要比不拿好，在这种情况下，必须让对方有所得。所以谈判的时候，不能把对方当作你要捕获的猎物，只想把他俘虏过来，那样肯定会失败的。因此，对于抱着和你一样要获得利益而进行谈判的对方，要适当满足他经济利益的需求。只有这样他才能进行合作，不致心灰意冷，另寻出路。

3)　满足对方的归属需要

人需要一个归属的群体，需要在一个能相互同情、相互帮助、彼此信赖的集体中生存和发展。人的这种愿望得到满足之后，他就会为自己能成为所向往的集体中的一员而感到骄傲和自豪，并把为这一集体贡献力量看作自己的一份责任和义务。谈判人员也一样，所以许多谈判者常使用满足对方的归属感来调动对方的合作。因此，谈判人员要知道和满足对方的这种归属的需要，如让对方感到自己是谈判高手、成功人士、专家和诚信者等。

4)　满足对方自尊的需要

任何人都需要被尊重，谈判人员更是如此，所以需要在平等尊重的前提下进行。有人说，与一个恶棍打交道，只有一个办法可以胜过他——就是视他如一位可敬的君子，认定他有这样的水准，他会因这样的待遇而受宠若惊，做出相对的反应，并因别人信任他而感到骄傲。这就是"你敬我一尺，我敬你一丈"的道理。因此，在谈判时，抓住人们需要获得尊重这一心理，发自内心地、真诚地尊敬对方，会取得意想不到的效果。

(三)注意让对方了解自己的要求

谈判人员不仅要重视了解对方的真正要求，也应让对方了解自己的要求，应在满足自己的要求的同时，满足对方的需求。有经验的谈判人员，在创造良好的谈判气氛后，不忙于进入达成协议的具体谈判内容，而是让对方了解自己的要求，这样做较为理想。如何让对方了解自己的要求呢？

1. 向对方表明自己的需求

在表明自己要求之前，必须注意到自己的地位和实力，如果地位占明显优势，所提的要求就会受到对方的充分重视。这意味着对方一定非常想要获得些什么，而你却很容易满足对方。当实力平衡时，要求和让步就开始对等了。如果处于弱势，其要求常常是他们非常需要成交，或需要迅速成交的，所提出的要求被对方重视的程度就低，也经常进行让步，但也要把自己的要求让对方知道，否则对方就可能一直要求你让步。对谈判中所提出的要求，首先要有利于缩小分歧的范围，缓和矛盾。在试探阶段之后，应审时度势，辨别并确认你与对方一致之处，即共同点有多少。因此，应在对方承诺前，将自己的要求分轻重缓急，依次表达出来，并使对方对我们的每个要求都有清楚的认识。

2. 注意提出极端要求

所谓极端的要求也就是难以答应的要求，以致无法予以妥协。谈判者可以借着极端的要求，来证实自己对对方的判断。提出极端的要求，会减低对方的期望，使对方更加愿意妥协，或是冒着很大的风险来和你较量。提出极端要求在某些情况下还是有一定效果的，但不能轻率地提出，否则比较危险，很可能会激怒对方，以致形成僵局。不过，如有充分的耐心和时间，这种要求在大多数情况下还是有商议余地的。

(四)适时冒犯对方

在谈判中，根据具体情况适当地用一些激将法，有时也是比较有效的。人的态度与行为在很多情况下，得到尊重会得到某种满足。但也有许多时候，你尊敬他，崇拜他，他可能无动于衷，但是，如果你蔑视他、嘲讽他，他会为了赢得你的尊敬和崇拜而竭尽全力。所以要根据谈判对手的情况，在有可能的时候恰当地刺激他、冒犯他，也是可以的。但一定要注意对象的特点、时间的把握和火候的控制。

总之，谈判是人和人进行的交流和协商，就要调动对方与你合作的态度和行为，要注意发现和满足其合理的需求，特别是基本的需求，而且要让对方清楚你的需求是什么，有时也要刺激对方，激发他行动的力量与勇气。

三、谈判目标和方案的调整

一般情况下，最初确定的谈判目标带有很大的主观性，它只是根据己方所能预见的一些情况制订。如果经过双方接触和谈判，对方的行动已表明估计的某些因素是错误的，那么自然要对目标进行修正。因此，在谈判进入磋商阶段应该对原始的计划目标根据新的信息进行修改。

因为我们在谈判准备阶段所制订的谈判计划和方案有过多的主观愿望、逻辑推理，与实际情况有很大差距，所以要对谈判方案进行调整。因此，实质磋商阶段开始后，双方都应把重点放在自己策略的调整上。

谈判双方在初步接触后，会发现有以下三种情况。

一是对方的要求合理，而己方的计算却有较多水分。这时，己方应考虑是否有必要仍坚持自己的立场，特别是在对方已发现己方的不合理之处，并提出质问的时候，己方应主动做出让步，争取求得一致，否则对方会采取相应的措施保证自己的利益，也可能使谈判破裂。

二是对方的要求相对己方有更多的不合理成分。在这种情况下，己方应向对方明确指出其不合理所在，并出示足够的证据，拿出可公开的、可靠的证据才能让对方做出让步。当然这一过程也要依赖己方的说服技巧和实力。

三是如果双方的要求都存在明显的水分。这时，调整自己的要求，并邀请对方回到相互信任、诚实合作的轨道上，是一项明智的选择。调整的幅度与各自的谈判水平和实力有关。

讨论谈判双方的要求是否合理，通常只是相对的。如果是一场充满合作诚意的谈判，则双方有可能就有关评判要求是否合理的标准做出一致的解释，否则对此难以划定绝对的界限。如果是抱着战胜或压榨对方的态度，可能谈判的讹诈气氛就非常浓厚，很容易使谈判破裂。

因此，谈判中最重要的一点是要弄清双方的意图。根据开始阶段的谈判情况，无论对对手所采用的谈判行为的估计是否正确，都应根据自己对对方情况的分析和对方的态度来调整准备阶段所制订的目标和战略战术，重新评价对方的要求。所以要分析对方在开始阶段中所表现出来的行为和战术，并根据对方的行为和战术采取对应的措施，才能使谈判的目标实现。一般情况下，对方的行为不外乎以下几种。

(一)对方的行为和战术与预计相符

在对方所采取的谈判策略和战术与你预计的谈判战术大致相同时，双方才可能把谈判进行下去，否则，大相径庭就容易形成僵局或破裂。这时，尽管双方在开始阶段提出的交易条件大不相同，但各自最终选择的目标大体一致。如果一方改变了战术，另一方会以牙还牙。通过下面的例子就可以说明谈判双方是如何使各自的意见与对方相符的，否则谈判就进行不下去了。

有两家公司正在进行化工原料的买卖谈判，卖方提出3 000元/吨，买方还价为2 500元/吨。这时双方就在2 500~3 000元/吨的范围内进行磋商。如果双方所采用的战术基本相符也就是让步的幅度差不多，就会在此区间的某一个价格成交，最后的价格高低由各自的谈判实力、需求情况和地位等因素决定；如果其中一方或双方都不让步，结果就明显可知了。

在这种合作的谈判情况下，谈判人员是否有必要改变稳步发展的战术呢？在谈判中如果对方最初要求与预计的一样，说明预计得比较准确，综合分析来看，谈判者没有必要改变自己的谈判战术。原因如下。

(1) 如果对方的战术不变，而你改变了策略，那么最后结果也只是通过拖延时间来达到有利结果。过去用 3 天能达成的协议，现在需要 5 天。现在是信息时代，时间是谈判成本的一部分，时间的拖延很可能会丧失商机，那么，这个所谓的有利结果就不是优势了。

(2) 人的本性是善于对抗的。如果在对方让步的情况下你改变了战术，那么此时的任何变动都可能引起对方改变谈判战术。所以这种改变很可能对自己不利，对方将从以往的行动中摸出你的让步程度来，以牙还牙。因此，在实际谈判中，如果对手的谈判策略不变，就不应轻易改变自己的策略，除非时间因素没有影响，且收益很大。相反，如果对方改变了策略，那么，你就应采取拖延时间的战术，在此时退出或退让。

在谈判过程中，双方都不要试图以使对方蒙受损失来换取自己的收益，因为这种做法的直接后果是两败俱伤。为了能使双方的战术尽可能保持一致，双方在制订战术决策方案时，应遵守两条原则：一是双方人员都不可轻易改变谈判策略，除非改变策略后的结果对自己一方非常有利，而且可以确保对方不会改变对策，尤其是对将来不会造成不利的影响，那么，即使拖延点时间也无所谓；二是如果你已决意保持原定方案，就应该把自己的意向暗示给对方，使对方明白，如果他不保持原定方案的话你会以其人之道还致其人之身。

(二)对方的战术与预计的不符

对方的战术与预计不符可以分为以下两种情况。

1. 对方让步的速度比预期的快，并且幅度大

在谈判过程中的基本原则是以自己一方最小的让步来换取对方最大的让步。如果对方最初的让步比预计的快而且大，那么，这就意味着对方实际的让步远比目前所做出的让步还要大。因此，应相应调高自己对对手让步的估计，而且要降低自己的让步程度。假如真的处于这样的谈判过程中，你就应坚信对方每退一步后面会做出更大的让步，最后使对方不得不回到其内定的最低限度上。当然，也有例外，即尽管对方开始让步的幅度比预计的大，但对方并不进一步做出让步。在这种情况下，只要对方不愿放弃交易，你还是要坚定信念，迫使对方让步。反之，如果发现自己的让步比对方的大而且快，说明自己的战术出现了问题，也要进行调整。只要对方不愿放弃交易，你还是要坚定信念，减小让步的幅度和速度，争取最大的利益，其实这是一个双方互动的博弈过程。

2. 对方让步比预期的慢而且小

经过一段时间的谈判，如果对方采取的让步策略比预期的强硬，那么，这种情况应有两种可能：一是对方现在的表现是虚张声势；二是对对方让步的判断是错误的。

(1) 对方的表现是虚张声势。对于这种情况，对方是想以假象进行讹诈。如果未识破对方的讹诈，就会降低自己的要求，使对方阴谋得逞。如果识破了对方的讹诈，而改变自己的战术，对方一般会停止讹诈，转为合理战术，开始退让。同时，也不排除对方未能理智地对待你的反应，而使谈判陷入僵局。

(2) 对对方让步的判断是错误的。对于这种情况，如果你意识到自己的判断有误，就应采取合理的行为，修正原来的期望，并做出让步。如果你未能意识到对方的行为是真实的，不降低要求，谈判只能陷入僵局。

根据上面的情况，我们可以发现，面对对方让步比预期的慢而且小的这种让步状况，关键是判断出对方是否在讹诈。如果无法确切判断，唯一的方法就是坚持自己的既定方案，仅在原定的尺度内让步。同时，为了减少风险，应努力通过直接或间接的方法去探寻对方是否在进行讹诈和讹诈的范围。

如何判定对方是否在讹诈就需要我们从以下方面进行分析：一是掌握市场行情，看是否与之相符；二是分析对手一贯的谈判作风；三是看其行为表现与所采取的战术措施是否一致；四是分析双方所获得的利益；五是采取有效的措施试探其真伪。在实际谈判过程中要根据具体情况灵活掌握。

四、谈判磋商过程时间因素的利用

(一)谈判磋商过程时间的作用

在谈判磋商阶段，时间因素起着非常大的作用，主要表现为以下两个方面。

1. 时间是否充裕，将决定谈判使用什么样的策略

从整个谈判过程上看，规定了具体谈判的时间将可能使谈判者在时间的影响下改变原来的策略。如在有限的时间内，为了达到谈判目标应该及时地变克制性策略为速决策略。有限的谈判时间有两种情况，一是在谈判开始时已经规定了谈判时间，而且双方都对此了解；二是开始时未提出任何时间限制，但在谈判进行时，由一方单独提出时间限制。所以在时间有限的条件下，首先应该尽量争取时间，其次就是改变谈判的策略。

2. 时间给谈判人员造成的压力大小

从每个谈判细节上看，由于有时间限制，谈判必须在一个规定的期限内做出一些不可能撤销的决定，这将给谈判人员自身带来一定的压力。同时，对方也会对本企业的谈判人员施加一定的压力。这种压力本身也是一种战术，在具体的谈判过程中，谈判人员应该学会利用时间压力给对方制造压力，使谈判向有利于自己的方向发展。利用时间压力时要注意与以下因素结合起来使用，可以产生意想不到的效果。

(1) 决策的重要程度。一般来说，谈判过程中做出的决定越重要，时间所产生的压力就越大。如果所做出的决定非常重要，目标选择失误的可能性又很大，失误的后果会更严重，这时谈判人员的压力就相当大。因此，老练的谈判人员会千方百计把重要的决策内容安排在较短的时间内让对方决策。

(2) 决策的复杂程度。在谈判的过程中，如果决策比较复杂，谈判人员就需要慎重考虑，所需要的时间相对比较长，压力就大；相反比较简单容易的决策，对谈判人员的压力就较小。所以在面对需要考虑的因素复杂的决策时，就要反复思考，预先做好分析或在条件允许的情况下想办法拖延时间，以保决策的准确性。

(3) 决策的时间长短。这一点很明显，做出一项决策的时间越来越短，谈判者所受到的压力就越大。这种时间压力往往会产生种种不利的影响。例如，谈判者被迫在没有进行很好的总结回顾时就匆匆做出决定，这将导致很多风险。在这种情况下，要减轻压力带来的不利影响，减少失误风险，就必须让谈判者事先采取行动，即在时间压力起作用之前就采取措施。

(二)争取时间的办法

谈判中时间压力也可能来自对方故意延长谈判时间，这时往往摸不清对方的真正意图。这种情况一般是在一个买方与两个或两个以上的卖方进行谈判时出现，作用也很大。卖方总想抓紧时间进行磋商，而买方则迟迟不愿做出任何肯定的答复，总是想办法拖延，一会儿推迟会谈，一会儿又要求重新报价，特别是当卖主在国外进行谈判时，更会感到沮丧。此时，卖方由于不适应异国衣食住行，焦急地等待，使得谈判者有一种强烈要求尽快达成协议的愿望，而且只要能达成协议，可以做出较大的让步。往往这时，买方的愿望能够实现，作为卖主来说，应尽力避免这种情况出现。

因此，在谈判过程中应该学会如何利用时间给对方制造压力，而为了缓解压力就需要使用一些可行的方法来争取时间。争取时间有如下方法。

(1) 在限定时间表明态度。

(2) 关键时刻安排一个重要客人来。

(3) 上洗手间。

(4) 想吃饭或喝水。

(5) 换小组成员。

(6) 重要证据没带来。

(7) 以不知道为借口，争取思考时间。

(8) 一时难找专家。

(9) 用资料困住对手。

(10) 利用第三者的解说来拖延时间。

(11) 推给领导决定。

(12) 休会，召开内部会议。

(13) 安排一个小题大做的人，说起来没完没了。

以上这些争取时间的方法在实际谈判的时候要根据实际情况灵活应用，同时也可以把几种方法合并使用。

第二节　较量过程的威胁与僵局

在谈判的较量过程中，要依靠各自的地位和谈判水平，通过各种战术手段向对方施加压力，来获得相对多的利益。常用的手段主要有威胁、制造僵局与障碍等，谈判人员要对这些方法的使用与破解灵活的掌握，才能取得谈判的成功。

一、威胁战术

威胁是谈判磋商过程中向对方施加压力的一种手段。威胁是一种战术，当被威胁者认定威胁是一种压力时，才有效果。例如，在双方即将达成协议时，一方向另一方提出具有威胁性的要求——"如果你方不下调价格，我方将放弃继续销售你方商品的打算，由此造成的一切损失应由你方负责。"这是作为买主的谈判者向供应商发出的威胁警告。如果这位供应商不能按买方谈判者的要求去办，将意味着这家卖主的商品销售渠道会被切断，给供应商造成损失。遇到这种情况，在条件允许的情况下，供应商都能满足买主的要求。买方这样做，一般能赢得短线的胜利，但却不利于长期的人际关系。因此，威胁应在不引起对方报复的情况下才具有实效。在谈判中一般不要以威胁的手段向对手施加压力，如果对手使用威胁手段向己方施加压力时，应采取有效的措施和手段来应对。

(一)威胁战术的双重性

威胁是一把双刃剑，用好这种战术的关键在于被威胁人是否相信威胁的真实性。当对方认为威胁是真实的，那么就可以通过威胁达到预期的目的，此战术得以成功。如果威胁不成功，那么后果比不用威胁还要坏，这时威胁作用转而变为对自身的约束，甚至会两败俱伤。这种约束的大小受到以下两个方面因素的影响。

(1) 所提到的要求和威胁的内容越具体，自己所受的约束就越大。

(2) 发出威胁的人的权威越大、声誉越高，本身所受的自我约束也就越强。

谈判人员应该知道威胁本身作为一种自我约束的战术，在为达到某一目标而使用威胁战术时，这种战术也给谈判者本身带来一种约束。因此，谈判人员应慎重使用这种战术，通常只应提出不严格或不受约束的说明，以便给自己留有余地。当偶尔需要做出一项具有明确自我约束的说明时，那将是立即实施威胁的信号，表明已做好了充分的准备。

(二)威胁战术的使用

谈判者有时可能会直接或间接地威胁对方，以达到逼迫对方让步的目的。通过威胁来施加压力的方式主要有以下三种。

1. 行动威胁

这是直接向对方显示自己力量的方式，比如谈判者可能会这样说："除非你这样做，否则我们将取消贵方的特权，停止继续合作"等。

2. 人身攻击

这是一种间接的方式，通过攻击对方谈判人员的品格，或对他的公正与诚实提出疑问等，刺伤其自尊，达到施压的目的。比如你可以这样说对方："你根本没有合作的诚意"，"你的做法与贵公司的形象很不相称"，迫使对方调整自己的行为，并做出某些让步。

3. 时间上的威胁

威胁战术往往与时间战术结合使用。谈判者把时间限制强加在谈判过程中，就必然带来一种威胁，那就是限制期一过，谈判就基本破裂了。

(三)如何应对威胁战术

威胁战术是否需要使用主要应分析被威胁的一方对威胁的看法和实施后对己方的约束和损失的大小。如果我们不想接受威胁或不相信威胁将会实施，不准备对对方的要求让步，那么如何去分析对方是否会真正实施威胁呢？可以具体分析以下情况。

(1) 对方谈判人员的性格及他们在一些谈判中所表现出的言行是否一致。

(2) 对方从让步中究竟能得到多少好处，并且这些好处是否与实施威胁有密切的联系。

(3) 如果对方实施威胁，那么对方可能因此而受到的经济损失会有多大。

(4) 对方的声誉和经济损失哪个更重要，对方会不会拿自己的声誉去冒险。

另外，被威胁者在不想接受威胁时还要把交易不成的代价与必要的退让的代价做比较，从中选择一种比较有利的情况，然后再做出决定，是否让步。

在谈判中如果对手使用威胁手段施加压力，那么谈判人员面对威胁时应采取下列措施来应对威胁者。

(1) 故意不理会他，当作不晓得这回事。

(2) 将它当作一种玩笑，表示漠不关心。

(3) 让对手意识到威胁伤害不了自己。

(4) 让他知道威胁会令实施者蒙受比自己更大的损失。

(5) 以既成事实对付对方提出的威胁。

二、应对竞争者的威胁

在谈判中完全遇不到竞争者的情况很少见，必须做好应对竞争者的准备，因为对方会以竞争者来威胁你。在谈判时，如果对方以竞争者对你进行威胁，我们可以采取如下方法来应对。

1. 尽量回避或个别方面赞扬竞争者

聪明的谈判者一般都不主动提及竞争者，万一对方首先说起竞争商品的情况，你就赞扬它几句，然后转变话题，可以回答说："是的，那种产品很好，但我们的更好！"回避竞争者，就不会导致对方再去考虑其他问题。商界的座右铭似乎应当是："各卖各的货，井水不犯河水。"按这种观点办事往往并不是最佳方法。一个竞争厂家的牌子可能早已在对方的脑子里占据了重要位置，用回避的办法是难以将它驱除的。可是，对方有时并不愿意主动谈论他们内心宠爱的另一种产品，因为他们害怕谈判者会指出他们的偏爱有问题。因此，保持沉默便可平安无事。

如果谈判者决心要对付竞争者，首先就必须设法让对方把心中向往的另一品牌讲出来，并谈一下看法。精明的谈判者在刚一开始谈生意时就要探明竞争者在对方心目中的地位，然后再谈，就有应对的办法了。

2. 有针对性地反驳痛击

有时候竞争对手是无法回避的，只能给予承认和还击。一个办法是进行产品比较。在有必要对你的产品和对手的产品进行比较时，这种比较不应做得过细和无所不包，最好是只谈论对方最感兴趣的那些特点。另一个办法是在对方头脑里为竞争产品播下一颗怀疑的种子，巧妙地将道听途说的事情讲给对方听，或者是更直截了当地表现出自己的意见，如果谈判双方比较熟悉，你可采用比对待陌生人更为坦率的态度进行破坏性的宣传。不要小看播下去的这颗怀疑的种子，它会产生巨大的不信任，从而阻止对方购买竞争对手的产品。

但是，你对竞争产品发出的这种非议必须有一定的事实根据。对方往往会带着这种非议去询问竞争者，竞争者可能会用令人信服的证据驳回这种非议，这时，你就要彻底失信了。在使用这一办法时，一定要以道德标准来度量，决定是否要这么做。

3. 怀柔策略

避免与竞争者发生猛烈"冲撞"是明智的，要想绝对回避他们，看来也不可能。所以谈判者就要对竞争者承认但不轻易进攻。这是因为如果主动攻击竞争者，将会给对方留下"竞争者非常厉害，难以对付，自己不如对方"的一种印象。对方的下一个结论就会是："竞争品属上乘，我应当先去那里瞧瞧"。例如，在市场上招标，要购入一大批原材料，收到两项投标。一个来自曾与他做过不少生意的 A 公司，另一个来自他不大熟悉但名声很好的 B 公司。A 公司的人员找上门来告诉他说："B 公司不错，但它能达到您要求的质量吗？他们工厂小，我对它的技术能力说不清楚。他能满足您的要求吗？"结果怎样呢？他听了这些话后产生出一种强烈的好奇心，想去 B 公司看看，并和他们聊聊，于是前去考察。结果 B 公司获得了订单，合同履行得也很出色。这个简单的例子说明，一个谈判者也可以为竞争者卖东西，因为他对别人进行攻击，对方才在好奇心的驱使下产生了亲自前去验证的念头，最后，造成了令攻击者大失所望的结局。

4. 一比高低

一比高低的办法就是谈判人员逐点逐条地把自己的产品与对方心目中地位最高的产品进行比较。有时他们要把每一点的比较情况分两行记录下来，哪边占上风，就在哪边做个记号，并要求谈判人员在各点比较完毕之后让自己产品的那一行比竞争产品能留下更多的记号。这种方式有时也是必要和有效的，尤其是在对比工作能按公正和客观的标准进行时。还有一个从这种方法派生出来的方法：在一张纸中间画一条线，将其分为两部分，分别写上竞争产品和自己产品的名称，然后在下面写上各自的价格。比如，前者为 500 元，后者为 600 元，竞争产品比较便宜。这样谈判者的任务就是设法证明自己的产品为什么要贵一些。于是他在提到自己产品的一个独有特点后便说："您看，这个特点值不值得您每年多花一点钱？而且我们的产品使用的时间比对方多几年，您还是节约了不少钱的。"谈判员就这样一个特点接一个特点地加以阐述，直至算出的额外价值大大超过那 100 元的价格差。有时，对方已经买过了竞争者的产品，这时谈判员在评论其产品时就需格外小心。因为批评那种产品就等于是对购买那种产品的人的鉴赏力提出怀疑。因此，必须讲究策略。比如，一个销售办公设备的谈判员就做到了这一点，她设法说服一家客户全部更换了原有办公系统，重新装起一套价值近 8 000 元的设备。她没有让客户觉得他安装第一套设备时不够明智，相反，她还为此恭维了他，只是巧妙地证明了，由于生意的扩大，条件的变化和新的办公器具的出现，不赶快更新就要落伍了。

5. 以褒代贬

在不得不进行比较时，谈判者应当对竞争者摆出一副超然而又公平的姿态，甚至对其产品的无可否认的优点也应给予承认。比如，汽车销售者可以这样讲："××牌汽车具有多方面的优点，毫无疑问，它很漂亮，这里的经营商正在卖力地销售。如果您不怕费油和维修困难，您一定会选择它。"言外之意：这种车的经济性不好。

6. 对比验证

一个产品的优点最好让有资格的局外人说，而不是由谈判员自己来讲。权威机构的验证书能起到这样的有效作用。有时，竞争变得异常激烈，必须采用直接对比试验来确定竞争产品的优劣。如果你的产品在试验之后对方马上可以看到它的优点，采用这种对比试验很有效。但是，如果对手本来就把安全看得非常重要，讨厌开快车，你还向他证明你的车比另一种车加速快，那便是不得要领了。在公开的对比试验时一定要注意，由于人为操纵而变得不公平，小心上当。

在谈判中应对竞争者除了以上方法还要注意掌握有关竞争者的情况，而且必须经常注意竞争者的动向。因为现在的市场瞬息万变，竞争激烈，竞争者随时会超过你，所以应当全面掌握竞争者的情况，如销售趋势、最新型号是否已在市场站住脚、售后服务和发货速度怎样、促销和广告的花费有多大、商业习惯以及真正价格是多少，这样谈判时才不致落入被动竞争的困境。谈判人员具体要清楚以下情况。

(1) 清楚知道自己的每一个竞争者。

清楚知道自己的每一个竞争者是谁，这样就可以有针对性地应对他们。

(2) 清楚自己在竞争中的位置。

搞清楚竞争者对你的产品都有什么说辞和评价，在可能的情况下设法成为竞争者的一个假客户，把他们对你的产品、种类和你们公司的攻击列表记录下来，做到知己知彼。

(3) 清楚竞争者的促销手段。

必须熟悉竞争者的宣传，看他们的广告，收集他们的促销印刷品，拜访他们的销售室或展览厅，从你的可靠顾客那里搜集有关竞争者的情况。

(4) 清楚自己的优势。

有经验的谈判者都能很快判断出哪些竞争者最具潜在威胁，并认识到自己商品的竞争优势和弱点，这样，他们就能够预料和设计出在谈判时应当采用什么样的论点来证明自己。如果你知道你的产品价格较高，在洽谈时就要围绕产品的价值大做文章——质量比别人好，以主动出击的方式使用各种论点证明你的产品不但在主要特性上高人一筹，而且具有额外的优点。如此一来，你就可以在可能买主尚未正式提出竞争产品优点时将他们脑中的疑团消除掉。这样做时不要提竞争者的名字，以避免争论或陷入一场相互攻击的战争中。

(5) 小心竞争者的不道德竞争战。

市场上有各种不道德的竞争手段，如果没发现或者不知道如何应对这些不道德的竞争战术，公司的威望就会莫名其妙地遭到严重破坏。谈判者必须了解经商的"鬼把戏"，以便在有人使用这些诡计暗算你的时候，能够识别出来。若是遇到不公正的竞争一定不能保持沉默，当一个竞争者企图用不道德的手段破坏你的谈判时，应该给予猛烈还击。你可以点他的名，也可以等到对方提出这个竞争者时再揭露他。

(6) 注意生意场朋友之间的关系变化

生意场上的关系变化非常快，今天是合作者，明天就可能是竞争者。如果对方有个朋友正巧是你的竞争者，要抢你的生意，你当面批评他的朋友将是不明智的。聪明的办法只能是努力介绍自己商品的特点，使客户产生深厚的兴趣，把他原想从朋友那里购买的欲望打消。如果买主把朋友的事提出来，你就可以简单明了地指出：用户应该把买到最适合自己需要的产品放在第一位。有时，这种所谓的朋友关系可能并不像人们想象得那样亲密，或许对方心里正盼着结束这种关系。因为这位"朋友"只是靠关系向他推销商品，并没有给他提供最佳的服务和最好的质量，这种情况下，机会就更大了。

(7) 与竞争者保持良好关系。

谈判者务必讲究商业道德，尽可能少地提起竞争者的名字，如果必须进行比较，一定要在绝对公平的情况下进行，如果拿不出来事实根据，就不要发表评论。你说竞争者的坏话总会传到对方的耳朵里，有可能激发他们的干劲和积极性，一定要在市场上战胜你；或者你说的没有事实依据，对方就会采取报复措施。中国有句俗话："来说是非者，必是是非人"，说的也是这个道理。

三、谈判中施加压力

在商务谈判中双方都想在一定范围和一定程度上通过施加压力来压倒对方。在谈判中，如果压力策略运用得当，对谈判的成功将有促进作用。但是，不讲究方法和策略的乱施压力，也会使谈判出现破裂。在谈判中运用压力和解除压力，不断地进行反抗和提出异议，使对方逐渐降低他们的期望标准，从而削弱对方。如果发现对方对你的建议提出一系列的异议，那么你就应在自己的议案中向对方提出问题。用这种方法正视所遇到的问题，可以在一定的条件下，运用自己的独到方式充分显示对自己的信心，这样也等于给对方施加了压力。对付这种对抗性的压力，首先要弄清对方背后的动机。如果是误解，只要双方重申各自的观点立场，压力会很快消除；如果是对方有意施加压力，就应采取一定的策略，将压力返还给对方，但应避免直接冲突。当我们遇到高压时，应花时间去考虑怎样解除这些压力，并想办法给对方施加一定的压力，最终使谈判达到成功。

(一)施加压力的方法

谈判一开始，对手可能向你提出诸多刻薄的要求，其目的就是向你施加压力，以便降低你的期望水准，并动摇你的信心。例如故意附加额外要求，在谈判中，一方可以对附加的额外要求做出让步，制造一种让步的假象，而迫使另一方做出实质性的让步。一般可以从以下几个方面寻找施加压力的途径。

(1) 最初表明极端的立场。常以强硬的口气或提议，压低对方的期望水平。

(2) 有限的权力。谈判者本身没有权或很少有权做出某种让步。

(3) 情绪化。谈判者往往面红耳赤，高声高调，以阻止对方对可能利益的要求，甚至退出谈判场。

(4) 很少做相应的让步。

(5) 很少让步。在谈判过程中没有做出任何让步的表示，直到最后做出的让步，也只是放弃了少许的利益。

(6) 不怕谈判破裂。拖得起，耐得住，对谈判期限毫不顾及，时间好像对他们没有什么意义，表现出不怕谈判破裂的样子。

当谈判人员遇到以上情况时，应该分析对方是不是一种虚张声势的做法，是不是有意向你施加压力，然后采取合适的办法来解除压力。

(二)最后通牒

在谈判中施加压力的一个常用方法就是最后通牒策略。这是谈判者以退为攻，用中止谈判等理由来迫使对方退让的一种策略。当一方在谈判中处于有利地位，而双方的谈判又因某些问题纠缠不休时，一方可运用最后通牒策略，告诉对方"这是我们的最后报价"，或者向对方声明"谈判即将破裂"，往往能迫使对方做出某些让步。

运用最后通牒策略必须慎重，要使用到位，因为它容易引起对方的敌意。

1)　运用最后通牒策略的条件

(1)　己方的谈判实力应强于对方，自己处于主动地位。

(2)　使用过的其他方法无效时，最后通牒成为己方最后的唯一选择。

(3)　己方确实已把条件降到了最低限度。

(4)　在经过旷日持久的磋商之后，对方已无法担负失去该项交易而造成的损失，已经到了非与己方达成协议不可的地步。

2)　运用最后通牒应该注意的问题

(1)　使用最后通牒的方式、时间要恰当。

(2)　要注意最后通牒的言辞不要太生硬，不要伤害对方的自尊。

(3)　使用最后通牒要留有余地。

(4)　最后通牒不是逼迫，要给对方选择的余地。

(5)　最好使用双簧。

面对对方给我们的最后通牒时，关键要分清是对方的诡诈还是真实的最后要求。己方要做好准备，然后进行试探。

四、谈判较量过程中的僵局

谈判僵局是商务谈判过程中谈判双方对利益的期望或对某一问题的立场和观点存在分歧，很难达成共识，而又都不愿意做出妥协时，谈判进程就会出现停顿，谈判即进入僵持状态。

谈判僵局出现后对谈判双方的利益和情绪都会产生不良影响。谈判僵局会有两种后果：一是打破僵局继续谈判；二是谈判破裂。当然后一种结果是双方都不愿看到的。因此，了解谈判僵局出现的原因，学会利用僵局迫使对方让步，更应该避免僵局的出现。同时，要掌握运用科学有效的策略和技巧打破僵局，重新使谈判顺利进行下去。

(一)谈判僵局产生的原因

1. 立场观点上的争执

在谈判过程中如果双方对对方的立场观点产生主观偏见，认为己方是正确合理的，而对方是错误的，并且谁也不肯放弃自己的立场观点，往往会出现争执，就陷入了僵局。双方真正的利益被这种立场观点的争论所掩盖，而双方又为了维护自己的面子，不但不愿做出让步，反而用否定的语气指责对方，迫使对方改变立场观点，谈判就变成了不可相容的立场对立。这种僵局处理不好就会伤害双方的感情，最终使谈判走向破裂的结局。

2. 信息沟通的不畅

谈判过程是一个信息沟通的过程，只有双方信息实现正确、全面、顺畅的沟通，才能互相深入了解，才能正确把握和理解对方的利益和条件。但是实际上双方的信息沟通会遇到种种障碍，造成信息沟通受阻或失真，使双方产生对立，从而陷入僵局，其主要表现为：由于双方文化背景差异所造成的观念障碍、习俗障碍、语言障碍；由于知识结构、教育程度的差异所造成的对问题理解的差异；由于心理、性格差异所造成的情感障碍；由于表达能力、表达方式的差异所造成的传播障碍等。

3. 对威胁战术反抗的结果

一方占有一定的优势，他们以优势者自居，向对方提出不合理的交易条件，强迫对方接受，否则就威胁对方。被强迫一方出于维护自身利益或是维护尊严的需要，拒绝接受对方强加于己方的不合理条件，反抗对方的强迫。被强迫一方越是受到逼迫，就越不退让，从而使谈判陷入僵局。

4. 偶发因素的干扰结果

在商务谈判所经历的一段时间内有可能出现一些偶然发生的情况。当这些情况涉及谈判某一方的利益得失时，谈判就会由于这些偶发因素的干扰而陷入僵局。例如，在谈判期间市场环境发生突变，谈判某一方如果按原条件谈判就会蒙受利益损失，于是他便推翻己方做出的让步，从而引起对方的不满，使谈判陷入僵局。

5. 谈判者行为的失误

谈判者行为的失误常常会引起对方的不满，使其产生抵触情绪和强烈的对抗，使谈判陷入僵局。例如，个别谈判人员工作作风、礼节礼貌、言谈举止、谈判方法等方面出现严重失误，触犯了对方的尊严或利益，就会产生对立情绪，使谈判很难顺利进行下去，造成很难堪的局面。

(二)制造和利用僵局

在出现僵局所形成的压力下，谈判者往往会心急如焚，甚至会病急乱投医，并会以大幅度的让步来试图排除这股压力，结果是利益上的让步。因此，谈判者应该学会制造和利用僵局。

制造僵局通常都要考虑以下几个方面。

(1) 让对方有选择的余地。

(2) 给自己留有余地。

(3) 对于僵局的产生是由于未能达成协议而引起利益损失，而不是源于双方自尊心的损害(除非搞得太僵)，渡过僵局最好的办法不是相互道歉，而是达成协议。

(4) 制造僵局的同时找到走出僵局的办法。

(5) 确信自己是有道理的，造成僵局是由于对方的过错。

(6) 谈判者敢于利用僵局，但不伤害感情。面对僵局，关键在于有一套有效的消除敌对情绪的办法。因此，为了达到"不打不成交"的效果，谈判者必须精心设计出一套完整的缓和情感的方案。

(三)解决僵局的方法

一般来说，如果僵局是你制造的，自然应由对方率先采取行动；如果是双方制造的僵局，那么，就应积极主动一些，采取积极的措施。要知道，僵局的发生并不完全是由于重大的原因造成的，而可能是由于一些小事产生的。例如，双方性格的差异，怕失去面子，内部人事不和等。因此，要弄清楚僵局产生的真实原因是什么，分歧点究竟是什么，谈判的形势怎样，然后运用有效的策略技巧突破僵局，使谈判顺利进行下去。

解决僵局有如下方法。

1. 事先在谈判方式上避免

为了避免僵局可以采用互惠的谈判方式。互惠方式是谈判双方均认定自身需要和对手需要，然后共同探讨满足双方需要的一切有效可行的途径。使用这种谈判方式的谈判者，视对方为解决问题者，而不是敌人；追求的目标是在顾及效率及人际关系情况下满足需求。对对方温和，但在谈判的主题上采取强硬态度，讲理而不屈服压力，眼光摆在利益上，而非立场上，探寻共同利益，而不是单纯以自身受益为达成协议的条件。

另外采用多项齐头并进的横向谈判也是事先避免僵局的好办法。运用该种方法，可以保持谈判的机动性。例如，将价格、付款条件和方式、交货条件及售后服务等项做全面性的谈判。由于各个项目之间可以做伸缩性的调整，因此，当其中一项谈判遇到难点时，可转到另一项上，或是当某一项不得不做退让时，也可以设法由其他项目获得补偿。这种策略的主要缺点是进展缓慢，但可避免僵局发生，减轻压力。

2. 回避分歧，转移议题

当双方对某一议题产生严重分歧，都不愿意让步而陷入僵局时，一味地争辩是解决不了问题的。可以采用回避有分歧的议题，换一个新的议题与对方谈判。这样做有两点好处：一是可以避免耽误时间；二是当其他议题经过谈判达成一致之后，对有分歧的问题产生正面影响，再回过头来谈陷入僵局的议题时，气氛会有所好转，思路会变得开阔，问题的解决会比以前容易得多。

3. 准备可供选择的多种方案

如果双方仅仅采用一种方案进行谈判，当这种方案不能为双方同时接受时，就会形成僵局。实际上谈判中往往存在多种满足双方利益的方案。在谈判准备期间就应该准备出多种可供选择的方案。一旦一种方案遇到障碍，就可提供其他的备用方案供对方选择，使"山重水复疑无路"的局面转变成"柳暗花明又一村"的美景。谁能够创造性提供可选择的方案，谁就能掌握谈判的主动权。当然这种替代方案要既能维护己方切身利益，又能兼顾对方的需求，才能使对方对替代方案感兴趣，进而从新的方案中寻找双方的共识。

4. 尊重对方，有效退让

当谈判双方各持己见陷入僵局时，谈判人员应该明白，在谈判桌上的目的是为了达成协议，实现双方共同利益。如果促使合作的退让所带来的利益要大于固守己方立场导致谈判破裂的收获，那么退让就是聪明有效的做法。采取有效退让的方法打破僵局的原因：有三个：一是己方在某些问题上稍做让步，而在其他问题上可以争取更好的条件，在眼前利益上做一点牺牲，而换取长远利益；在局部利益上稍做让步，而保证整体利益；二是多站在对方的角度看问题，消除偏见和误解，对己方一些要求过高的条件做出让步；三是传递合作诚意和尊重对方的宽容，促使对方在某些条件上做出相应的让步。

5. 暂时休会

当谈判出现僵局而一时无法用其他方法打破僵局时，可以采用暂时休会的方法。由于双方争执不下，情绪对立，很难冷静下来进行周密的思考。休会以后，双方情绪平稳下来，对前一阶段的谈判进行总结，考虑一下僵局会给己方带来哪些利益和损害，环境因素有哪些发展变化，谈判的紧迫性如何等。另外也可以在休会期间向上级领导做汇报，请示一下高层领导对处理僵局的指导意见，以便谈判者采取下一步的行动。再有，可以在休会期间让双方高层领导进行接触，融洽一下双方僵持对立的关系，或者组织双方谈判人员参观游览、参加宴会、舞会和其他娱乐活动。在活动中双方在轻松愉快的气氛中进行无拘无束的交流，进一步交换意见，重新营造友好合作、积极进取的谈判气氛。经过一段时间的休会，当大家再一次坐到谈判桌上时，原来僵持对立的问题会比较容易沟通和解决，僵局也就随之被打破。

6. 据理力争

当对方提出不合理条件，制造僵局，给己方施加压力时，特别是在一些原则问题上，要以坚决的态度据理力争。因为这时如果做出损害原则的退让和妥协，不仅损害己方利益和尊严，而且会助长对方的气焰，所以，己方要明确表示拒绝接受对方的不合理要求，揭露对方故意制造僵局的不友好的行为，使对方收敛起蛮横无理的态度，自动放弃不合理的要求。使用这种方法首先要体现出己方的自信和尊严，不惧怕任何压力，追求平等合作的原则；其次要注意表达的技巧性，用棉里藏针、软中有硬的方法回击对方，使其自知没趣，主动退让。

7. 破釜沉舟

当谈判陷入僵局时，己方认为自己的条件是合理的，无法再做让步，而且又没有其他可以选择的方案，可以采用孤注一掷，背水一战的策略。将己方条件摆在谈判桌上，明确表示自己已无退路，希望对方能做出让步，否则情愿接受谈判破裂的结局。这个方法往往是最后一个可供选择的策略。在做出这一选择时，己方必须做好承受谈判破裂的心理准备。在己方没有做出充分的准备和己方没有多次努力尝试其他方法打破僵局时，不能贸然采用这一方法。这种策略使用的前提条件是己方的要求是合理的，而且也没有退让的余地，因为再退让就损害己方根本利益。另一前提条件是己方不怕谈判破裂。如果对方珍惜这次合作机会，有可能选择退让的方案，使僵局被打破。

8. 采取针对性的措施打破僵局

对实际上因为一些鸡毛蒜皮的小事而相持不下，产生的僵局，可以采用以下几种有针对性的措施来打破。

(1) 改变付款方式。如一次性付齐、分期付款等不同的付款方式。

(2) 更换谈判小组的成员或领导者。

(3) 调整冒险的程度。愿意分享未来的损失或利益，可能会使谈判重新开始。

(4) 改变原定的目标。

(5) 改变售后服务的方式。

(6) 变换数字或百分比。

(7) 找一个调解人。

(8) 给对方提供可选择的新方案。

(9) 在特定一些规格或者在条件上稍加修改。

(10) 组织双方人员参加研究讨论。

(11) 说些笑话，缓和气氛。

五、谈判中的障碍

在谈判中由于各方的观点、利益等有一定的差距，经常会遇到各种各样的障碍，如何处理谈判中的障碍是谈判人员必须面对的问题。

(一)对谈判障碍正确的认识

对谈判障碍正确的认识是解决障碍的前提条件，谈判人员要认识到以下几个方面。

1. 避免争论

遇到障碍进行争论会带来极大的灾难。所以应该记住：不管对方怎样激烈地反驳你，不管他的话怎样与你针锋相对，不管他怎样一个劲地想与你吵架，你也不要争论。你应当时刻想到你是在与对方合作，而不是与他们抗争。这种立场不但能帮你保持良好情绪，而且能帮你保持与对方的友好关系。如果你把自己看作对方的同盟，而不是敌人，就会产生同样的情感。坚决不跟他们打仗，双方都会避免伤害，争论只能使很少的人真心诚服。许多谈判者在听取对方发表反对意见时精神非常集中，他们在设法从对方的异议中发现一个可以赞同的论点，并把这个一致的论点重新发挥，然后在此基础上继续洽谈。

2. 不要在枝节问题上较真

如果对方有偏见或思想古怪，你的任务并不是去改造他，而只需注意对方对商品的意见，其他方面如政治问题、宗教问题、当地有争论的问题、新闻中的有争议人物和其他各种"热点"问题和谈判没有关系。聪明的谈判者一般都不接对方的话茬与之争论，如果对方说地球是方的，你可以一笑了之，然后继续谈判。所以不要因为枝节问题而使生意告吹，得不偿失。

3. 既要排除障碍，又不要伤感情

谈判者必须树立在不伤害对方的前提下消除障碍的思想。想要做到这点，需要注意的有这几个方面：一是不责怪，让对方保住面子，尽量不伤他的自尊心，又让他认识到自己

的错误；二是在回答对方的辩驳之前，先做一些让步，可以消除其锋芒；三是尊重对方意见，转移目标；四是在必须进行反驳时，应当先赞扬他。

4. 不可刺激对方的心理障碍

对于谈判对手的任何具体意见不要让对方觉得你在讽刺挖苦他的看法和对其意见不屑一顾，对其心理障碍大做文章也同样会犯致命的错误。你必须用坦率的态度和清晰有力的语言回答每一个恳切的问题，一定要让对方感到你的回答是可以理解的，并让他们对你的回答方式感到满意。如果对方满意，就赶快离开这个问题，去进行其他项目。在一个问题上纠缠的时间过长，对方会觉得越发重要，会把问题放大。

(二)选择合适的时机排除障碍

一般情况下，只要出现障碍就应当立即排除。假设对方提出了一个反对意见，而你不进行马上回答，而是以后再解释，对方不但不会忘记自己的意见，而且会担心此问题不会再被提及，再也听不进去你以后讲的话。拖延回答还会使对方觉得你有意回避，不敢正视此问题，因而不关注你的论点。有时，对方的一个思想问题正是达成交易的唯一障碍，一旦这个问题得到圆满解决，即可成交，谈判者应该及时抓住这样的良机达成协议。因此，在绝大多数的情况下，只要对方提出异议或疑问，谈判者就应当立即回答。不过，在几种特定的情况下，不立即排除障碍或拖延回答质疑是完全正确的。这些特定情况包括以下几个方面。

1. 过早提出价格问题

这种情况也可称作"价格障碍"。它经常出现在谈判的初期，这时谈判者还没有激发起对方的购买欲望，也未能完全展示产品的价值。这往往是那些根本不愿听取商品介绍的人故意设置的障碍。当对方过早与你争议价格时，你可以暂时避而不谈，继续介绍商品，直至使其获得商品的足够信息并能够理智做出决定时再与他讨论。

2. 提前提出问题

对方提出的质疑与正在讨论的事情无关，或属于下面要谈到的问题，允许拖延回答。这时立即回答对方的质疑，就会干扰谈判者正在讨论的问题，或将介绍引入徒劳无益的歧途，从而使整个谈判陷入一片混乱。

3. 琐碎无聊的问题

谈判中若对方的问题或议论太琐碎无聊，这时可以肯定他是在搞拖延战术。遇到这种情况可以运用以下话语来证明你拒绝回答他的问题是正当的。"感谢您对本商品这么有兴趣，我绝对想立即回答您的所有问题。但根据我的安排，您提的这些细节问题在我介绍商品的过程中都能得到解答。我知道您很忙，只要您等上几分钟，等我介绍完之后您再把我没涉及的问题提出来，我肯定能为您节省不少时间。"如果你在建议时面带微笑，绝大部分客户都会采取公正的态度，听取你的意见。有时，对方不等你回答，一连提出好几个问题。这时，你也应设法推迟回答其中的一些问题。很显然，你只能先回答一些问题再回答另一些问题，你可以面带笑容地说："您说得太快了。请告诉我，在这么多问题当中，您想首先讨论哪一个？"

(三)排除障碍注意的问题

究竟是立即排除障碍，还是推迟排除障碍，这要看具体情况而定。排除障碍很重要的一点就是事先做好准备。许多障碍是可以预防的，根据经验，某些问题一般会在某一阶段被提出来，你可以事先准备好答案，即采取充分的事先"预防"措施，防止对方率先提出问题，形成障碍。

当对某一普通问题自己已经准备了有说服力的答案时，你最好不要使用先发制人的策略，而让对方自己提出来，这样就等于把对方引入圈套，回答时还要带出这样的意思来："我若能给你一个满意的回答您就会签约吗？"

想要排除障碍除了有正确的认识和事先做好充分准备外，还要注意以下几个方面。

(1) 开口回答前要认真聆听对方的问题。

(2) 要对对方的意见表现出兴趣，不可露出轻蔑之意，让对方觉得自己的话很有价值。

(3) 不要过快做出回答。即使对方的意见对你来说是个老问题，答案早已背下来，你也要停顿一段时间。这种停顿不但能赢得对方的欢心，而且能使他感到轻松愉快。

(4) 在回答问题之前复述一下对方的观点。复述对方的观点一定不要歪曲原意，复述还能提供给你一小段时间来考虑用什么方法回答最好。当然复述有可能会令对方觉得他的观点具有重要的意义和真正价值。因此，一般来说，在对方的观点含混不清或复述后更便于反驳时，进行复述才是最有效的方法。

第三节　磋商过程的策略

商务谈判策略是谈判者对谈判过程中各项具体的活动所做的谋划。策略是采取什么手段或使用什么方法的问题，目的是最终实现预期的谈判目标。磋商阶段是商务谈判的核心环节，磋商的过程及其结果直接关系到谈判双方所获利益的大小，决定着双方各自需要的满足程度。因而，选择恰当的策略来规划这一阶段的谈判行为，无疑有特殊重要的意义。

磋商既是双方求同存异、协商确定交易条件的过程，也是双方斗智斗勇，在谈判实力、经验和智力等诸多方面展开全面较量的过程。磋商阶段的谈判策略是最丰富多样的，本节将介绍一些较为常见的策略。

一、商务谈判策略的含义与特征

(一)商务谈判策略的含义

商务谈判是"合作的利己主义"的过程。在这个过程中，参与谈判的各方都要为自己获得尽可能多的利益而绞尽脑汁。商务谈判策略的实施需要考虑各方面的因素，要考虑是个人还是小组谈判、谈判的时间、权威和信息因素、谈判时的地位和所采用的姿态、谈判中冲突的情况等。然后经过分析采取哪种策略比较合适，单一策略是否可以实现目标，如果达不到目标可使用多种综合策略。作为一种复杂的智力竞争活动，谈判高手无不借助谈判策略的运用来达到目的。因此，谈判策略选用是否得当，能否成功，是衡量谈判者能力高低、经验丰富与否的主要标志。

1. 什么是商务谈判策略

商务谈判策略是对谈判人员在商务谈判过程中为实现特定的谈判目标而采取的各种方式、措施、技巧、战术和手段组合运用的总称。

商务谈判策略是一个集合概念和混合概念。一方面，它表明商务谈判中所运用的单一方式、技巧、措施、战术和手段等都只是商务谈判策略的一部分。对于策略，谈判人员可以从正向来运用，也可以从反向来运用；既可以运用策略的一部分，也可以运用其中几部分及多部分的组合。另一方面，它还表明商务谈判中所运用的方式、战术、手段、措施和技巧等是交叉联系的。多数商务谈判策略是事前科学决策的结果，也是谈判实践的经验概括。谈判中所采取的许多策略，都要经历运筹的过程，只有经历这一过程，才能准确、恰当地选择和使用商务谈判策略。

2. 商务谈判策略内容和目标

商务谈判策略的内容是指策略本身所要解决的问题，是策略运筹的核心。例如，在商务谈判中，价格谈判策略本身所要解决的问题就是产品或服务的价值及其表现的内容。

商务谈判策略的目标是指策略要完成的特定任务，表现为谈判本身达到的目的是什么。例如，在商务谈判中，价格谈判的目标表现为特定数量的收益和支出的多少。

3. 商务谈判策略的要点

商务谈判策略的要点是指实现策略目标的关键点之所在。例如，谈判中的价格让步策略，运筹它的关键在于"让步"的学问和技巧，把握和运用好让步的"度"是运用好这一策略的关键点。需要注意的是，有的策略的要点不止一个，比如，"出其不意"这一策略的要点就有两个：一个是"快速"，以快制胜；另一个是"新奇"，以奇制胜。因此，在使用策略时要注意其要点所在。除此之外，商务谈判策略的运用要在具体的条件和时机下使用，不可生搬硬套。

(二)商务谈判策略的特征

商务谈判策略具有以下几个方面的特征。这些特征是在长期的商务谈判实践经验和教训的基础上总结、概括出来的。

1. 预谋性

商务谈判策略集中体现了谈判者的智慧和谋略。从一定意义上讲，商务谈判策略是谈判人员集体智慧的体现。在谈判中，策略的运用都是有目的的，无论遇到什么样的情况和复杂的局面，选择和使用什么样的应对策略，谈判人员事先已经进行了全面商讨与筹划。策略的产生过程就是策略的运筹过程，也就是对主客观情况的分析、评价和判断的过程。在商务谈判中，如果没有对策略的事先筹划，一定会处处被动，只有招架之功，没有还手之力。

2. 针对性

商务谈判是一种应对性很强的活动。在商务谈判中，任何策略的运筹都有明显的针对性，它必然是针对谈判桌上的具体情况而采取的谋略和一系列举措。

在商务谈判中，谈判人员一般主要针对商务谈判的目标或内容、人员风格以及对方可能采取的策略等来制定己方的策略。有效的商务谈判策略必须对症下药，有的放矢。在商务谈判中，卖方为了卖个好价钱，一般会采取"筑高台"的策略，实施"喊价要高"的战术。针对这种情况，买方往往采取"吹毛求疵"的策略，实施"还价要低"的战术予以应对。策略与反策略的运用，是商务谈判策略针对性最明显的体现。

3. 时效性

几乎所有的商务谈判策略都有时间和效用的特点。一定的策略只能在一定的时间内产生效用，超过这一特定的时间，商务谈判策略就没有了针对性和效果性。

商务谈判策略的时效性表现在以下几个方面。

(1) 某种策略只适合在商务谈判过程中的某个阶段使用。通常情况下，疲劳战比较适合远距离出差的谈判者使用。

(2) 在特定的时间使用。例如，最后通牒策略规定了具体的日期和条件。

(3) 在特定的环境中使用才有预期的效果。

4. 灵活性

在商务谈判中，无论考虑得多么周密，方案计划得多么详细，都会因商务谈判环境的变化而使一些事先谋划的策略不符合实际，不会产生预期的效果。在这种情况下，商务谈判人员必须根据谈判的实际情况、过去的经验和现时进行创新，随机应变。策略的产生与应用是一个动态的变化过程，需随时吸收信息，及时做出反馈，进行灵活的调整。

5. 保密性

在具体的商务谈判实践中，谈判策略一般只为己方知晓，而且要尽可能有意识地保密。保密己方策略的目的在于预防对方运用反策略。在商务谈判中，如果对方对己方的策略或谈判套路了如指掌，对方就会在谈判中运用反策略，应对自如，处于主动的地位。

6. 艺术性

商务谈判策略的运用及其效果必须具有艺术性。一方面，策略的运用要为自己服务，为实现己方的最终目标服务；另一方面，为了使签订的协议能保证履行，还必须保持良好的人际关系，人际关系的好坏也是判断商务谈判成功与否的标准之一。艺术地运用策略确实能体现出谈判人员水平的高低、技巧的熟练程度、运用是否得当等，更关系到目标实现的理想程度。

7. 组合性

前面已经论述，商务谈判策略是一种集合和组合的概念，它包括了在商务谈判过程中对谈判方式、战术、手段、措施和技巧等的综合运用。单一的策略很难在实际谈判中取得良好的效果，也容易被对手识破，而需要把多个策略组合在一起使用，才能取得令人满意的效果。

充分认识和把握商务谈判策略的特征，有助于谈判人员在实践中灵活有效地运用策略。

二、较量过程针对人心理因素的策略

在谈判中有些策略是针对谈判对手心里的策略，其基本目的是把对方个人的利益与团体的利益分开，扩大二者之间的差异，达到使对方的人员与己方合作的目的。具体有如下几种。

1. 让对手有满意感的策略

这种策略主要是通过建立谈判人员之间的友好情感，使谈判在友好的气氛下进行，达到合作的目的。比如帮助对方人员解决各种个人困难，形成良好的个人之间的关系，使谈判争论的氛围降低。

1)　感化策略

人是有感情的，在谈判过程中，经过接触和交往，相互尊敬、相互体谅就能建立良好的工作关系，从而使每一次谈判变得顺利和有效率。"感化"作用的发挥要求谈判者在任何场合，任何内容的谈判中，不使对方难堪。即使对手语言过激，也要忍耐，不要因人的情绪问题影响谈判的进行，要把对手看成解决问题的伙伴，想方设法用坦诚的态度和诚恳语言感化对方。

2)　私下接触策略

该策略是指谈判者有意识地利用空闲时间，主动与谈判对手一起聊天、娱乐，目的是增进了解、联络感情、建立友谊，从侧面促进谈判的顺利进行。

3)　润滑策略

润滑策略是指谈判人员在相互交往过程中馈赠一些礼品以表示友好和联络感情。这是国内外谈判经常采取的一种策略。但它容易产生副作用，为了防止其副作用，需要注意的是：第一要根据对方的习俗选择礼品；第二是礼品的价值不宜过重；第三是送礼的场合要适合，一般不要选在初次见面的场合。

4)　甘作替罪羊

你的谈判对手会做错事，如果问题不特别严重又能轻易地加以纠正，那就别管责任是不是你的，只管爽快的主动地承担下来。

5)　恭维策略

恭维策略也叫奉迎策略，在谈判时，要抛出一些让对手高兴的赞美话，例如，对方对你大加吹捧，使你在飘飘然中就中计了。因此，不要太虚荣，虚荣是成功的绊脚石。此策略有时候也可以反过来用，比如对手会向你的上司告你的状，这是这种策略的变形。

2. 离间分化对方的策略

这种策略主要是使对方内部互相怀疑，分离对方的团队。在实际谈判过程中经常采用单独约请对方的某一个成员私下参加各种活动，以制造对方内部的不和谐，使之在谈判桌上出现矛盾，从而达到预期的目的。针对这种情况，谈判人员要相互信任，集体活动，私下少和对方来往，遵守谈判的纪律，防止对方采用这种夹楔子的计策。

3. 利用对方情感的中性策略

1) 请求帮助的策略

谈判时，利用对方的恻隐的心理，以弱者的身份向对方请求帮助，有时会取得满意的结果。要训练自己，培养一种"谦虚"习惯，多说"我不懂""我不明白""你给我弄糊涂了了""我要向你请教"等。在谈判时使用这种策略应该针对感情型的主谈人，你会得到他的帮助。

2) 谈判升级的策略

在谈判进行不下去时，可以提高谈判人员的级别，更有利于问题的解决。高层领导可以在方向上达成一致意见，下面的具体问题就迎刃而解了。

3) 利用中间人的策略

有时候谈判进行不下去了，找一个双方都熟悉的或者有威望的中间人出面调解，事情很容易就解决了，因此中间人一定要在当事人的心目中有一定地位。

三、谈判中针对对方人员的策略

1. 沉默的策略

谈判开始就保持沉默，迫使对方先发言。运用沉默策略要注意审时度势，运用不当，谈判效果会适得其反。要有效地发挥沉默策略的作用，首先，做好准备，要明确在什么时机运用该策略，事先要准备好使用哪些行为语言。在沉默中，行为语言是唯一的反映信号，是对手十分关注的内容。如果是多人参加的谈判，要统一谈判人员的行为语言口径。其次，要耐心等待。只有耐心等待，才可能使对方失去冷静，形成心理压力。

2. 以柔克刚

这种策略是指对咄咄逼人的谈判对手，可暂不做出反应，以静制动，以持久战磨其棱角，挫其锐气，使其筋疲力尽之后，己方再发起反攻，反弱为强。运用以柔克刚策略必须树立持久战的思想，同时还要学会利用迂回策略和以守为攻策略。

3. 心理操纵

这种策略是为了让其心里不舒服，使其希望尽可能快地完成这项谈判。谈判中发生心理战，有多种情况。在谈判过程中人员会受到心理上影响，如屋内嘈杂、室内温度太高或太低、没有私下跟伙伴磋商的空间等。这些都会使人心烦，希望快速结束谈判。如果已经发现环境不利，就不要迟迟不肯说，面对上述的几种情况，可以建议改变座位，休息一会儿，或是提议改到另一个地点和时间进行。无论遇到什么情况，你都要认清问题的性质，然后提出来，跟对方协商找一个可以依据客观情况进行谈判的环境。

除了操纵谈判环境外，对方还可以采用语言或非语言的交流方式使你感到不舒服。他们会品评你的衣着或外表。例如，"你看起来好像一夜没睡，是不是工作不顺利？"以此来贬低你的地位和形象。也许他们暗示你无知；也许他们故意不听你说话，然后让你重述；也许他们故意不看着你等。无论发生哪种情况，只要你把对方的伎俩识破，就能使之失效，更能阻止其故伎重演。

4. 疲劳战

你去异地谈判时，对方可能热情地接待你，给你安排很多丰富的活动，让你累得筋疲力尽，甚至让你休息不好。目的是让你在谈判的时候没有足够的精力，可能很多问题就草草了事了，放弃了应该坚持的内容。

5. 争取同情的策略

争取同情的策略也叫感将法。对方在谈判的过程，表现地位比你低，向你示弱，并且提出哀而动人的口号，同时把你捧得非常高，这时你很容易就答应了对方的要求。因此，谈判人员如果遇到示弱者一定要小心，不要被蒙蔽。

6. 激将的策略

在谈判时，对方用语言和其他方式刺激你不敢承诺某事。经常说："这样的小事你都做不了主，很遗憾"等的话。你如果为了面子，就会轻易地答应他们的要求。

四、针对谈判过程的策略

在谈判过程中，会出现各种情况，因此，需要根据不同的情况采取相应的策略。

1. 缓冲策略

该策略是指在谈判空气紧张时，适时采取调节手段，使之缓和。缓和紧张气氛的手段主要有以下几种。

(1) 转移话题。例如，讲些当前国内外的大事或名人佚事，也可以开些比较轻松的玩笑等。

(2) 临时休会，使谈判人员适当休息，以便失掉不平衡感。

(3) 回顾成果，使谈判双方醒悟方才的过失。

(4) 谈些双方比较容易达成一致意见的议题。

2. 休会策略

当商务谈判进行到一定阶段或遇到某种障碍时，谈判双方或一方提出休会一段时间，使谈判双方人员有机会调整对策和恢复体力，推动谈判的顺利进行。休会一般是由一方提出的，只有经过对方同意这种策略才能发挥作用。那么怎样才能取得对方同意呢？一是看准时机，当谈判处于低潮或出现了新情况难以调和时，一方提出休会，对方一般不会拒绝；二是提出休会的方式要委婉。

3. 拖延讨论时间的策略

提出大量细节问题，在细节上长时间纠缠，会使他们感到烦躁和紧张，从而使他们就某些有争议的议题达成协议。

4. 虚张声势的策略

在有些谈判中，双方在一开始都会提出一些并不期望能实现的过高的要求，随着时间的推移，双方再通过让步逐渐修正这些要求，最后在两个极端之间的某一点上达成协议。

谈判者可能会将大量的条件放进议事日程中，其中大部分是虚张声势，或者是想在让步时给对方造成一种错觉，似乎他们已做出了巨大牺牲，但实际上只不过放弃了一些微不足道的东西。

5. 不好意思的策略

在对方做出较大让步后，表示惭愧和不好意思，可以使对方在其他方面的谈判不会以此为借口，向己方提出更多的要求。在使用此策略的时候要注意表扬对方的合作态度，减少和缓和矛盾。

五、商务谈判不同地位的应对策略

在商务谈判过程中，由于谈判人员在素质、经济实力、拥有的信息量、准备的情况等方面存在着许多差异，因此，总会存在被动、主动和平等地位的区别。当谈判人员所处的地位不同时，就会选择不同的谈判策略来实现自己的谈判目标。

(一)处于平等地位的谈判策略

在双方地位平等条件下，谈判的基本原则是平等互利，求同存异。按照这个原则，首先要建立一种热情友好的合作气氛与环境，然后双方才能融洽地进行工作。在这种条件下，判断的策略有以下几种。

1. 抛砖引玉的策略

抛砖引玉策略是指在商务谈判中主动地提出各种问题，但不提解决的办法，让对方去解决的一种战术。它一方面可以达到尊重对方的目的，使对方感觉到自己是谈判的主角和中心；另一方面，自己又可以摸清对方底细，争得主动。但该策略在两种情况下不适用以下两种情况：一是在谈判出现分歧时不适用；二是在了解对方是一个自私自利、寸利必争的人时不宜使用。因为对方会乘机抓住对他有利的因素，使你方处于被动地位。

2. 避免争论的策略

谈判人员在开谈之前，要明确自己的谈判意图，在思想上进行必要的准备，以创造融洽、活跃的谈判气氛。然而，谈判双方为了谋求各自的利益，必然要在一些问题上发生分歧。分歧出现以后，要防止感情冲动，保持冷静，尽可能地避免争论。因为，争论不仅于事无补，而只能使事情变得更糟。最好的方法是采取下列的态度。

(1) 冷静地倾听对方的意见。在谈判中，最好的方法是让他陈述完毕之后，先表示同意对方意见，承认自己在某些方面的疏忽，然后提出对对方的意见进行重新讨论。

(2) 婉转地提出不同意见。在谈判中，当你不同意对方意见时，切忌直接提出自己的否定意见，最好的方法是先同意对方的意见，然后再作探索性的提议。

(3) 分歧产生之后谈判无法进行，应马上休会。

3. 声东击西的策略

该策略也被称作"明修栈道，暗度陈仓"。在商务谈判中，该策略是指己方为达到某种目的和需要，有意识地将洽谈的议题引导到无关紧要的问题上做声势，转移对方注意力，以求实现自己的谈判目标。具体做法是在无关紧要的事情上纠缠不休，或在自己不成问题的问题上大做文章，以分散对方对自己要解决的问题上的注意力，从而在对方无警觉的情况下，顺利实现自己的谈判意图。比如，对方最关心的是价格问题，而己方最关心的是交货时间。这时，谈判的焦点不要直接放到价格和交货时间上，而是放到质量上。

(二)处于被动地位的谈判策略

当己方在谈判中处于被动地位时，应避其锋芒，设法改变谈判力量的对比，以达到尽量保护自己、满足己方利益的目的。具体运用的策略是：忍耐、倾听和迂回。

在商务谈判中，占主动地位的一方会以一种咄咄逼人的姿态来表现自己，这时如果表示反抗或不满，对方会更加骄横，甚至退出谈判。在这种情况下，对对方的态度不做反应，采取忍耐的策略，以我之静待"敌"之动，以己方的忍耐，磨其棱角，挫其锐气，使其筋疲力尽之后，己方再做反应。如果被动的一方忍耐下来，对方得到默认和满足之后，反而可能会通情达理，公平合理地与你谈判。同时，对自己的目标，也要忍耐，如果急于求成，反而会更加暴露自己的心理，进一步被对方所利用。

处于被动地位的谈判者，应让对方尽可能地少讲多听，这样做既表示出对对方的尊重，也可以根据对方的要求，确定应对的具体策略。对方多谈，可以大大减少对方的逆反心理和戒备心理，也就会因此暴露过多问题。

如果与对方直接谈判的希望不大，就应采取迂回的策略，即通过其他途径接近对方。例如，联络感情，沟通了情感之后，再进行谈判。在谈判中利用感情的因素去影响对手是一种可取的策略。可以有意识地利用空闲时间主动与谈判对手一起聊天、娱乐、谈论对方感兴趣的问题；也可以馈赠小礼品，请客吃饭，提供交通食宿的方便；还可以通过帮助解决一些私人的疑难问题等。从而达到增进了解，联络感情，建立友谊，从侧面促进谈判的顺利进行。

(三)处于主动地位的谈判策略

处于主动地位的谈判者，可以利用自己的优势，迫使对方做出更大的让步，以谋取更大的利益。具体可以采取以下几种策略。

1. 减压的策略

在谈判中先给对方提出全面苛刻的条件，造成一种艰苦的局面。在这一先决条件下再做出退让，使对方感到欣慰和满足。此策略只有在谈判中处于主动地位的一方才有资格使用。同时，在具体运用该策略时，开始向对方提出的方案不要过于苛刻，否则，对方就会退出谈判。

2. 以战取胜的策略

当己方在谈判中处于主动或优势地位时，通过战胜对方来实现谈判目标，满足自己的需要。使用这一策略会有许多弊端。

3. 制造僵局的策略

实践证明，僵局作为一种威胁对方的策略，会有利于己方的谈判，尤其是己方处于主动地位时。但在制造僵局时应考虑一定的条件，前面已经论述过了，这里就不再重复了。

六、针对对方谈判作风的策略

在商务谈判中，谈判作风因人而异。就谈判人员个体或集体在谈判中所显现的态度和姿态看，主要有强硬型、不合作型、阴谋型和合作型等风格。针对对手的谈判作风不同，可以采取不同的应对策略。

(一)应对强硬谈判作风的策略

1. 争取承诺的策略

该策略是指在商务谈判中利用各种方法获得对方对某项议题或其中一部分的认可，争取到有利于自己的承诺，就等于争取到了有利的谈判地位。在商务谈判中无论哪方谈判代表，从信誉出发，通常总要维护自己已经承诺的条件。但有时候，谈判者为了加快谈判进程或躲避对方的追问，而有意识做出一些假的承诺。为此，对待承诺要善于区分，既不盲目听信，也不全盘否定，要认真考虑对方承诺的原因和内容，见机行事，以取得有利的谈判效果。

2. 软硬兼施的策略

软硬兼施又称双簧戏，是谈判桌上常见的进攻策略。一般在使用之前，应进行仔细的策划和排练。使用此策略的关键在于角色的选择，一般"白脸人"必须真正具有进攻性和威慑力，使人望而生畏并易于被人激怒；而"红脸人"必须善于逢场作戏，左右圆滑，十分理智。如果物色的人不适当，就会使对方一眼看穿，那就成为笑料了。当谈判气氛明显充满敌意，对方死守一点而决不让步时，"白脸人"就要出场，情节十分简单，他大发雷霆，尽力指责和诋毁对手，把空气搞得十分紧张。而其他人则一言不发或者不知所措，观察对方的反应寻找解决问题的办法。然后"红脸人"走出来试图缓和局面，他虽然劝阻自己的同伴，但是也要平静而明确地指出，这一场闹剧之所以出现完全是对方的态度所引起的。当"白脸人"发怒后，对方一般会被激怒，而后又会感到自己的做法有失情理。"红脸"演员使大家冷静下来，并说得那位怒气冲冲的"白脸人"变得收敛。如果"白脸人"善于做戏，他可以做出明显出于无奈的道歉，然后面带愠色继续谈判。通过这样的反复，实力对比会发生很大变化。双簧戏之所以有可能成功，就在于它利用了人们避免冲突的心理弱点。当然，并不是所有的人都惧怕冲突，所以要因人而用。

需要指出的是，在谈判中，充当强硬角色的在耍威风时应有理，切忌不要无理辩三分，此外，两种角色配合要默契。

3. 制造竞争的策略

这种策略是指在谈判中创造一种竞争的姿态。例如，"还有几个厂家正在与我们联系，他们都希望与我们的合作。"这种做法可以转变谈判中所形成的局面。运用该策略的前提条件是让对方知道你对所谈问题确实有多项选择。切忌不要在没有选择的情势下生硬地运用这种策略。

(二)应对"不合作型"谈判作风的策略

应对"不合作型"谈判作风的策略主要是针对其"以我为中心，善用谈判技巧"的特点。己方谈判人员，要坚信对方是可以改变的，按照求同存异，适度冒险，利益共享的原则进行。具体有以下四种策略。

1. 同化策略

同化策略是让对方能接受己方更多的观点，达到由不合作转变为合作的谈判。使用该策略时要掌握好以下七条原则：一是少说多听；二是说话语气温和，不作无谓争论；三是不急于说出自己的观点，要先让对方"露底"；四是用对手的话说出自己的观点；五是利用休会的时间与对方讨论谈判中的分歧点；六是对于一些不太重要的问题和要求，本着求同存异的原则，一笔带过；七是向对方提出一个具体建议，抛弃原有的无关紧要的问题。切忌千万不要做出轻率的让步。

2. 一揽子策略

一揽子就是要打破原有的秩序，把要讨论的议题搅和在一起，将事情弄得复杂化。通过搅和形成僵局，或促使对方在困惑时犯错误，或借此机会反悔已经答应的让步，有时还可以趁机试探对方在压力下保持机智的能力。

3. 诱敌深入策略

这种策略是将对方的注意力吸引到看起来对己方具有威胁，而事实上对己方较为有利的事情上。对方很可能因此而被误导，不至于采取我们所真正害怕的行动。这种策略成功的关键是对方是否相信诱饵。

4. 出其不意策略

这种策略就是在商务谈判过程中，突然改变谈判的方法、观点或提议，使对方为之惊奇或震惊，从而软化对方立场，施加某种压力的策略。出其不意策略的内容包括：提出令人意想不到的问题、新要求等；提出令人意想不到的时间，如截止日期的改变、谈判速度的突然改变等；令人意想不到的行动，如不停地打岔、退出商谈等；令人意想不到的表现，如提高嗓门、人身攻击等；令人意想不到的人物，如专家、权威的突然加入。实施出其不意策略的方法通常是采取紧急性和戏剧性的事件，让对方难以招架。

(三)对付"阴谋型"谈判作风的策略

在商务谈判中，有些人为了满足自身的利益和欲望，常使用一些诡计来诱惑对方达成不公平的协议。当遇到谈判对手使用一些阴谋型策略时，可以采取以下策略予以应对。

1. 反车轮战的策略

在商务谈判中，对手采取车轮战术，通过不断更换谈判人员的方法来使己方精疲力竭，从而迫使己方做出某种让步。通常可以采取以下策略来应付这种车轮战术。

(1) 及时揭穿对方的诡计，使其停止使用车轮战术。

(2) 找借口拖延谈判，让对手重新回到原来的谈判上。

(3) 对更换的谈判对手拒绝重复以前的陈述。

(4) 如果新对手否认过去的协定，己方也可以用同样的方法否认所做的承诺。

(5) 在消极对抗中不要忽视对方提出的新建议，抓住有利时机立即签约。

(6) 采用私下会谈的形式与新对手谈话，其用意是了解情况，也可以给对方设置障碍。

2. 应对用专家施压的策略

在商务谈判中，人们对专家的意见往往是比较看重的。有些谈判者就是利用人的这种心理，在谈判中对某个重要议题出现争论时，便请出所谓的专家给对方施加压力。应对这种做法的策略主要有以下几个方面。

(1) 沉着应战。面对专家不要畏惧，要用你熟悉的业务知识与专家交谈。抓住某些专家不太熟悉的技术难点向其进攻，使其难堪，达到使专家失去其权威的目的。

(2) 向对方表明，即使对手请出来的是位专家，他的观点只是学术观点，并不是谈判的协议，要想达成协议还需要洽谈双方可接受的条件。

(3) 自己不是专家的对手，可用无知作为武器。即表明这些东西我们不懂，无法确认其真伪，也无法对此做出什么承诺。这种做法可以给你带来许多好处，它能够使你有足够的时间去思考、请教专家，并考验对方的决心，还可以造成对方的失落感。

3. 对付抬价的策略

抬价策略在商务谈判中经常用到，它是否符合谈判惯例要看如何运用。当谈判双方已经谈好价款，第二天供方却又突然要求提价，需方尽管很生气，但为了避免谈判破裂的损失，也只好再和供方磋商。最后结果肯定以较高的价格成交，这种情况称为抬价。抬价作为一种常见的现象，在商务谈判中经常出现。其中，有些抬价是不合理的，对待不合理的抬价，商务谈判人员可以采用以下办法。

(1) 直接指出对方的诡计，争取主动。

(2) 争取让对方在协议或合同上签名，这样可以防止对方以种种借口推翻。

(3) 让对方提供必要的某种保证，以防反悔。

(4) 终止谈判。

4. 对付既成事实的谈判策略

既成事实是谈判中一种不讲道理的策略，但在特定的条件下，使用它也可以讲出一些正确的道理来。为了防止既成事实给谈判造成损失的现象出现，谈判人员应掌握以下策略。

(1) 不轻易相信对方谈判者爽快地答应己方提出的要求。

(2) 要敢于向对方的领导抗议，若不能解决，可采用法律手段解决。

(3) 揭穿他们的行为，使对方的信誉扫地。

（4）在没有获得对方押金或担保时，不要预付货物或款项。

5. 将计就计的策略

这种策略是表面装糊涂，暗中筹划，寻机迫使对方让步或诱使对方上当。用这种策略来应对"阴谋型"谈判者，可视为上策。比如，谈判对手将其经营的产品换包装，售价由100元提高到150元，己方明知是骗局，但还是向对方表明愿出120元购买，并当下预付少量订金。一般来说，对手不再考虑其他买方了。如果己方本身还有存货可以低于对手价格出售，如果想要这批货源，可拖些时候再来惠顾，到那时，己方可以提出种种理由来杀价。例如，现在市场价格最多只能值80元了，因此，实在无法继续按120元完成交易。一般情况下对手只能接受。

6. 兵临城下策略

这种策略是指对你的对手采取大胆的胁迫做法，看对方如何反应。虽然它具有冒险性，但对于"阴谋型"的谈判代表时常有效。因为谈判对手本想通过诡计诱使己方上当，一旦被识破，反击过去，一般情况下会打击对手的士气，进而迫使其改变态度，或是重新谈判。

(四)应对"合作型"谈判作风的策略

"合作型"谈判作风的人是人们最愿意接受的。因为他的最突出的特点是合作意识强，能给谈判双方带来皆大欢喜。应对"合作型"谈判作风的策略有以下三种。

1. 投石问路的策略

这一策略就是在谈判过程中，向对方提出一些假设条件用来探知对方的意向。常常借助"假如……那么……"或者"如果……那么……"的问话来实现。这样的问话在谈判中往往很有效用。例如，"假如我与你签订长期合同，那么你怎样让步呢？假如我方一次性付款，那么你会怎样？假如我方向你提供技术咨询，那么你会给我方什么优惠？"对这些问题的回答，对方往往会暴露他的底数或留下口实。由于这种做法比较灵活，使谈判在轻松的气氛中进行，有利于双方达成互利互惠的协议。一般来说，假设条件的提出应在谈判的开局至还价阶段。

如何应对"投石问路"策略呢？有经验的谈判者在接到对方假如条件后，通常的做法是：不马上回答，而是要求对方以承诺一些提议作为条件，才给予回答；反问对方是否马上签订合同，转移对方的注意力，用"我们都可以考虑一下"的回答拖延时间，以便充分考虑再做回答。谈判的实践表明，有效地运用"假如……那么……"问话和破解，可以使谈判双方达成公平协议。

2. 限定谈判期限策略

此策略就是明确谈判的结束时间。这样做可以使谈判双方充分利用时间，在不违背互利互惠原则的前提下，灵活地解决争议问题，适时做出一些让步，使谈判圆满结束。运用该策略时应注意两点：一是提出的时间要恰当，如果过早地提出最后期限，会给双方造成时间上的压力，造成消极的影响；二是提出的方法要委婉，强硬提出最后期限，会引起对方不满，最好与对方商定。

3. 以诚相待的策略

以诚相待的策略是指谈判人员在谈判过程中坚持开诚布公的态度，尽早向对方吐露自己的真实意图，从而赢得对方的通力合作。以诚相待的策略的"诚"的度要视情节而定，因人而定。

七、针对谈判人员不同性格的策略

商务谈判人员的性格千差万别，归纳起来，主要有感情型、固执型和虚荣型三种类型。对待不同性格类型的谈判人员，应该采取不同的策略。

(一)针对感情型性格谈判人员的策略

感情型性格的谈判对手很容易被人接受。为了有效地应付感情型性格的人，必须利用他们的特点及缺点制订相应策略。感情型性格人员一般的特点是心胸开阔、富有同情心、与人为善、相互影响、着眼于战略问题、不拘小节、不能长时期专注于单一的具体工作、不适应冲突气氛、对进攻和粗暴的态度采取回避态度。针对上述特点，可以采用下面的策略取得谈判的成功。

1. 绵里藏针的策略

在谈判一开始就创造一种公事公办的气氛，不与对手谈得火热，彬彬有礼，在感情上保持适当的距离。与此同时，就对方的某些议题提出反对意见，以引起争论。这样就会使对方感到紧张，但不要激怒对方，因为一旦撕破脸面，很难指望会有好的结果。

2. 吹毛求疵策略

在谈判中，谈判一方为了实现自己的利益，专门对对方的提议或产品再三挑剔，提出一堆问题和要求，使对方在心理上产生压力，最终争取到讨价还价的机会。应对吹毛求疵通常的做法是：必须沉住气，因为对方的挑剔和要求，有的是真的，有的是假的；遇到了真实的问题，要能直攻腹地，开门见山地和对方私下商谈，要学会运用大事化小，小事化了的技巧；对于无谓的挑剔或无理的要求要给予理智的回击。

3. 蚂蚁搬家的策略

这种策略是指在向对方索取东西时一次取一点，最后聚沙成塔。这一策略抓住了感情型性格的谈判人员注重情感和面子的心理，所以很奏效。利用此策略时，不要引起对方的注意。此外，运用这一策略的人应具有小利也是利的思想，纵使是对方小的让步，也值得去争取。

(二)针对固执型性格的谈判人员的策略

在各类谈判中都会遇到固执型的谈判者，他们有一种坚持到底的精神，对其所认定的观点坚持不改，对新建议和新主张很反感。他们需要较长的时间来适应环境的变化，谈判中需要不断地得到上级的指导和认可，喜欢照章办事。对固执型谈判者可采用以下策略。

1. 放试探气球

该策略用来观察对方的反应，分析对方虚实真假。比如，买方向卖方提出一项对己方很有利的提议，如果卖方反应强烈，就可以放弃这种提议；如果卖方反应温和，就说明谈判有很大余地。这一策略还可以试探固执型谈判人员的权限范围。

2. 不开先例的策略

固执型谈判者所坚持的观点不是不可改变，而是不易改变。为了使对手转向，不妨以先例的力量影响他、触动他。当买方所提的要求使卖方感到为难时，卖方可以运用这一策略来应对。不开先例策略的内容包括：卖方向买方解释清楚，如果答应了你的要求，就等于开了一个先例，这样就会迫使己方今后对其他客户也提供同样的优惠，这是己方负担不起的。谈判的实践表明，这种不开先例的策略，对于卖方来说，是一个可用来搪塞和应付买方所提的不可接受要求的简便办法。

3. 以守为攻的策略

与固执型性格的人谈判是很痛苦的事情。一方面必须十分冷静和耐心，逐步向最终目标推进；另一方面，要准备详细的有关对手的资料，要注意把满足对方的部分需求与利用其弱点结合起来，进行攻击。

(三)针对虚荣型性格谈判人员的策略

对待虚荣型谈判对手的策略是针对其自我意识较强，好表现自己，嫉妒心理较强，对别人的暗示非常敏感的特点，在谈判时，一方面要满足其虚荣的需要，另一方面要善于利用其本身的弱点。在谈判时，可以使用以下四种策略。

1. 满足其虚荣的策略

与虚荣型谈判者洽谈，以他熟悉并以之为骄傲的东西作为话题，效果往往比较好。这样做可以为对方提供自我表现机会，同时己方还能了解对手的爱好和有关资料。但要注意到虚荣者的种种表现可能有虚假性，切忌上当。

2. 顾全面子的策略

谈判中各方都非常重视面子，失掉面子即使达成交易也会留下不良的后果，甚至会从交易中撤出。因此，必须记住，无论你是如何气愤或是为自己的立场辩护，都不要使用激烈的人身攻击，要顾全他人的面子。顾全对方的面子首先是提出的反对意见或争论应该针对所谈的议题，不应该针对人；其次，如果被逼到非常难堪的地步时，可找个替罪羊承担责任；最后，当双方出现敌意时，要尽量找出彼此相同的观点，然后一起合作将共同的观点写成一个协定。

3. 间接传递信息的策略

这一策略是依据由间接途径得来的信息比公开提供的资料更有价值的心理特点所设计的。例如，非正式渠道得到的信息，对方会更重视。运用此种策略的具体方法是，在非正式场合，由一些谈判中非常重要的角色有意透露一些信息。

4. 记录在案的策略

具有虚荣型性格的谈判人员，其最大的弱点就是浮夸。为了利用对方的浮夸，在谈判的过程中，对虚荣型的谈判人员的承诺要有记录，最好要他本人以书面的形式来表示。对达成的每项协议应及时立字据，要特别明确奖罚条款，预防他以种种借口否认。

八、谈判经常使用的一些策略

除了前面我们介绍的一些有针对性的策略，还有以下几种经常使用的策略。

1. 既成事实的策略

谈判中先斩后奏的做法足以给对方造成压力，这种既成事实的做法在谈判中也时常能遇到。买方运用这种手段向对方施加压力的办法有以下几种：以低于应付款额的汇票或支票作为清偿债务的全部；先向法庭控告，然后再设法庭外调节；先侵犯权益，然后再商谈补救措施；先将买进的原料进行表面处理，造成既无法退货又无能力清偿这笔债务的压力。卖方经常采用的手段包括：将有问题的商品延期运到买方，令买方没有时间更换和退货；收取 A 级品的货款，却提供 B 等级的商品；或者向买主说：“你的预付款已被用于交付税金，你必须再预付一笔款项，否则，你的订货将无法如期交付。”在商务谈判中，遇到此类情况时应采取下面一些有效措施来抵制这种压力。

在谈判签约时，充分运用法律手段，写明对违约者的惩罚措施，条文要细，令对手不敢轻率地违约；也可用其人之道还治其人之身，采用对手使用的方法给其施加压力，然后再与对手进行谈判；争取舆论的同情，使对手遭到舆论的责备；不应轻易将货款或商品付给对方，应在有充分的把握时，才能付款或付货。

2. 阴差阳错的策略

在谈判中，有时故意错误地概括对方的意思，会立即使对方纠正你的错误，这样压力就会从你身上再次回到对方身上。例如，在一次谈判中，一家商场在经过一段时间的调查后，他们对稳步发展的实力充满信心，这家商场同卖方谈判时，急于要有一个结果，争取马上成交。但是对方却说还要进一步会谈，并表示近来又有一些买主以更优的条件准备与他们商谈这笔贸易。他们还需等待跟那些买主商谈，不过表示仍愿和这家商场打交道。这实际上是卖方向买方施加压力，以便取得更优的谈判结果。但是，这家商场的谈判人员没有马上回答卖方的要求，而是运用了卖方原来采用过的稳妥方法，告诉卖方：“我们需要对此讨论一下。”过了一天后，买方商场的谈判者，假装误解卖方的意图，告诉卖方说：“既然贵公司还想和别的买主成交，我们就不好继续谈下去了。因为我们现在提出的条件是最大限度的努力了。”这时卖方谈判人员就会很难处理，在没有办法的情况下，只能往回拉，可能会这样说：“我们是老交情了，在可能的条件下愿与你们商场合作，那现在就研究一下你们的条件？”这样就达到了目的，掌握了主动权。

3. 分而克之的策略

在多人参加的谈判场合，谈判的一方常常会对另一方的某一位成员下手，争取这一成员的好感和支持，以便从内部进行突破，致使其受到两方的攻击，处于内外交困的窘境。比如，进行医院药械采购的谈判，出售者可能会说服购买方的某一成员(医生)采用某种医药器械进行治疗，然后再推销该种器械。此时购买方将受到来自医生和对方的双重压力。因此，在谈判之前先取得己方成员行动一致，口径一致，以消除内部造成的压力，是非常必要的。谈判的任何一方都可以采用这种办法，了解对方谈判成员的组成情况以及这些人员的谈判经历、各方面素质及有何特点。然后根据所掌握的情况采取行之有效的手段各个击破。例如，可以与这些谈判者在家里或其他什么地点单独接触。采用提问的方式弄清他们的真正动机，搜集更多的信息，了解他们到底要得到哪些条件。并在可能的情况下，法律允许的范围内，帮助他们解决一些具体困难，包括帮助他出主意、想办法及解决难题，以赢得对方谈判者的好感，增强信赖程度，增加对方的谈判压力，使他们的谈判成员在相同的交易条件下选择己方为贸易伙伴。这样，会取得单纯在谈判桌上达不到的效果。

4. 假事实的策略

最古老的谈判诡计就是睁眼说瞎话，编造假的事情使对方相信，达到预期的目的。对于这样的对方，要把人与问题分开，除非你有充足的理由可以相信对方，否则就不要轻信对方。当然，不相信对方，并不是说称他为骗子，不要让对方把你的怀疑视为是对他个人的攻击。因此要对事情的本身进行分析、验证，从而避免受骗。

5. 空城计

空城计就是用假的代替真的策略。在谈判时，在一定范围内，把无数次假话由不同的人，通过各种方式传递给你，你就会相信对方的瞎话，尤其是在价格谈判时，更为有效。

6. 货比三家的策略

在谈判过程中，一定要进行多家比较，然后才能针对谈判对手的情况挑毛病。如何货比三家？不仅要在本地市场进行比较，更重要的是要在不同的市场中进行比较，特别是在国际商务谈判中，更是如此。

7. 最高预算的策略

在谈判进行到一定程度时，尤其是最后定价时，买方表示接受这个价格，但是又表示很遗憾，因为自己的预算是最高预算，达不到这个价格，没有办法。这时卖方一般就会降价，满足对方的要求，如同鸡肋一样。

8. 化整为零(化零为整)的策略

根据对谈判是否有利可以把多个条件合在一起进行谈判，发挥整体优势；也可以把各个条件分开进行，突出重点问题，这样可以对自己更有利。使用该策略的关键是事先应该有一个很好的筹划。

九、谈判人员应具备的应变意识

商务谈判较量过程是一个应变的过程，是双方使用策略与采取反策略的过程。谈判人员应该根据各方面的变化随机应变，这就意味着谈判者必须调整事先定好的战术以适应某种突如其来的变化，不可死抱某一策略不变。否则，谈判对手的一些异样反应就会打乱你的阵脚。谈判中常会出现一些异乎寻常的情况，为应对这些情况，必须有应变的思想意识。具体注意以下几个方面。

1. 接受意见并迅速行动

在谈判中，应适时接受谈判对手的合理意见并采取相应的行动。这种策略可使谈判对手感觉到自己的高明，人都喜欢让别人说自己正确，并喜欢让别人根据自己的意见迅速采取行动，讨厌自己的意见被置之不理或受到压制。因此，你的意见也就容易被接受了。

2. 不理会对方的叫嚷

谈判过程中，有时不应当理会对方的叫嚷，尤其是遇到说话嘻嘻哈哈的对手或他们的喊叫与谈判内容没有直接关系时，采取这种策略往往最合适。

3. 缓和气氛

4. 据理力争

有时候，谈判对手可能会发表一些不负责和完全不符合事实的言论，这时你应当反击对方污蔑不实之词。在进行反击时，不要直接批评对手，永远别说他们在胡说八道。为了让对方保住脸面，你应该指责第三者。

5. 适时撤退

有时谈判中需要采取撤退战术，尤其是在局势非常紧张的情况下，要让对方冷静，避免斗嘴，退避三舍为上策，以免控制不住说出不合时宜的话，追悔莫及。

6. 转变话题

谈判过程中，经常会遇到暂时解决不了的问题，这时你可以利用一句小笑话来引导对方谈论其他问题。当然，在讨论十分严肃的话题时这样做就不大可取了。

7. 消除干扰

在谈判过程中被别的事干扰是经常发生的，这会破坏谈判的连续性。处理这种情况的一种办法是重新开始时，要把已经说过的内容简要地回顾一下，不能仅仅从刚才被打断的地方讲起，这能使对方逐步回到主题上，并使他不漏掉你要介绍的内容。为让你的话听起来不像是重复，你要特别注意在追述要点时应更换一下言辞，在你看准对方的思想已经转回来并跟上你的节拍之后，你才可以介绍下一步的情况。

总之，谈判较量过程是谈判各方使用计策与谋略的互动过程，要使你的策略和计谋发挥作用，使用时就要遵循这样的原则：刻意运用，流于自然，不漏痕迹。策略是在实际中不断发展完善的，需要在实际使用中去感悟和体会。中国的老话"拳不离手，曲不离口"就是这个道理。

第四节　商务谈判的让步与进展

一、对谈判让步的认识

在商务谈判磋商阶段，对己方条件做一定的让步是双方必然的行为。如果谈判双方都坚持自己的阵线，不后退半步，谈判永远也达不成协议，谈判追求的目标也就无法实现。谈判者都要明确他们要求的最终目标，同时他们还必须明确为达到这个目标可以或愿意做出哪些让步，做多大的让步。让步本身就是一种策略，它体现谈判者用主动满足对方需要的方式来换取己方需要的合作意思。如何运用让步策略，是磋商阶段最重要的事情。

在谈判过程中，有利的一方总是比不利的一方能更好地控制自己让步的程度，特别是在谈判快要破裂时更为显著。成功的谈判者所做出的让步，通常都比对方小，他们比较吝啬，同时大都令人难以揣测，因为他们不停地改变自己的让步形式；失败者往往无法控制让步的程度，很多人在谈判刚开始时只做轻微的让步，甚至丝毫不肯让步，可是眼看着快形成僵局时，便忍不住退让了，而且往往因此做了一连串的大让步。

谈判中的让步说起来简单，但是做起来就不那么容易了，它牵涉到受益人用什么方法、在什么时候、以什么方式等几个方面的因素，只有通盘考虑周到后，才不致失误。

根据谈判的实践经验，形成了一些比较理想的让步方式，但也并不是一成不变的，只有在谈判中灵活运用，才能获得较理想的效果。在做出让步时，既要经过谨慎思考，步子稳妥，又要恰到好处，做到既没有大的损失，又使对方尝到甜头。这样才能使谈判进行下去，达到预期的目标。

二、让步的原则和因素

(一)让步的原则

商务谈判让步的原则主要有以下几个方面。

1. 维护整体利益

让步的一个基本原则是：整体利益不会因为局部利益的损失而造成损害，相反，局部利益的损失是为了更好地维护整体利益。谈判者必须十分清楚什么是局部利益，什么是整体利益；什么是枝节问题，什么是根本问题。让步只能是局部利益的退让和牺牲，而整体利益必须得到维护。因此，让步前一定要清楚什么问题可以让步，什么问题不能让步，让步的最大限度是什么，让步对全局的影响是什么等。以最小让步换取谈判的成功，以局部利益换取整体利益是让步的出发点。

2. 有条件让步

让步必须是有条件的，没有无缘无故的让步。谈判者心中要清楚，让步必须建立在一定条件的基础上，而且给对方的让步必须是有利于己方整体利益的。这些利益有可能是经济上的，也有可能是关系上的。当然，有时让步是根据己方策略或是根据各种因素的变化做出的。这个让步可能是为了己方全局利益，为了今后长远的目标，或是为了尽快成交而不至于错过有利的市场形势等。无论如何，要避免无谓的让步，要用己方的让步换取对方在某些方面的相应让步或优惠，体现出得大于失的原则。

3. 不要轻易让步

商务谈判中双方做出让步是为了达成协议，但是必须让对方懂得，己方每次做出的让步都是重大的让步。使对方感到是付出努力之后才能得到一次让步，这样才会提高让步的价值，也才能为获得对方的更大让步打下心理基础。

4. 适当的让步幅度和让步次数

让步的幅度要适当，一次让步的幅度不宜过大，让步的节奏也不宜过快。如果一次让步过大，会把对方的期望值迅速提高，对方会提出更高的让步要求，使己方在谈判中陷入被动局面。如果让步节奏过快，对方觉得轻而易举就可以得到需求的满足，因而认为己方的让步很容易，不需要付出多大代价，也就不会引起对方对让步的足够重视。因此，要让对方意识到得到你的每一次和每一点让步都是来之不易的。

5. 适时让步

让步时机要恰到好处，不到需要让步的时候绝对不要做出任何让步。让步之前必须经过充分的思考，时机要成熟，使让步成为画龙点睛之笔，而不要变成画蛇添足。一般来说，当对方没有表示出任何退让的可能，让步不会给己方带来相应的利益，也不会增强己方谈判的力量，更不会使己方占据主动的时候，不能做出任何让步。

6. 在次要问题上让步

要明确哪些是己方的重要问题，哪些是次要问题；还要清楚哪些是对方的重要问题，哪些是次要问题。在关键性问题上力争使对方先做出让步，而在一些不重要的问题上宁可考虑主动做出让步姿态，促使对方态度发生变化，争取对方的让步。

7. 不同等幅度让步

即使双方让步幅度相当，但是双方由此得到的利益却不一定相同。不能单纯从数字上追求相同的幅度，我们可以让对方感到己方也做出了相应的努力，以同样的诚意做出让步。但是并不等于幅度是对等的，同等幅度让步有可能进入对方的圈套。

(二)让步因素的选择

每个让步都能给对方某种好处，每个让步都是有成本的。人们所需要的满足并不像表面上那样简单，在让步以前，要先想想你将如何做。让步要选择相对来说成本最小的因素，而且这些因素必须是对方感觉满意的。下面几个因素便是让步时可以选择的内容。

1. 由谁让步给谁

让步的内容可以使对方满足或者增加对方的满足程度。让步给不同的人产生的效果不一样，由谁来让步的效果也不一样。所以谈判人员应该知道这一点。

2. 让步的利益所满足的对象

让步的利益满足对方哪方面对谈判最有进展。可以同时或分别给予对方公司、公司中的某个部门、某个第三者或者谈判者本人。

3. 让步的时间

让步的时间可以提前或延后，以此满足对方的要求。选择的关键是在于能够让对方马上就接受，没有犹豫不决的余地。

4. 让步的成本

自己所做的让步要考虑最终是由公司、公司中的某个部门、某个第三者或谈判者哪个来负担成本最小。

三、让步的方式

在许多情况下，谈判双方常常要做出多次的让步才能逐步地趋于一致。但是，何时让步，在哪些方面做出多大的让步，却又是极为复杂的问题，这与让步的具体方式是直接相关的。采用什么样的让步方式最为有效，应该根据不同情况来选择。主要有以下两种让步方式。

(一)理想的让步方式

理想的让步方式就是一方在另一方的压力下做出让步，而施加压力的一方不做任何让步。谈判中的让步是谈判双方的行为，一方做出某种让步，常常源于对方的要求，迫于其压力，或者是给予对方的一种回报，是对方付出了一定的努力后取得的结果。人们往往很珍惜那些来之不易的成果，而对轻易就可得到的东西并不看重，所以，某项让步是否能取得理想的结果，并不仅仅取决于量的大小，还取决于你是怎样做出的这个让步，或者说对方是如何争取到这一让步的。

在准备做出让步时，要充分考虑到每一次让步可能产生的影响，准确预见对方可能做出的反应，尽量使对方从中获得较大的满足。只有这样，才能保证自己的利益得以实现。

(二)互惠的让步方式

互惠的让步方式是指以己方的让步换取对方在某一方面的让步，谋求互利结果的一种让步方式。前面我们的分析虽然充分考虑了让步对另一方的实际影响及其可能产生的结果，但并未涉及另一方是否做出相应的让步，以及如何让步的问题。在商务谈判中，让步不应该是单方面的，谈判者要善于通过自己的让步来争取对方的某些让步。

互惠让步方式的实质是以让步换取让步。双方都需要付出一定的代价，然后才能获取相应的利益，并且，利益交换的结果对双方而言又都是有利的。运用这一方式的关键问题是控制让步的内容，即确定在哪些方面可以向对方做出让步，哪些是不能做任何退让的。在实际的让步过程中，谈判者应善于透过彼此的分歧，发现双方共同的立场和利益所在。

除了在那些对己方来说至关重要的方面必须坚持外，在有些事项上不要过于固执，而应灵活地做出让步，以便使己方的利益在其他方面得到一定的回报。谈判者可以通过下述两种途径来争取互惠的让步。

1. 直接途径

直接途径是把己方的让步与对方的让步直接联系起来。比如谈判人员可以这样来表达己方的意愿："我们认为在这个问题上可以满足你们的要求，只要在另外的一个问题上我们双方能达成一致。"

2. 间接途径

当谈判一方做出让步时，可以向对方表明，我们做出这一决定是为了与贵方合作，虽然与公司政策或公司决策者的要求相矛盾，因此在我们同意这样的条件后，贵方也必须在某一事项给我们有所回报，这样我们可以对公司有个交代。

四、让步的种类

商务谈判让步的种类主要有以下几种。

1. 有效适度的让步

谈判中一般不要做无谓的让步。在一些细微的问题上做出让步，可以换取对方在其他方面的相应让步，或给予一定的优惠，使对方感受到一种诚意。也就是说，在重要问题上，欲使对方做出让步，就要根据情况自己先做出让步，将心比心，换取对方的诚意，取得较好的效果。谈判中第一次让步幅度要小，否则，对方要求让步的标准会越来越高，让步的节奏也不宜太快。如果节奏太快会将自己置于软弱的地位，丧失主动权，也就难以换取对方做出的让步。

谈判时应将自己所要做的各种让步做好部署，如果毫无计划地随意接受对方首次所要求的条件，就会使对方的欲望不断升级。让步要让在适宜的火候上，恰到好处，而且要具有不可测性，使对方不知你在什么时候能让步，在什么问题上会让步，以免对方摸清底数。如果能迫使对方在一些重大问题上首先做出某些让步，那么己方也可根据具体情况做出一些相应的让步。如果自己的细微问题被对方认为是重大问题时，就要利用好这一细微问题上的让步，而使对方感受到这不是件轻而易举的事，并用此类问题牵制对方。

2. 显著让步

在谈判中一些谈判者先是要价较高，然后大幅度降价，使对方产生一种错觉，认为已没有油水可榨了，或者在连续几次的降价让步后，令对方不好意思逼人太甚。显著让步是在特殊时候或整体利益要求的情况下做出的，目的是为了获取对方的合作和获得更大的利益而采用的让步方式，同时也会让对方心理得到满足。但一定要使对方意识到，让后不可能再退让了，促使对方快下决心，否则有"泡汤"的危险。

3. 倾听

倾听也是让步。在谈判中要注意倾听对方所说的条件和要求，温和而有礼貌、圆满地进行解释，使之满意，让对方感到他们的谈判对手文明、理智，有信誉，是既精干又诚实的贸易伙伴。可见这种没有任何损失的让步，也是谈判中不可缺少的让步手段。

4. 双方同时让步

在实际业务谈判中，让步往往是双方的，一般由双方共同努力才能达到较理想的效果。例如，某公司欲订购一批产品，在谈判开始，买方愿意出价1 000元，而对方报价2 000元，在第一回报价后，双方都预计可能成交的价格在1 400元到1 600元之间。他们经过几个回合的讨价还价，最终以1 450元达成协议。在这次谈判中，他们具体让步的情况是这样的：

第一次买方出价1 000元，第二次出价1 200元，第三次出价1 400元；

第一次卖方报价2 000元，第二次报价1 700元，第三次报价1 500元。

双方经过三次的相互讨价还价，各自都做出了较大的让步。最后折中，以1 450元成交了。

从买卖双方的角度来看，买主通常要比卖主处于更为有利的地位。从上例中可以看出，买主的让步比卖主的让步幅度要小一些。其规律可归纳为：买主一开始只做小的让步，并放慢让步的节奏；而卖主开始则可做较大一些的让步，而后再放慢让步的节奏和缩小幅度。需要记住的是，在洽谈过程中，要恰到好处地在对方面前提起自己所做的让步，这将有助于抵制对方提出新的让步要求。

五、买卖双方可作为让步的内容

(一)买方让步的内容

买方让步的内容包括以下几个方面。

(1) 资金方面的内容：迅速支付货款，事先全部购买原材料，超义务信贷及某特定项目的合资经营。

(2) 提供技术援助。

(3) 批量订货。

(4) 如果原材涨价可以适当提高交货的价格。

(5) 中间商参与广告宣传。

(6) 买方向卖方提供紧缺的原材料。

(7) 推迟交货期。

(8) 降低包装要求。

(9) 自己安装。

(10) 长期经销。

在实际谈判中，还有很多内容，谈判人员可以根据实际情况，选择最有效的内容向卖方做出让步。

(二)卖方让步的内容

卖方让步的内容包括以下几个方面。

(1) 减少某些项目的价格。

(2) 为买主提供仓储和运输。

(3) 提供各种方便的付款方式。如分期付款或延期付款；简化支付程序，如月支付或季支付。

(4) 包装方面的让步。如标准或非标准包装，便于库存的特别标记，便于堆放的包装。

(5) 期限变化方面的让步。当币值发生变化后，期限也就要随之变化。

(6) 提高产品质量。

(7) 提供全部或部分的工具费和安装费用。

(8) 培训技术人员。

(9) 无偿调试。

(10) 在特定期限内，保证价格稳定。

(11) 提供租赁方式，向对方提供运输工具。

(12) 向对方提供各种方式的回扣。

在实际买卖过程中能够提供的让步内容还很多，谈判者可适当使用。

六、让步中的错误

由于谈判的复杂和人员个人方面的原因，每个谈判者都可能犯错误，以下是谈判让步中容易出现的错误，虽然不全面，但可能会发生，希望谈判人员能够注意，在实际中给予重视。

(1) 一开始就接近最后的目标，没有余地。

(2) 自以为了解了对方的要求，不耐心地试探和发现事情的真相。

(3) 要求太低，你的要求可能对方会非常容易地就满足你。

(4) 接受对方最初的价格。

(5) 在没有得到对方的交换条件时轻易让步。

(6) 轻易相信“不能让步”的话。

(7) 在重要问题上先做让步。

(8) 不适当的让步。

(9) 接受让步时感到不好意思或者有罪恶感。

(10) 忘记自己的让步次数。

(11) 让步的形态表现得太明显。

(12) 卖方让步时，买方也做相对的让步。

(13) 在没有弄清对方所有的要求以前，做出各种让步。

(14) 执着于某个问题的让步，不考虑整体利益。

(15) 做交换式的让步。

(16) 每次让步后不检验效果。

七、迫使对方让步的策略

在许多情况下，谈判者并不会积极主动地做出退让，双方的一致是在激烈的讨价还价中逐步达成的。精明的谈判者往往善于运用一些策略迫使对方做出让步，从而为己方争取尽可能多的利益。这些策略大致可区分为以下三类。

(一)进攻策略

通过向对方施加压力迫使其做出不利让步的做法，在商务谈判中的应用是相当普遍而又繁杂的。实际上主动的进攻才是最好的防御。在许多情况下，我们必须对对方的进攻予以反击，单一的防守往往难以遏制对方的攻势。可以通过不断的质询或提问迫使对方做出回答或解释，从中判断对方的意图、弱点及其关心的核心问题，进而要求对方做出让步，或者提出自己的条件和建议；也可以断然拒绝对方的所有要求，或者运用与对方相同的策略回击对方等。谈判者可以根据现实情况灵活地做出决策。在运用这些策略时，应该综合考虑实力、环境、竞争等各种因素，在此基础上做出正确的选择。

1. 制造竞争的策略

当谈判的一方存在竞争对手时，另一方完全可以选择其他的合作伙伴而放弃与他的谈判，那么，他的谈判实力将大大减弱。在商务谈判中，谈判者应该有意识地制造和保持对方的竞争局面。在筹划某项谈判时，可以同时邀请几方，分别与之进行洽谈，并在谈判过程中适当透露一些有关竞争对手的情况。在与其中一方最终形成协议之前，不要过早地结束与另外几方的谈判，以使对方始终处于几方相互竞争的环境中。有时候，对方实际上并不存在竞争对手，但谈判者仍可巧妙地制造假象来迷惑对方，以此向对方施加压力。

2. 各个击破的策略

如果对方的谈判班子由几个成员构成，成员之间必然会存在各方面的差异，这些差异可能在开始表现得并不明显，然而只要存在极小的差异，就可能会被扩大。利用对方谈判人员之间不一致的方面来分化对手，重点突破，这就是所谓的各个击破。其具体做法是，把对方谈判班子中持有利于己方意见的人员作为重点，以各种方式给予鼓励和支持，与之结成一种暂时的无形同盟。反之，则采取比较强硬的态度。如果与你谈判的是由几方组成的联盟，你的对策就是要使联盟的成员相信，你与他们单个之间的共同利益要高于联盟之间的利益。

3. 以攻对攻的策略

以攻对攻策略是指己方让步之前向对方提出某些让步要求，将让步作为进攻手段，变被动为主动。当对方就某一个问题逼迫己方让步时，己方可以将这个问题与其他问题联系在一起加以考虑，在相关问题上要求对方做出让步，作为己方让步的条件，从而达到以攻对攻的效果。例如，在货物买卖谈判中，当买方向卖方提出再一次降低价格的要求时，卖方可以要求买方增加购买数量，或是承担部分运输费用，或是改变支付方式，或是延长交货期限等。这样一来，如果买方接受卖方条件，卖方的让步也会得到相应补偿；如果买方不接受卖方提出的相应条件，卖方也可以有理由不做让步，使买方不好再逼迫卖方让步。

4. 寸步不让的策略

寸步不让的策略是指一开始态度强硬，坚持寸步不让的态度，到了最后时刻一次让步到位，促成交易。这种策略适用于在谈判中占有优势的一方。这种策略的优点是起始阶段坚持不让步，向对方传递己方的坚定信念，如果谈判对手缺乏毅力和耐心，就可能被征服，使己方在谈判中获得较大的利益。在坚持一段时间后，一次做出较大的让步，对手会有"来之不易"的获胜感，会特别珍惜这种收获，不失时机地握手成交。其缺点是由于在开始阶段一再坚持这样的策略，则可能失去伙伴，具有较大的风险性，也会给对方造成没有诚意的印象。

5. 含混的权力的策略

在谈判过程中，对方可能会使你相信他并非如你那样可以全权决定。在你已经拟出了定案协议时，他却表示必须回去经过其他人员的核对才可以。这种伎俩就是含混的权力。面对这种情况，如果你有权让步，结果就只有你在让步。为了避免这种情况就需要采取一定的措施。在进入让步阶段之前，首先查核对方的权力的大小和范围，如果对方含糊其辞，你可以表示跟有权做主的人谈。如果对方突然宣称他们今天写下来的协议条款只是谈判的基础，你要坚持同等的待遇，并且表示："好的，我们将之视为一份草案，双方都不受约束，你跟你们老板谈一谈，我也回去看看明天要不要提出修正。"也可以说："如果你们核准这份草案，我们明天也不做任何改变，否则的话，我们双方都可以提出修正。"

6. 攻击其可疑意图的策略

当对方的意图可疑时，你一定要进行针对性地攻击。如在谈判中，你不相信对方会按期支付货款，你可以对对方说："你看，我担心你的支付能力，因此，最好先支付 70%的货款。"对方可能会说："我们是绝对可以信赖的，我们可以订下按月付款的条文。"这时你可以回答说："这不是信任与否的问题，你确认你会按期付款？""当然。""百分之百有把握？""对，我有百分之百的把握。""……那么，你不会介意另一项协议吧？我们可以订这样的一个规定：如果你不能按期付款，则我方有权停止供货，并且把你的预付款作为罚金处理。"这时，对方一般就不会再提出任何疑义。

7. 拒绝谈判的策略

当对方拒绝坐下来谈判时，要知道这种谈判伎俩可能是一种谈判圈套，试图以高压的姿态进入谈判，借此取得对方实质的让步。这种圈套的变异方式，则是替谈判设定先决条件，然后谈论他们拒绝谈判的理由。不要因对方拒绝谈判而加以抨击，而要找出他们在"不谈判"中的利益。一般拒绝谈判往往由于对方对谈判的心理问题。例如，他们担心因为跟你说话而使你有了地位，跟你谈判会被他人批评为软弱；他们认为谈判会破坏他们脆弱的内部团结，他们不相信有达成协议的可能，也可能是坚守他们的原则。

(二)阻止对方进攻的策略

在商务谈判中，任何一方都可能受到对方的攻击，承受各种直接或间接的压力，或者在对方的逼迫下，或者是在无意识中做出某些让步。因此，在对方的进攻面前，谈判者应善于运用有关策略保护自己的利益。

1. 权力极限策略

这是利用控制己方谈判人员的权力来限制对方，防止其进攻的一种策略。谈判者的权力是在其职责范围内使用的，权力的大小直接决定了谈判者可能的决策范围与限度。在权力有限的情况下，对方的讨价还价只能局限在己方人员权力所及的范围之内，任何试图超出这一范围去谋求更多利益的努力都将是徒劳的。如果你告诉对方：我没有权力批准这笔费用，只有我们的董事长能够批准。但目前他正在非洲进行为期两个月的登山旅游，无法与他联系。"那么，对方立刻就会意识到，在这一事项上要求你做出让步将是绝无可能的了。

有些谈判者对加于他们身上的种种限制多有微词。其实，应当烦恼的不该是你而是对方。受到限制的权力，是用来阻挡对方进攻的坚固盾牌，权力有限恰恰意味着力量的无限。当然，这种策略只能在少数几个关键时刻运用，使用过多，对方会认为你缺乏诚意，或没有谈判的资格而拒绝与你做进一步的磋商。

2. 制度极限策略

这是己方以企业在制度方面的有关规定作为无法退让的理由，阻止对方进攻的一种策略。通常情况下，每一个企业都制定有一些基本的制度，这些规定对企业的生产经营活动具有直接的约束力。企业的谈判人员也必须以此来规范自己的行为。既然谈判者不能偏离企业制度的要求来处理他所面临的问题，那么，对方就只能在本企业制度许可的范围内进行讨价还价，否则，其要求便无法得到满足。

3. 财政极限策略

这是利用己方在财政方面所受的限制向对方施加影响，达到防止其进攻的一种策略。比如买方可能会说："我们非常喜欢你们的产品，也很感谢你们提供的合作，遗憾的是公司的预算只有这么多。"卖方则可能表示我们成本就这么多，因此价格不能再低了等。

4. 先例控制策略

在商务谈判中，谈判的一方常常引用对他有利的先例来约束另一方，迫使其做出不利的让步。谈判中先例的引用一般采用两种形式，一是引用以前与同一个对手谈判时的例子，比如，"以前我们与你谈的都是三年租借协定，为什么现在要提出五年呢？"二是引用与他人谈判的例子，比如，"既然本行业的其他厂商都决定增加20%，你提出的10%就太低了。"

先例控制的目的在于消除对方欲强加给你的种种限制，从而保护己方的合理利益。你应该向对方说明，他所引用的先例是一种与目前的谈判无任何关系的内容，因为环境或者某些条件的变化，已经使以往的方式变得不再适用。你可以告诉对方："如果答应了你的要求，对我们来说等于又开了一个先例，我们做不到。"至于这些所谓的"先例"是真是假，对方是无从考查的。

(三)诱导策略

在商务谈判中，诱导策略是应用最广泛的一类策略。谈判者通过某些间接的途径，有意识地诱导对方，使之将他自己的行为纳入你所预期的方向和轨道。

1. 对比策略

对比策略就是有意识地在前后报价或不同方案之间造成鲜明反差，以诱导对方做出退让。通常谈判者在一开始会提出一个很高的要求，当对方表示反对之后，再十分宽宏大度地大幅降低原先的要求，这一新的报价实际上仍比对方认为是合理的数字高出许多。但是两次报价的强烈对比，有时足以使某些谈判者确信你的合作诚意，从而相应地降低自己的要求。

2. 挤牙膏策略

挤牙膏策略就是一点一点地迫使对方妥协，使谈判朝有利于己方的方向发展。其基本做法是不向对方提出过分的条件，而是分多次，从不同的侧面向对方提出一些似乎微不足道的要求。随着时间的推移，对方可能会做出一系列小小的让步，到最后才发现，实际上他已做出了极大的让步。运用这种策略，有时会使对方在不知不觉中就放弃了自己大量的利益。

3. 软硬兼施策略

软硬兼施策略前面已经介绍过了，这里就不再重复了。

4. 于己无损策略

所谓于己无损策略是指己方所做出的让步不给己方造成任何损失，同时还能满足对方一些要求或形成一种心理影响，产生诱导力。当谈判对手就其中一个交易条件要求己方做出让步时，在己方看来其要求确实有一定的道理，但是己方又不愿意在这个问题上做出实质性的让步，可以采用一些无损的让步方式。假如你是一个卖主，又不愿意在价格上做出让步，你可以在以下几方面做出无损让步：向对方表示本公司将提供质量可靠的一级产品；将向对方提供比给予别家公司更加周到的售后服务；向对方保证给其待遇将是所有客户中最优惠的；交货时间上充分满足对方的要求等。这种无损让步的目的是在保证己方实际利益不受损害的前提下使对方得到一种心理平衡和情感愉悦，避免对方纠缠某个问题，迫使己方做出有损实际利益的让步。

5. 坦率式让步策略

坦率式让步策略是指以诚恳、务实、坦率的态度，在谈判进入让步阶段后一开始就亮出底牌，让出全部可让利益，以达到以诚取胜的目的。这种策略的优点是由于谈判者一开始就向对方亮出底牌，让出自己的全部可让利益，率先做出让步榜样，给对方一种信任感，比较容易打动对方采取回报行为。同时，这种率先让步具有强大的说服力，促使对方尽快采取相应让步行动，提高谈判效率，可以争取时间，争取主动。这种策略的缺点是由于让步比较坦率，可能给对方传递一种尚有利可图的信息，从而提高其期望值，继续讨价还价；由于一次性大幅度让步，可能会失去本来能够全力争取到的利益。这种策略适用于在谈判中处于劣势的一方或是谈判双方之间的关系比较友好，以一开始做出较大让步的方法感染对方，促使对方以同样友好坦率的态度做出让步。使用这一策略要根据实际情况，充分把握信息和机遇，保证主动让步之后己方能得到关系全局的重大利益。

6. 稳健式让步策略

稳健式让步策略是指以稳健的姿态和缓慢的让步速度，根据谈判进展情况分段做出让步，争取较为理想的结果。谈判者既不坚持强硬的态度寸利不让，也不过于坦率，一下子让出全部可让利益。既有坚定的原则立场又给对方一定的希望。每次都做一定程度的让步，但是让步的幅度要根据对方的态度和形势的发展灵活掌握。有可能每次让步幅度是一样的，有可能让步的幅度越来越小，也有可能幅度起伏变化，甚至最后关头又反弹回去。这种让步策略的优点是稳扎稳打，不会冒太大的风险，也不会一下子使谈判进入僵局，可以灵活机动地根据谈判形势调整自己的让步幅度。再有，双方要经过多次讨价还价、反复的磋商和论证，可以把事情说得更清楚，考虑得更周全。这种策略运用需要较强的技术性和灵活性，随时观察对方的反应来调整己方的让步情况。这种策略的缺点是需要耗费大量的时间和精力才能达到最后成交的目标。商务谈判多数情况习惯运用这种策略。

八、取得谈判的进展

谈判是一个复杂的过程，是谈判各方通过磋商、较量、使用策略、调动对方逐渐实现谈判目标的过程。在此过程中采取的所有做法都是为了减小分歧，一步步取得进展，最后接近目标。因此，如何接近目标，取得进展是谈判人员需要思考的问题。为了取得稳步的进展就要对取得进展的相关问题有所认识和了解。

(一)调动对方合作

磋商过程为了取得进展，就需要调动对方，使其采取合作的态度和行为。如何调动对方合作呢？从以下几个方面入手。

1. 采取低姿态

假装什么都知道，什么都精通的人往往会弄巧成拙。一个人如果故作无所不知、无所不晓，充其量也只能使对方敬而远之。在谈判时，要注意这样一点：与对方交谈时，不要做出我什么都知的表情，切莫自以为了不起，在适当的情况下，做出"帮帮我"的姿态来，反而会调动对方与你合作的热情。因为承认自己并不是什么都知道的人，也就使自己让别人喜欢，因而对方就会更容易、更愿意接近你，与你合作。

2. 大智若愚

聪明的人有时候别人愿意与你相处，也有很多时候对你进行防范，尤其是涉及经济利益时，更是如此。例如有一次，美国的一家公司代表向日本人陈述情况，来势凶猛，滔滔不绝。从早晨八点开始，一直持续两个半小时，并配有精心安排的计算机和其他辅助资料等，以证明他们的要价是合理的。在此过程中日本人静静地坐在桌前，一声不吭。演示之后，那位美国经理打亮全屋的灯光，脸上带着期望和满意的神态，转向面无表情的日本人说："你们认为怎样？"日本人客气地微笑了一下："我们不明白。"那位经理一听，脸色顿时"唰"的变白，说："你这是什么意思？你们不明白？你们究竟不明白什么？"第二个日本人客气地微笑了一下："都不明白。"经理压住满腔的怒火，无可奈何地反问道："从哪里开始不明白的？"第三位日本人又客气地微笑了一下："从关灯起。"那位美国经理沮丧地靠到墙上，痛苦地呻吟道："好吧，你们要我们做些什么呢？"日本人就是用这种故作糊涂的方法，使胸有成竹的美国人采取了合作的态度。在谈判时，显得非常果断、能干、敏捷、博学或者理智的人，并不见得能得到对方的配合与协作；相反，如果显得愚笨些，少一点果断力，稍微不讲理些，也许会得到对方更多的让步和更好的配合。因此，当自己想调动对方时，有时不妨告诫自己：别让人认为自己很聪明，适当地装糊涂对于自己有好处。

3. 最后通牒

用这种策略能近乎逼迫对方配合你完成谈判任务，有许多情况是适合使用这种方法的。如何使用就不再陈述了。

4. 坚决抵制无理要求

谈判中，有些人喜欢使用一些无理要求达到目的。遇到这种情况时一定要坚决抵制，否则对方就会得寸进尺，除非你做出巨大的让步，否则就无法进展下去了。无理要求的表现形式多种多样。比如，你打算以 2 800 元卖出一种商品，对方经过一段时间的讨价还价，你答应以 2 400 元的价格成交。可是过了两天对方带来的支票却是 2 300 元，并一再向你恳求、解释，他只有这么多钱了。对类似要求应坚决抵制，使对方不敢做更进一步的要求。再如，对方准备购入一套旧设备，商谈后达成协议。在准备签约时，对方却又盘算如何将一些工具和配件等也列入谈判方案里，也就是要无偿占有。对方认为，这些设备都是旧的，并且知道你方又没有什么用了，可能会把这些设备无偿或廉价处理给他们。你发现这一情况后，在又一轮谈判时，在对方还未开口前，就转移了对方的视线，推翻了前协议。说又有一个单位想以更高的价格购买，这就使对方不得不放弃那些过分的要求。当双方终于同意维持原协议时，对方心里感到很高兴，最后虽然对方也得到了这些旧东西，但却是另外加价购买的。因此，不论是卖方或是买方，倘若想让对方知道只能到此为止，不能有更多的奢望时，就应该采取一些较灵活的策略来抵制对方的不合理要求，让其感到不能得寸进尺。否则，谈判就破裂了。

(二)取得进展方法

1. 探索中前进

在谈判中要试探着取得进展，双方的让步都是以取得进展为前提条件的。例如，经常说"如果贵方愿意，我方也同意。"也可以试探着提出有前提的交换条件。如果把双方争议的焦点联系在一起，就可以提出进行交换的建议，取得一定的进展。如果对方提出要讨论与双方争端有关的事宜，并把双方的方案放在一起考虑，则应格外当心，对方有可能是声东击西。

2. 适度稳妥的进展

当对方退让时，就要适度进展，但要把握尺度，不能得寸进尺。不要急于求成，当双方彼此信心不足而难以达成协议时，可采用渐进式的方法取得进展。双方可以先就较简单的问题达成协议，把难点留到后面解决，随着谈判的不断深入，进行得很顺利，有些难题也就容易解决了。采用渐进方式能给双方提供相互试探的机会，又能使谈判不致很快僵局。渐进式的进展方式常被买主用来和新卖主做生意。一般来说，刚开始时买卖双方只签订一些小金额的合同，当每份合同都能顺利执行后，买卖双方再就一些大的项目签订合同。每次小步骤的进展，都为大步进展奠定良好的基础。

3. 适时中断以取得进展

一场谈判有时会由于对方不断地施加压力而使你感到无法抵挡，或多次进攻均无效果而必须中断谈判，以便摆脱不利的局面。在中断时应该有足够的理由，不能让对方认为是在耍花招，要得到对方的理解和认同。可以在对方陈述其观点的中途寻找借口离场；也可以以身体的原因离开，还可以直接告知对方等。

4. 打开僵局取得进展

在谈判中，经常会遇到谈判卡壳。要想取得进展，就要注意在某一点上取得突破，哪怕是一个极小、极简单的问题，这样，就能顺利地度过僵局。打破僵局的问题我们在前面已经研究过了，这里就不再陈述了。

5. 注意进退结合

后退是为了更好前进，先退后进战术在商务谈判中的运用频率是很高的。在被迫的情况下，可以考虑退出不谈。例如，美国一家航空公司要在纽约建立大型航空站，打算以优惠价购买爱迪电力公司的电力。电力公司开始是掌握谈判主动权的，不情愿以优惠价提供电力，并找出种种借口，致使谈判无法进行下去。这时，航空公司不是急于谈判，而是造出舆论，声称自己要建发电厂，表示要退出谈判。电力公司收到这一信息后，立即改变了原有的态度，并请求公共服务委员会从中说情，表示愿意接受。这时航空公司掌握了主动权，两个公司达成协议。有时候先退一步，则可以获更大利益。例如，产品在市场还没有打开销路时采用代销就是这个道理。

6. 虚张声势取得进展

虚张声势既可以攻击对方，也可以获得自己所需要的东西。在谈判中，好像对对方的有关建议题很关注，很有兴趣，甚至给予了认真的考虑，这样把对方的信息搞到手，然后根据所获得的信息反过来攻击对方，达到取得进展的目的。使用此办法时要注意时间的延后问题，要把得到的信息经过一段时间后再用，否则对方会感到入了圈套，效果不好。

在实际的谈判中有很多方法可以取得进展，比如还可以采用暗度陈仓和诱敌深入等方法，这些方法需要谈判人员根据谈判的具体情况，灵活地掌握和使用，各种方法成功的关键在于不要被对方察觉。

本 章 小 结

商务谈判磋商过程是谈判最重要的阶段，在此阶段各种策略的使用体现了谈判者的能力和水平，策略的运用是为了达到谈判的某种目的。在谈判磋商过程威胁是谈判各方经常使用的手段，谈判人员要学会使用和对付威胁策略。谈判人员应该根据己方在谈判中的地位选择对自己有利的策略，还有掌握磋商过程经常使用的一些策略及其在不同条件下的变形。同时谈判人员还应该学会如何使用僵局策略取得谈判的进展，如何克服谈判中的障碍。谈判策略的使用要坚持灵活性与艺术性的结合，同时使用策略要注意预谋、保密和组合，这样才能达到磋商策略使用的最终目的。

本 章 习 题

一、思考题

1. 谈判磋商阶段应该遵循哪些原则？
2. 在磋商阶段为什么要调整目标？
3. 在不能判断对方是否是讹诈的情况下，为什么要坚持己方的既定方案？
4. 争取时间的方法有哪些？
5. 你是如何理解威胁战术的？如何应对威胁战术？
6. 如何应对竞争者的威胁？
7. 运用最后通牒应该注意哪些问题？
8. 制造僵局一般要考虑些什么？解决僵局的方法有哪些？
9. 排除障碍需要注意哪些问题？
10. 商务谈判策略的特征有哪些？
11. 商务谈判较量过程针对人心理因素的策略有哪些？
12. 谈判中针对对方人员的策略有哪些？
13. 针对谈判过程的策略有哪些？
14. 商务谈判不同地位所应对的策略有哪些？
15. 针对对方谈判作风的应对策略有哪些？
16. 让步的原则是什么？
17. 买卖双方可作为让步的内容各有哪些？
18. 谈判让步中不要犯哪些错误？
19. 迫使对方让步的策略有哪些？

二、拓展练习

练习一　不放过任何机会

你是某设备的制造商，最近经过了一场马拉松式的谈判，最后双方终于取得了一致。但在签约之前，对方又提出了最后一个要求：要求对整个设备做局部改动，增加一个功能。这种功能正是你们公司准备增加并且准备免费提供给客户的。在这种情况下，你怎么办？

(1) 告诉对方，如果按照对方的要求，则需付额外的费用。
(2) 告诉对方，完全可以。
(3) 问对方为什么需要增加这样的功能。
(4) 告诉对方增加这样的功能需要增加很多费用。

(5) 借此提出其他条件。

练习二　如何分摊

你是一位经销商，两年来一直经销某地区的土特产品，由于这种土特产品的市场价格上涨，当地的供应商要求提高原来的供货价格。对方提出每公斤提高 20 元，但供货商愿意与你各分摊 50%。此时，你应该怎么办？

(1) 建议对方负担 80%，你自己负担 20%。

(2) 拒绝接受加价。

(3) 接受对方的提议。

(4) 告诉对方，价格提高，销售困难，应该减少 5 元。

(5) 告诉对方，你准备与其他人进行合作。

练习三　应该付款吗

某供应厂家只交了 80% 的货，其余超过了交货期限，却迟迟不肯交货，而且要求你付清全部货款后才可以交货。你已经交 50% 的货款，根据合同，对方应该全部交货后，你才付清其余的货款。你多次要求对方执行合同，但对方却坚持要求你先付清货款。此时你应怎么办？

(1) 通过谈判要求对方交货。

(2) 付清已经到货的货款，然后终止合同。

(3) 向供应商提出妥协条件。

(4) 付清其余全部货款。

(5) 反正现在也不吃亏，就这样不了了之。

(6) 采用法律手段解决。

练习四　一年的购货合同

你是某种零件的供应商，某日早晨接到了某家大客户的紧急电话，要你立即赶到该公司去商谈有关向你大量订购的事宜。他在电话中说，今天准备搭乘 11 点的飞机去北京。你认为这是难得的机会。因此 8:30 赶到他的办公室。他向你表明，如果你能以最低价格供应零件，他愿意与你签订一年的合同。在这种情况下，你怎么办？

(1) 向他提供最低价格。

(2) 向他提供比较低的价格。

(3) 向他提供比最低价高出许多的价格，以便为自己留有讲价的余地。

(4) 祝他旅途愉快，并告诉他，你先同他手下的人谈一下规格方面的事，并希望他回来后能与你联络。

(5) 祝他旅途愉快，问他什么时候回来，再详细研究。

练习五　如何才能不失去客户呢

你是一位啤酒批发商，正与某零售店进行业务磋商。对方要求你每瓶必须削价 2 分钱，否则他们向其他批发商订购，经销不同品牌的啤酒。该零售店每年夏季向你订购啤酒多达 8 000 箱，每瓶减价 2 分钱，全年将少利润 4 000 元。面对他的要求，你将怎么办？

(1) 礼貌地拒绝他。

(2) 完全接受他的意见。

(3) 提出销价 1 分钱的办法。

(4) 表示你要考虑。

(5) 让他提供经销其他品牌啤酒的优惠条件，来与自己进行对比。

(6) 提出销量多少与降价的解决方法。

练习六　怎样拿到对方的支票

你是一位设备经销商，在与某机关的采购主管进行谈判。最后该采购者决定购买一部定价 25 000 元的设备。但在签合同时，对方带来了 23 000 元的支票，并告诉你他们的预算只有 23 000 元。此时你该怎么办？

(1) 向他说明无法将该设备的价格压低到他们预算允许的范围内。

(2) 运用公司所给予你的特权，为他提供特价优惠。

(3) 请他考虑 22 000 元的设备。

三、案例分析

案例一　如"雪中送炭"一样的商机

1988 年 11 月 25 日，满载排水量的 8 万吨的"乌里扬诺夫斯克"号核动力航母在黑海之滨的尼古拉耶夫黑海造船厂开工建造。该舰全长 324.6 米、宽 39.8 米、吃水 10.8 米、飞行甲板宽 75.7 米，设计搭载 70 架各型飞机，包括苏-33 战斗机，苏-25K 攻击机和雅克 44E 预警机，虽然舰首仍采用滑跃起飞甲板，但舰上拟装两部蒸汽弹射器，定于 1994 年下水，只可惜苏联没能等到这个时候就解体了。到 1991 年年底，船厂共加工"乌里扬诺夫斯克"舰钢材 29 000 吨，原子蒸汽发生器已在车间组装。整个技术进度完成量为 18%。苏联解体后，拨款中断，施工停止，而此时船台大合拢已近尾声。独立后的俄罗斯不再拨款也无意购买这艘航母，所以未完工的"乌里扬诺夫斯克"号航母就成为了独立后的乌克兰的累赘。此时，乌克兰和俄罗斯经济非常困难，尼古拉耶夫黑海造船厂的员工工资已经成为问题。

这时一家挪威的公司提出，要乌克兰制造 6 艘船舶，但是提出要在乌里扬诺夫斯克所在的 0 号船台修建，而且预交了一小部分定金。此时一家美国钢铁公司趁机提出高价收购该航母的建造用钢材，并签订了收购合同。为了赚取外汇，1992 年年初，俄罗斯和乌克兰政府联合决定，为给建造出口船腾出 0 号船台，将"乌里扬诺夫斯克"舰拆解为废钢，决定一出，乌克兰立即肢解了完工 45% 已现出大航母雏形的"乌里扬诺夫斯克"号。

可当拆解完毕后，美国公司却寻找借口，提出签合同是副总经理，他不了解钢材市场的行情，钢材的价格太高，合同无效，不予收购。随后挪威人的造船合同也因为一些原因没有成行。俄罗斯人和乌克兰人只获得了很少违约金，倒拆了自己的航母。

据说这是美国人略施小计就让可能的潜在海上对手"乌里扬诺夫斯克"号在自己人的手中化为乌有，苏联航母的发展到此也戛然而止。

问题：

(1) 有这样巧合的商机吗？

(2) 你从上面的事件感悟到了什么？

案例二　分利用竞争者

2008 年 8 月，某健身中心决定建个游泳池，委派王经理负责。建筑设计要求为：长 50 米、宽 25 米，有温水过滤设备，并且在 12 月底前竣工。王经理首先在报纸上登了个建造游泳池的招商广告，具体写明了建造要求。很快有 A、B、C 三家承包商前来投标。

8月5日，王经理约请这三位承包商到体育中心与他们分别面谈。他先与A公司商务代表进行商谈，他告诉王经理，B公司通常使用陈旧的过滤网；C公司曾经丢下许多未完的工程，现在正处于破产的边缘。接着，王经理从B公司商务代表那里又了解到，其他公司所提供的水管都是塑胶管，只有B公司所提供的才是真正的铜管。后来，C公司商务代表告诉王经理，其他人所使用的过滤网都是品质低劣的，并且往往不能彻底做完，拿到钱之后就不认真负责了。

通过上述工作，王经理基本上弄清楚了游泳池的建筑设计要求，特别是掌握了三家承包商的基本情况：A公司的要价最高，B公司的建筑设计质量最好，C公司的价格最低。经过权衡利弊，王经理最后选中了B公司来建造游泳池，但只给C公司提出的标价。经过一番讨价还价之后，谈判终于达成一致。

问题：

(1) 王经理利用了己方的哪些优势？

(2) 王经理在此次谈判中重点运用了哪些谈判策略？

(3) 从此案例中你得到了哪些感悟？

案例三　我无权决策

1995年7月下旬，中外合资重庆某房地产开发有限公司张总经理，获悉澳大利亚著名建筑设计师尼克博谢先生将在上海作短暂的停留。张总经理认为，澳大利亚的建筑汇聚了世界建筑的经典，何况尼克博谢是当代著名的建筑设计师。为了把正在建设中的金盾大厦建设成豪华、气派，既方便商务办公，又适于家居生活的现代化综合商住楼，必须使之设计科学、合理，不落后于时代新潮。张总经理委派高级工程师丁静副总经理作为全权代表赴上海，与尼克博谢先生洽谈。既向这位澳洲著名设计师咨询，又请他帮助公司为金盾大厦设计一套最新的方案。丁静一行肩负重担，赶到上海。一下飞机，便马上与尼克博谢先生的秘书联系，确定当天晚上在银星假日饭店的会议室见面会谈。

下午5点，双方代表准时赴约，并在宾馆门口巧遇。双方互致问候，有礼地进入21楼的会议室。根据张总经理的指示，丁静一行介绍了金盾大厦的现状，她说："金盾大厦建设方案是在七八年前设计的，其外形、外观、立面等方面有些不合时宜，与世纪建筑的设计要求存在很大差距。我们慕名而来，恳请贵公司合作与支持。"丁静一边介绍，一边将事先准备好的有关资料，如施工现场的相片、图纸，国内有关单位的原设计方案、修正资料等，提供给尼克博谢一行。

尼克博谢在澳洲注册了"博谢联合建筑设计有限公司"。该公司是多次获得大奖的国际甲级建筑设计公司，声名显赫。在上海注册后，尼克博谢很快赢得了上海建筑设计市场。但是，内地市场还没有深入进来，该公司希望早日在大陆内地的建筑设计市场占有一席之地。由于有这样一个好机会，所以尼克博谢一行对该公司的这一项目很感兴趣，他们同意接受委托，设计金盾大厦8楼以上的方案。

可以说，双方都愿意合作。然而，博谢联合建筑设计有限公司报价40万元人民币，根据重庆公司的委托要求，这一报价令人难以接受，博谢公司的理由是：本公司是一贯讲求质量、注重信誉，是在世界上有名气的公司，报价稍高是理所当然的。但是，考虑到重庆地区的工程造价，以及中国大陆的实际情况，这一价格已是最优惠的价了。

据重庆方面谈判代表的了解，博谢联合建筑设计有限公司在上海的设计价格为每平方米 6.5 美元。若按此价格计算，重庆金盾大厦 25 000 平方米的设计费应为 16.26 万美元，根据当天的外汇牌价，应折合人民币 136.95 万元。的确，40 万元人民币的报价算是优惠的了！

"40 万元人民币，是充分考虑了内地情况，是按每平方米设计费 16 元人民币计算的。"尼克博谢说道。但是，考虑到公司的利益，丁静还价："20 万元(人民币)。"对方感到吃惊。丁静顺势解释："在来上海之前，总经理授权我们 10 万左右的签约权限。我们出价 20 万元，已经超出了我们的权力范围……如果再增加，必须请示重庆的总经理。"双方僵持不下，谈判暂时结束。

第二天晚上 7 点，双方又重新坐到谈判桌前，探讨建筑方案的设想、构思，接着又谈到价格。这次博谢联合建筑设计有限公司主动降价，由 40 万元降为 35 万元；并一再声称："这是最优惠的价了。"重庆方面的代表坚持说："太高了，我们无法接受！经过请示，公司同意支付 20 万元，不能再高了！请贵公司再考虑考虑。"对方谈判代表嘀咕了几句，说："介于你们的实际情况和贵公司的条件，我们再降 5 万元，30 万元好了。低于这个价格，我们就不搞了。"重庆方面的代表分析，对方舍不得丢掉这次与内地公司的合作机会，对方有可能还会降价，重庆方面仍然坚持出价 20 万元。过了一会儿，博谢公司的代表收拾笔记本等用具，根本不说话，准备退场。眼看谈判陷入僵局。

这时重庆公司的蒋工程师急忙说："请贵公司的代小姐与我公司总经理通话，待我公司总经理决定并给我们指示后再谈，贵公司看这样好不好？"由于这样提议，紧张的气氛才缓和下来。

7 月 27 日，代小姐等人打了很多次电话，与重庆公司的张总经理联系。在此之前，丁静已与张总经理通话，向张总经理详细汇报了谈判的情况及对谈判的分析和看法。张总经理要求丁静一行："不卑不亢！心理平衡！"所以当代小姐与张总经理通话时，张总经理表示在双方报价与还价的基础上二一添作五，重庆公司出价 25 万元。博谢公司基本同意，但提出 8 月 10 日才能变更图纸，比原计划延期两周左右。经过协商，当天晚上草签了协议。7 月 28 日，签订正式协议。

(案例来源：周绪全. 最新实用口才技巧. 重庆：重庆出版社，1995.)

问题：

(1) 在谈判过程中双方主要运用了哪些谈判策略？效果如何？

(2) 如何理解谈判中"有限的权力才是真正的权力"？

(3) 在谈判过程中，谈判代表会受到哪些限制？

(4) 面对丁女士使用权力有限策略，如果你是尼克博谢一方的代表，如何应对？

(5) 博谢公司制造的僵局有效吗？你得到了什么启示？

案例四　戏没演好

在一次意大利某公司与中国某公司进行的出售某项技术谈判中，谈判已进行了 5 天，但进展不大。于是意方代表托尼先生在前一天做了一次发问后告诉中方代表王先生："他还有两天时间可以谈判，希望中方配合，在次日可以拿出新的解决方案来。"次日上午，中方王先生在分析的基础上，拿出了一个方案，比中方上次的要求降低了 5%(由要求意方降价 40%改为 35%)。意方托尼说："王先生，我已经降了两次价，共计 15%，还要再降 35%，实在困难。"双方相互说明解释一阵后，建议休会，下午 13:00 点再谈。下午见面后，意方先要中方提出新的交易条件，王先生将其上午定价的基础和理由向意方做了解释，并再次要求意方考虑其要求。托尼又重申了自己的看法，认为中方要求太高。谈判到 15:00 时，托尼说："我为表示诚意向中方拿出我最后的价格，请贵方考虑。最迟明天 10:00 点前告诉我是否接受。若不接受，我就乘中午 12:30 的飞机回国。"说着把机票从包里抽出来，在王先生面前晃动了一下。中方把意方的条件理清后(意方再降 5%)，表示仍有困难，但可以研究。当天的谈判就此结束。中方研究意方价格后认为还差 15%，但能不能再压价呢？明天怎么答复？王先生一方面与上司汇报，另一方面与助手商量对策，又派人调查明天中午 12:30 的航班是否有。结果该日 12:30 没有去欧洲的飞机，王先生认为意方在最后还价中拿出来的机票是演戏，判断意方可能还有余地。于是在次日 9:30 点时给意方去了电话，表示："意方的努力，中方很赞赏，但双方距离仍然存在，需要双方进一步努力。作为响应，中方可以在意方改善的基础上，再让 5%，即从 30% 降到 25%。"意方听到中方有改进的意见后，没有走，留下来继续谈判。

(案例来源：刘文广. 商务谈判. 北京：高等教育出版社，2000. 做了少量修改)

问题：

(1) 意方的戏做得如何？应如何弥补做戏的漏洞？

(2) 为什么中方不揭露对方的做戏？

(3) 中方在让步及目标的调整上是否有针对性？

(4) 你认为做戏的关键是什么？

(5) 这件事提示我们在使用策略的时候应该考虑哪些问题？

案例五　怎么换人了

德国某生产设备制造公司的谈判代表科恩，同中国某公司的谈判已经快签约了。在最后一次的会谈中，科恩与中方代表原则上都同意：中国公司要求必须包括对我方技术人员进行操作培训，同时，约定择期共同草签合约。科恩需要飞回法兰克福，同上司敲定价格问题。

一个月之后，科恩回到北京准备草签合约。可是这次与他谈判的中方代表除了首席代表，其余都是新面孔。当双方逐个讨论合约之际，中方的首席代表表示，由于对方同意负责训练我方操作人员，希望贵方能顺便训练操作新开发的机器(一种先进的设备)。科恩在以前的技术说明会上曾经提过这部机器，但他曾说过，这部机器因为维修上的问题，暂时不能外销。但中方首席代表坚持，如果不包括那部机器的操作训练，就有违反当初协议的精神。同时指出，世界上没有第二家厂生产同类的机器，在这种情形之下，应该同意这方面的技术转移。科恩在尽量说明这部机器没有在任何亚洲国家销售，要解决机器的维修问题起码还要等上一年才能开始。中方对此重要细节未能达成协议深表遗憾。因此，建议暂时休会，择期再谈。

(资料来源：刘广文. 商务谈判. 北京：高等教育出版社，2007)

问题：

(1) 中方最后提出的要求的目的是什么？这是什么策略？

(2) 中方为什么要换人？

(3) 如果你是科恩,面对这种情况你怎么办?

案例六 到什么山唱什么歌

1995 年 6 月 28 日日内瓦时间 18 时整,日内瓦最著名的国际饭店内挤满了新闻记者,大家等待着一个贸易谈判最终结果的公布。18 点 30 分,美国贸易代表坎特和日本通产大臣桥本龙太郎来到会场,举行联合记者招待会,宣布美日达成了"汽车及汽车零配件协议"。从而结束了两国之间 22 个月的艰苦谈判,同时也标志着一场贸易战最终得以避免,旷日持久的美日汽车贸易争端终于暂时得以缓和。

美日汽车贸易争端可以说由来已久,在过去的 25 年,美国在对日汽车贸易中存在着巨大的逆差。据美国公布的数字,过去 25 年间美国共向日本出口汽车 40 万辆,与此同时日本向美国出口的汽车却多达 4 000 万辆,1994 年美国对日本贸易逆差为 660 亿美元,其中汽车贸易逆差占的比例多达 60%,达 370 亿美元。正是由于美日汽车贸易中存在着严重的不平衡,双方在汽车贸易领域的争执和摩擦不断。

1993 年克林顿当选美国总统不久,就将日本输往美国的汽车配额由 230 万辆减至 160 万辆。到 1994 年,日本宣布调整美国汽车零部件的采购政策,在美国动辄用 301 条款相威胁后,双方再次谈判。谈判至 9 月底即处于僵局之中,美国于是便扬言要对日本进行贸易报复。1995 年 1 月,美日重开汽车贸易谈判。5 月 5 日,谈判彻底破裂。5 月 16 日,华盛顿单方面宣布将对日本 13 种豪华汽车及其零部件征收 100% 的进口税,并将 6 月 28 日定为最后期限。双方经过多次谈判,最终有了开头的一幕。

根据美日双方达成的协议,美国取消对日本的贸易制裁,与此同时,日本收回其向世界贸易组织递交的指责美国制裁行为的起诉书。日方同意美国 1996 年可以在日本增开 200 家汽车及零部件经营店,今后 5 年增加 1 000 个。协议规定,日本在今后 3 年里购买美国产的汽车增加 90 亿美元,比现在增加近 50%;日本政府还将开始取消它对汽车修理部件的严格控制等。

美国之所以能迫使日本做出如此大的让步,最重要的原因在于日本尚不具备与美国展开全方位抗衡的实力,尤其在汽车贸易方面,更是日本的薄弱之处。由于日本汽车的出口市场对美国有较大的依赖性,相反,日本市场在美国的汽车出口市场中分量无足轻重。最后形成"美国施压,日本让步"的争端解决模式。

这个谈判美国凭借其强大的经济实力得到了日本的巨大让步。从这个谈判的过程和结局中可以得到如下启示:实力强大的一方谈判时,在充分发挥自己实力的同时采取正确的谈判策略,会比单纯发挥实力优势能获得更大的成果;而实力较弱的一方在谈判时如不采取正确的谈判战略,则会招致更大的损失。

(案例来源:刘园. 国际商务谈判. 北京:中国对外经济贸易出版社,2001.)

问题:

(1) 美国在谈判中抓住了日本的什么要害?

(2) 日本人为什么说他们也取得了成功?

(3) 美国人为什么能取得谈判的成功?

(4) 日本人采取的策略效果怎么样?

案例七　与狼共舞

现代商业体育的发展趋势迅猛，经济利益已经渗透到体育领域的每一个角落，这从重大赛事的转播费用已经从原先的数百万美元一路飞涨至现在的数亿甚至数十亿美元就可以看出。

许多财力雄厚的跨国公司为了扩大自己的影响，打动球迷的购买欲望，纷纷对球衣上的广告感兴趣，一掷千金。尤其是刚刚新兴的电信财团和网络公司对此更感兴趣，它们更是财大气粗，而世界职业体坛上的名门俱乐部数来数去就那么多，现在却一下子涌出来了这么多大亨，其必然结果就是体育赞助谈判越来越艰难，竞争越来越激烈，最后达成的协议金额必然是年复一年地飞升。

2000年年初当世界上最大的移动电讯公司沃达丰击败了竞争对手互联网公司雅虎、亚马逊、英航和阿联酋航空公司，与曼联队达成3000万英镑的球衣广告合同，同时也结束曼联与日本夏普电器公司长达18年之久的赞助关系，因为沃达丰的赞助费是夏普公司的4倍。那么在这场竞争激烈的球衣广告谈判中究竟是如何进行的呢？这是一次典型的由一方对多方的谈判，曼联俱乐部运用各种谈判手段，从而实现了其自身利润最大化的目标。

曼联队球衣上的广告赞助一直是日本夏普公司、自从两家结盟以来，合作关系一直很紧密。这些年来曼联队的建功立业，也给夏普带来了大量的商机和滚滚的利润。可是当曼联的名声越来越响彻全球时，夏普公司的赞助费已经逐渐显得与曼联俱乐部的身份不相称了，尤其是1999年的一次收购事件更让曼联认识了自身的价值。1999年澳大利亚传媒大亨默多克所控制的英国天空电视台向曼联俱乐部董事会开价10亿英镑意欲收购曼联，但最后在广大曼联球迷的强烈反对以及英国政府的出面干预下，这次收购没有能够成为现实。曼联俱乐部董事会意识到了自己球队身上的无限商机。

曼联队在世界足坛中处于王者地位，其商业价值可想而知。沃达丰(英国最大的蜂窝电话提供商)早就对此垂涎三尺。沃达丰的英国执行主席班福德曾经直言不讳地说："如果我们两家之间能达成赞助协议，那么这种划时代的商业结盟使我们将有机会为更多的人服务。"沃达丰拥有夏普公司不具备的优势：第一，经济实力；第二，本土优势。因此，沃达丰公司认为谈判稳操胜券，可以速战速决。沃达丰在与曼联俱乐部接触伊始，就开出了高价，并希望能很快签约。

沉稳老练的曼联俱乐部董事会经过这么多年的欧洲征战旅程积累了丰富的商业经验。他们不急于谈判成功，而是拉长战线，稳扎稳打，希望能引来更多更大的鱼儿上钩。果不其然，当曼联的球衣广告赞助商可能会易主的消息一经传出，许多公司都纷纷怀揣重金，慕名而来。其中实力强劲的有网络公司雅虎、亚马逊书店、英国皇家航空公司和阿联酋航空公司。曼联俱乐部引鱼上钩的谈判策略，获得了极大的成功。雅虎等公司的竞争实力可不是夏普公司所能比拟的，它们纷纷报出的高价使得沃达丰公司被迫不断地加价，因为沃达丰实在不愿意失去曼联这块金字招牌。

谈判进行得非常艰难，这是一场典型的一方对多方且一方占据绝对主动的商业谈判，因为它手中握有最稀缺的资源。但曼联俱乐部也很清楚，要价应该有个限度，如果高得离谱，结果可能会使所有的鱼儿都不上钩，掉头离去，最后只能是竹篮打水一场空。伴随着谈判场上激烈的讨价还价和争吵，谈判场外的外交活动也在紧张地进行，在这一点上沃达丰公司显然占据了上风。沃达丰公司的总部就在英伦三岛，是个不折不扣在英国本土发展起来的新兴企业。尽管是由于科技的迅速发展和市场对电信业的需求才使沃达丰公司快速崛起。但在傲气十足的英国人心目中，像曼联这样的英国球迷的宠儿最好是由英国的企业提供赞助。因此很多政府各级官员以及体育界名流都有纷纷为沃达丰与曼联的赞助谈判说情助阵。这对两家进行的谈判起了很大的推动和促进作用。但是不管怎样，商业利益永远高于一切，尤其是对于像曼联这样的名门球队，只有最高的身价才能配得上他们显赫的地位。对这一点沃达丰公司是心知肚明的，更何况雅虎、亚马逊等咄咄逼人的竞争者已经开出了极具诱惑力的价格。沃达丰公司的高级管理层人员权衡再三，认为只有开出能够压倒所有竞争对手的天价才能获得成功。随即在谈判桌上，沃达丰公司的谈判代理人直截了当地向曼联俱乐部的官员摊出自己的王牌，表示愿意以3 000万英镑的价格买下曼联的球衣广告权。如此高昂的价格连曼联的谈判代表者都感到震惊，因为他们没有意料到沃达丰的出价会如此慷慨。曼联的谈判代表狂喜不已。但清醒过后，他们意识到引鱼上钩的策略完全成功了。他们引来的是一条没有预料得到的大鱼，而且大鱼已经咬钩了，接下来的就是如何运用各种技巧将鱼成功地钓上岸了。

沃达丰公司开出的3 000万英镑高价的消息很快就不胫而走，成了各类体育媒体的头条新闻。沃达丰的谈判竞争对手都受到了沉重的打击，因为沃达丰的出价远远超过了他们的报价最高限度，是他们完全不能承受的。随着沃达丰的报价得到了媒体的证实后，其他的一些谈判竞争对手开始研究与其他名门俱乐部合作的事项了。

当其他主要竞争对手纷纷撤出谈判竞争之后，沃达丰和曼联之间签订合约也变得水到渠成了。双方在赞助合约许多细节性问题上并没有过多纠缠。很快就签下了正式的赞助合约，即4年3 000万英镑。两大各自领域的巨头的结合确实能够带来更大的人气和市场效应，从这一点上来说合作的双方都是赢家。

曼联谈判代表纯熟高超的谈判技巧和巧妙操纵谈判对手的手段令人叹为观止，充分展示了一流谈判人员的高素质和经验。他们的底气如此之足，自信心如此之强，与他们所代表的曼联俱乐部蒸蒸日上的声誉密切相关。

那么我们能否得出这样一个结论：曼联是这次赞助谈判最大的赢家呢？客观地说，这个结论是不正确的。可是从市场的角度来看，沃达丰公司才是真正的大赢家。人们知道，商品的价格是由市场供求关系决定的。如果一种商品越稀缺，并且实用价值越大，越供不应求，那么这种商品的价格就越高昂。曼联队的球衣广告权就属于这类商品。沃达丰公司对曼联俱乐部的赞助，比起美国公司对体育赞助花费来只是小巫见大巫，因此大便宜都让沃达丰公司占尽了。曼联队一年要打上六七十场比赛，这还不算义赛、表演赛等赛事。而且曼联的很多比赛是通过卫星电视向全欧洲甚至全球转播的。这对沃达丰意图在世界范围内扩大自己的名声和影响的意义无可估量。一位市场经济专家专门评论说道："名字贴在水泥墙上远远比不了穿在球员身上。从商业角度上讲，所有人都应该向沃达丰公司的谈判人员鞠躬致敬，是他们谈成了这笔最优惠的交易。"

(案例来源：刘园. 国际商务谈判. 北京：中国对外经济贸易出版社，2001.)

问题：

(1) 为什么沃达丰公司可以出这么高的价钱？

(2) 曼联的谈判人员是如何使鱼上钩的？

(3) 沃达丰公司应对竞争者的策略如何？

(4) 你认为当谈判处在很多人争取你的时候，应该怎么办？

(5) 这个谈判你怎么评价？

练习八　聪明人与狼

在第一批行商到北极兜售现代产品时，好客的当地居民，曾对他们表示过热烈的欢迎。这些行商乘坐满载商品的狗拉雪橇从一个居民点走向另一个居民点，四处兜售。麻烦开始于当地居民教会了这些新来者在旅途中如何捕猎食物。造成灾难的行为开始时还不明显。但它越演越烈，终至不可收拾，最后达到被当地人驱逐出去的地步。

冰镇啤酒商麦克肯泽有一天下午在冰天雪地里忽然发现后面出现了一只狼，距离自己约有几英里。这时他刚猎到一头角鹿，正在费力地往雪橇上拖。吓得他连忙赶着雪橇向最近的居民点逃跑。狼和他的距离越来越近，几乎到了枪的射程以内。他拼命驱赶狗群，由于雪橇负载太重，累得狗群呼呼地直喘粗气。

狼越来越近，他突然灵机一动，狼一定是饿了，想吃鹿肉！雪橇再也跑不快了，何不割下点鹿肉给狼呢？他庆幸妈妈生下了自己这么个机灵的儿子。他想，狼吃上了肉自然不会再玩命地追，那自己就能趁机钻进居民点了。他在雪橇上好不容易地割下一块鹿肉，扔向后面的饿狼。心想，这头鹿很大，扔掉一小块不算回事，却能捡回一条命呀！开头两英里的路果然不出所料，狗群跑得更欢，雪橇驶得更快。他不禁有点飘飘然起来，琢磨起进了居民点后，该怎么大吹其机智脱险的故事了。只可惜好景不长，狼又追上来了。听上去不止一只，可能两只，三只也说不定！这可怎么办？他心想只怕一块肉不够三只饿狼吃，赶忙割下三块向后面扔去。也不知道那另外两只狼是从哪儿来的？反正鹿身上的肉多得很，除去喂狼的以外还足够自己吃，管它呢！这回雪橇还没跑上几百码，就又听到狼追上来了，而且不止三只！另外还有几只狼从树林里发疯似地猛蹿出来！他一边大声吆喝着，催赶狗群，一边大块大块地向四方扔肉块。狼越聚越多，差不多够几打了，而且还在增加，狼从四面赶来！已经没有什么东西能令它们满足了，它们已越来越疯狂！他改为专向几只狼扔肉，为的是好取悦它们，以便一旦自己不得不丧身狼嘴时，它们能"口下留情"！没过多久，鹿肉已扔得一干二净，而狼群却越来越多，已经超过百只了。幸好在鹿肉刚刚扔完时，他也钻进了居民点。真是好危险呀，生死就只一步之差！他算是捡回了一条命。尽管当初只想扔掉一块肉，而结果却落得点滴不剩，但总还是件值得庆幸的事。于是，他在逃生之余又吹开了牛，说狼毕竟没有自己聪明。

自古以来，当地从没听说过，狼追雪橇的事，一次也没有，更别说是成百只狼了。麦克肯泽的故事把他们听得直摇脑袋，以为是城里来的骗子在吹牛。而那些行商们则是闻所未闻，认为大长见识，纷纷往雪橇上大带鹿肉，以便途中遇到狼时可以逃生。一见到狼就扔鹿肉，认为这是对付狼的一大发明。这帮人在冻土地带虽然未能发财，但也的确没有丧身狼嘴的。

当他们看到土著居民用枪口逼迫他们收拾起包裹，向外赶时，他们绝望地发问："这是怎么回事？难道不是我们带来了文明的礼物吗？"可是土著不为所动，依旧神色凛然地将他们驱赶。土著的头目一边从冰箱里拿出啤酒犒劳武装的同胞，一边不屑地回答："不错，你们带来了文明。可是那狼群呢，又该怎么说？"一句话问得他们全都犯起了糊涂。麦克肯泽说："狼群？我们和狼群有什么相干？我和我的伙计们谁也没有招惹过狼呀？我们不是还想了好多办法不让饿狼接近这一带吗？"那头目简直在吼了："你这头蠢猪！是你们不让狼接近这里吗？就是你们教会了狼只要肚子饿就去追雪橇！"

问题：从谈判的角度来看，这个故事给了我们什么样的启示？

第五章 价格谈判

学习目标：

- 了解谈判中价格的内涵，掌握影响价格的因素。
- 掌握进行报价解释时必须遵循的原则。
- 了解价格谈判中应该注意的几个问题。
- 掌握报价的基本原则和策略。
- 知晓讨价的过程和方法。
- 了解确定还价起点需要考虑的因素。
- 掌握还价策略和要点。
- 了解价格谈判中让步需要注意的问题。
- 掌握发现对方临界价格的方法。
- 掌握价格谈判策略与技巧。

核心概念：

消极价格　积极价格　固定价格　浮动价格　价格解释

价格评论　讨价还价　价格临界点　出假价

商务谈判过程中的价格谈判，是谈判中的核心环节，它关系到双方获得利益的多少，也是双方非常敏感的问题，所以谈判的各方都非常重视价格谈判阶段。商务谈判中的价格谈判，实际上就是买卖各方根据自己在谈判中的地位和自己的谈判经验、水平分割利益的过程，买卖双方经过初始报价和还价之后经过多回合的讨价与还价，即再询盘与还盘。在此过程中双方使用各种策略和技巧，在不断的坚持与让步中，最终逐渐接近双方都可以接受的价格，直至达成成交。价格谈判是复杂的较量与沟通的过程。

第一节　价格的内涵

价格谈判是商务谈判中一个十分重要的内容，成交价格的高低在很大程度上决定各方在这笔生意中盈利的多少。当两种同类产品的区别仅仅在于价格时，那么除了价格因素以外再没有任何其他因素能够使谈判者更关心了。从谈判的角度来讲，价格并不是一成不变的，尽管在相等品质的条件下，一元钱的差异也会影响购买者的决定。但是，在有些尖端产品交易的谈判中，即使是价格非常高也不一定成为谈判的障碍。因此，懂得怎样使用价格因素，把握价格导向，对谈判者有重要的意义。

一、谈判中价格的内涵

所谓价格，是指商品价值的货币表现形式。谈判中的价格往往是买卖双方对商品、劳务等的可以认可和接受的价格。

(一)影响价格的因素

影响价格形成的直接因素主要包括：商品本身的价值以及市场供求状况。这些因素又是由许多子因素决定的，它们之间相互联系、不断变化、互相影响。因此价格是一个复杂的动态指标。影响商务谈判价格的具体因素主要有以下几个方面。

1. 市场供求情况

市场供求情况也就是市场行情，是指该谈判标的物由于市场供求的变化，而引起的价格的波动。谈判的价格不能偏离市场行情太大，否则谈判成功的可能性就很小。因此，谈判者必须掌握市场的供求状况及趋势，从而了解商品的价格水平和未来走向。

2. 谈判者的需求情况

由于谈判者的需求情况不同，他们对价格的接受度也就各不相同。在日常生活中，一件款式新颖的时装，即使价格较高，年轻人也可以接受；而老年人可能偏重实际价值，就不会接受。例如，在商务谈判中，某公司从国外厂商进口一批设备，由于需求不同，则谈判结果可能有三种：一是国外厂商追求的是盈利的最大化，该公司追求的是填补国内空白，谈判结果可能是高价；二是国外厂商追求的是开拓我国市场，该公司追求的是盈利的最大化，谈判结果可能是低价；三是双方都追求盈利的最大化，谈判结果可能是妥协后的中价，或者谈判失败。这就是双方由于需求不同而造成的对利益的追求不一样，因此最终的谈判价格也不一样。

3. 产品的技术含量和复杂程度

产品的技术结构、性能越复杂、越精细，其价格就会越高，而且，该产品核计成本和估算价值就较困难。同时，可以参照的同类产品也较少，价格标准的伸缩性也就较大。

4. 交货期的早晚

商务谈判中，如果一方"等米下锅"，则可能比较忽略价格的高低。如果某方不考虑交货期的早晚，只注重价格的高低，最终的价格可能就低一些。在实际谈判中交货期不可以太长，否则也可能吃亏，因为市场在变化。

5. 附带条件和服务

谈判的附带条件和服务，如质量保证、安装调试、免费维修、配件供应等，能为客户带来安全感和许多实际利益，往往具有相当的吸引力，也对价格产生重要的影响。在现在的市场上，人们往往宁愿"多花钱，买放心、买便利"。因此，这些附带条件和服务，能提高标的物价格水平，缓冲价格谈判的阻力，而且，许多附带条件和服务也是产品的组成部分，交易者对此当然非常重视。

6. 产品和企业的声誉

产品和企业具有良好声誉，其价格自然也就高一些。人们对优质名牌产品的价格，对声誉卓著的企业的报价，往往有信任感。因此，宁肯出高价买名品，也不愿意与不守信誉的企业打交道。

7. 交易量的大小

大宗交易或一揽子交易，要比小笔生意或单一买卖更能减少价格在谈判中的阻力。在大宗交易中，万元的价格差额可能算不了什么；而在小笔生意中，蝇头小利也会斤斤计较。在一揽子交易中，货物质量不等，价格贵贱不同，交易者往往忽略价格核算的精确性。

8. 时间因素

旺季畅销，供不应求，则价格上扬，此时对价格就不是很敏感；而淡季滞销，供过于求，为减少积压和加速资金周转，只能削价促销。

9. 支付方式

商务谈判中，货款的支付方式有很多种，如现金结算、支票、信用卡结算、以产品抵偿、一次性付款、分期付款或延期付款等，这些都对价格有重要影响。谈判中，如能提出易于被对方接受的支付方式和时间，将会使己方在价格上占据优势。

10. 产品的文化内涵

如果给产品赋予了文化内涵，那么这种产品的价格就会很高。

(二)对价格的不同理解

商务谈判中的价格谈判，除了应了解影响价格的诸多因素，还要善于正确认识和利用不同的价格形式。

1. 实际价格与相对价格

单纯的产品标价即为实际价格，而把反映商品使用价值的价格，称为相对价格，相对价格是与对方即将得到的好处联系在一起的。

在价格谈判中，作为卖方，不让对方的精力集中在产品的实际价格上，应注重启发买方关注交易商品的有用性和能为其带来的实际利益，从而把买方的注意力吸引到相对价格上来。这也就是说，不应该与对方单纯讨论价格，而应该强调对方所购买的是会满足其实际愿望的某种价值。如果难以将对方的注意力从价格上引开，就必须把价格连同价值一并提出，这容易使谈判取得成功。而作为买方，在尽量争取降低实际价格的同时，也要善于运用相对价格的原理，通过谈判设法增加一系列附带条件，来增加自己一方的实际利益。运用相对价格进行谈判，对于卖方和买方都有重要意义。价格谈判成功的关键往往在于正确运用实际价格与相对价格的谈判技巧。

为了引导对方正确地看待价格问题，必须要强调产品将给他带来的益处和经济上的好处，这是价格谈判的最基本原则。有以下几个相对价格的因素可以运用。

1) 支付方式的选择

在使用相对价格因素时，可以考虑使用不同的支付方式，如优惠的付款条件、赊账、分期付款、非现金付款(支票、信用卡或用其他产品抵偿)、详细注明各种收费缘由的发票、在对方资金不紧张的时候支付等方式。

2) 各方面的优惠以及友好的服务

在交易中给对方各种优惠，例如，提供一些不收费的小零件或样品、免费向对方提供一些廉价的备用件等来增进友谊。在谈判中给对方以周到的服务和相当的礼遇，并在交易活动的始终提供有益的帮助和建议，这样可以影响对方对价格的看法，对方会把任何一种额外的服务项目看成是某种形式的减价。

3) 强调购销差价和产品的复杂性

在原材料和半成品的商务谈判中，谈判人员一定要设法搞清所销原材料或半成品的价格与成品售价间的比例。成本占其全部收入的比例越小，价格问题就越显得微不足道。反之，对方就必然对价格问题斤斤计较。产品的复杂性和技术含量也是一个可以利用的价格因素。

4) 提供对方急需的产品

5) 实际价值与价格对比

如果某产品经过使用其价值仍然不变，或者对方认为所谈项目是一项好的投资，他就会减弱对价格的敏感性。一般来说，避免蒙受损失和获得某种形式的节省，这两者的效果是一样的。一项产品经过一段时间使用仍能转卖出去，那么购买这项产品的风险和所能带来的损失就极小了，对方对价格的承受能力也就大得多了。例如，一部机器设备的价格是10 000 元，使用两年后还可以卖 6 000 元，对方对价格就不会那样敏感。

6) 企业的信誉

7) 安全感

向对方显示你的可靠性或向他提供某种保证，让对方有安全的感觉，可以降低价格在对方心目中的地位。

8) 大宗交易

9) 心理价格

在人们心目中，99 元和 100 元是不一样的，这 1 元钱之差，会给人一种"便宜"的感觉。

10) 产品的功能和优点

针对对方的实质需要，详细列出各种可以使价格显得比较便宜的因素，并在与对方洽谈中不断地加以运用，这样在价格的洽谈过程中就会变得顺利一些。

2. 消极价格与积极价格

日常生活中，不同的人在不同的情况下对价格会有不同的看法。你的产品以及其他条件越能满足对方的要求或主要愿望，他就越会觉得你的产品价格便宜。反之，如果对方对你的产品及有关条件都很不满意，那么你的产品价格一定是昂贵的。喜欢学习的人在学习上的花费是非常大方的，而在其他方面可能就吝啬一些；喜欢名牌的人会不惜几千元购买名牌服装，却不愿意花 100 元去吃饭。这说明人们对不同商品的价格的反应有积极和消极两种情况。我们把对价格反应消极的，叫消极价格；而把对价格反应积极的，叫积极价格。其实，价格的高低，很难一概而论，同一价格，不同的人由于需求不同，会有不同的态度。

运用积极价格进行商务谈判，是一种十分有效的谈判技巧，也就是谈判者如何使消极价格转变为积极价格。谈判中常常会有这种情形，如果对方迫切需要某种货物，他就会把价格因素放在次要地位，而着重考虑交货期、数量和品质等。因此，商务谈判中尽管价格是核心，但绝不能只盯住价格，要善于针对对方的利益和需求，使消极价格向积极价格转化，从而赢得谈判的成功。

3. 主观价格与客观价格

价格谈判中，人们往往追求"物美价廉"，总希望货物越优越好，而价格越低越好，这就是主观价格。但实际上，如果真的"物美"，势必"价高"，否则，卖者就要亏本。所以，通常情况下，"物美价廉"是没有的，或者是少有的。客观价格是指针对产品本身所具有的各种功能和特点的市场相对价格。现实交易的结果往往是：作为买方，一味追求"物美价廉"的主观价格，必然要与卖方的"物美价高"的客观价格发生冲突，结果可能是谈判破裂或卖方暗地里偷工减料或以次充好。因此，谈判者不要过分强调主观价格，而忽视了客观价格，应遵循价值规律，才能实现公平交易和互惠互利。

4. 固定价格与浮动价格

商务谈判中的价格谈判，多数是按照固定价格计算的，但不是所有的价格谈判都应当采用固定价格，尤其是大型项目的价格确定应该采用固定价格与浮动价格相结合的方式。大型项目工程的工期一般持续较长，短则一两年，长则五六年甚至十年以上，有些原材料、设备到工程接近尾声才需要用，如果在项目谈判时就预先确定所有价格，显然是不合理的。一般而言，许多原材料的价格是随时间而变化的，工资通常也是一项不断增长的费用，此外有时还要受到汇率变动的影响等。因此，在项目投资比较大，建设周期比较长的情况下，应分清哪些按照固定价格，哪些采用浮动价格，对交易双方都可以避免由于不确定因素带来的风险；也可以避免由于单纯采用固定价格，交易一方将风险因素全部转移到价格中去，而使整个价格上扬。采用浮动价格，其涉及浮动参数，是由有关权威机构确定，因而，可以成为谈判各方都能接受的客观依据。这样，虽不能完全避免某些风险因素，但比单纯采用固定价格公平、合理得多。

5. 综合价格与单项价格

商务谈判中，特别是综合性交易的谈判，在双方进行整体性讨价还价出现互不相让的僵局时，可以改变一下谈判方式，将整个交易进行分解，对各单项交易逐一进行单项价格的磋商。这样，不仅可以通过对某些单项交易的调整，使综合交易更加符合实际需要，而且可以通过单项价格的进一步磋商，达到综合价格的合理化。例如，一个综合性的技术引进项目，其综合价格较高。采用单项价格谈判后，通过项目分解可以发现，其中先进技术应予引进，但有些则不必一味追求先进。某些中间技术引进效果反而更好，其价格也低得多；同时，其中关键设备应予引进，但一些附属设备可不必引进，进而可自行配套，其单项费用又可节省。这样，一个综合性的技术引进项目，通过单项价格谈判，不仅使综合项目得到优化，而且综合价格大幅度降低。

二、谈判中对价格贵的理解

在谈判中，经常会遇到买方提出"价格贵，无法接受"的问题。因此，卖方谈判人员应该对价格贵有正确的理解，不能糊里糊涂地接受太贵这一概念，失去成交的机会。买方表示价格贵，有很多原因，应该发现其根源，找出解决的办法。买方认为价格贵的主要原因有以下几个方面。

1. 经济状况不佳

买方提出总的经济状况不佳，难以接受这个价格，这种说法十有八九不是真正的原因，其真正的原因可能是目前的经济状况不好，或者是欠缺支付能力，或者是计划支付的资金有限，也许是买方认为你在利用市场的有利条件迫使他向你订货，或者他正打定主意要同其他供货者谈一谈。当然，如果经过仔细观察，发现买方确实是经济状况不好，那最好是暂时放弃合作；如果买方称目前没有足够的现款，你可以主动建议使用分期付款等其他的支付方式，以解决对方的眼前困难。在这种情况下，买方仍不接受你的价格，说明他的这一说法是一种托辞，否则他会愉快地接受你的建议。

2. 预算的款项有限

这种情况，假的多，经常是买方杀价的手段，不要上当。如果买方不准备花太多钱来购买双方所谈的项目，说明你还没有激发起对方获得这一产品的强烈愿望。

3. 买方的主观想法

当买方主观认为你的出价太高时，你一定要努力证明你的价格是合理的，动用大量的事实向他进行解释，改变他的看法，说服他接受你的价格。

4. 片面地了解市场行情

如果买方用一些同类品及替代品的低廉价格与你的价格相比较，你就要设法让他们确实知道你的产品的优点和能够带给他们更多的利益，从而刺激他们的购买欲望。如果买方以竞争者的价格作参照，提出你的价格不合理，你应该解释清楚价格不同的原因，并指出对方在进行价格比较时忽略了某些方面，指出你的价格所包含的内容，并且要向买方介绍分析市场行情的发展趋势。

5. 与从前的价格对比

由于现在的价格高于从前的价格，因此，买方要求恢复原来的价格。对于此种情况的压价，卖方应解释清楚原材料价格全面上涨的情况，并指出现在的价格就是很低的了，或者看在老关系的基础上，在其他方面提供一些好处。

6. 经验性压价

很多职业谈判者一到谈判桌前，就对对方的价格下手，对于他们来说，什么样的价格都是贵的，什么样的价格也都应该往下降。在这种情况下，最好是不予理会，或将其视为玩笑，把话题转移到其他问题上。

7. 试探价格的真假

买方不清楚你的价格是否有讨价还价的余地，因而使用这种方法进行价格试探。在这种情况下，价格在双方之间已经基本不是障碍了，他只是在侥幸，在试探你。如果你以礼相待而不为之所动，他自然就不会再继续坚持。

从以上这几点可以看出，当买方认为价格太贵时，卖方要发现其真实目的，找出针对性的解决办法，不要掉进买方的圈套里。

三、卖方对价格的解释

在商务谈判中，卖方要对自己的价格做出合理解释，要把价格的各个方面的构成说清楚，让对方信服。卖方具体要做好以下几个方面的解释。

1. 对货物价格的解释

卖方首先要解释自己的货价是浮动价格还是固定价格，这个价格又是根据什么得出的。如果是固定价格，在合同期间无论发生什么情况都不能再调整价格，说明在目前的报价中就已经包含了调价的因素；如果是浮动价格，在合同期间可以根据情况变化而调价，那么在目前的报价中就没有包含调价因素。但无论是固定价格还是浮动价格，其调价依据一般是以物价和工资的变化、通货膨胀率的变化、货币汇率变化为基础，而且要规定调价的最大最小值，还要规定限制调价前提，即规定物价、工资、通货膨胀率和货币汇率等在一定的变化限度内不调价，超过了这个限度才调价。

2. 对技术费用的解释

卖方对技术费用的解释主要包括：产品单价的技术生产费用的提成、对科研投资的回收提成。

3. 对技术服务费的解释

技术服务费包括培训费和技术指导费。技术服务费主要是教师、实习生、专家等人工费用。

4. 对技术资料费的解释

卖方对技术资料费的解释包括技术资料的印刷费用，以及制作的人工费用。

四、买方对价格的评论

买方对价格的评论，就是由买方对卖方的价格解释及通过这一解释了解到的卖方要价的高低性质所做出的批评性反应。买方对价格评论的目的是在讨价还价前挤一挤卖方价格中的水分。

(一)买方对价格的评论内容

1. 对货物价格的评论

这里的货物包括设备、备件、材料等。对货物价格的评论必须联系货物的技术性能来进行。买方对货物的材料、功能、寿命、功效进行价值分析，发现价格不合理的因素。只要卖主有意成交，在这种基于分析和比较的评论面前是会表示出降价姿态的。另外，在货物价格的评论中，还要注意多种不同价格之间的横向比较。做好这种价格的横向比较，就必须坚持"货比三家"，做到胸有成竹。

2. 对技术费用的评论

对技术费的评论应针对卖方价格解释方法的类型来进行，找出其各种技术费用提成不合理之处，如分析产品的单价、降低提成年限、强调技术的更新换代、找出提成率不合理之处。

3. 对技术服务费的评论

技术服务费包括技术指导费和培训费，因此对技术服务费的评论也针对这两种费用进行。

一是对卖方的技术指导费加以评论，首先要评论卖方估计的指导量是否过大，指导专家人数是否太多，如果确实过大过多，就要去掉多余的部分；其次要评论服务单价，卖方往往通过各种理由把服务单价报得高出很多，买方就应以劳务市场的标准价格或习惯价格来限制卖方。

二是对培训费加以评论，买方可以强调，按"惯例"许多专有技术费的报价中都已含培训费，二次付培训费是不合理的。买方特别应当注意区分卖方实施培训的具体方式：是利用已有的"培训中心"，还是另建"隔离式的场点"，或是在自己的"研究室"、"生产车间"里培训实习生。显然，这三种不同的培训方式所需的费用开支差别很大。

(二)买方对价格评论的要点

买方对价格评论需要注意以下几个方面。

(1) 抓住对方短处，不达目的不松口。评论着力攻击其问题所在，使卖方不降价就无法收场。不能四面出击，战线过长，否则会顾此失彼。

(2) 自由发言，高度集中。自由发言即买方谈判人员轮番发言，个个评论，以加大卖方的心理压力。高度集中则是为了保证买方的机密，以免让卖方从杂乱无章的评论中窥测到买方的意图、成交决心及成交价格底线等。

(3) 以理压价。评论无论多么猛烈，多少人发言，都要说理。要注意评论的态度和气氛就要坦率诚恳，不要轻易以言词伤人，也不要起哄抬杠。

(4) 在评论中要允许卖方辩解。这不仅是对卖方谈判人员人格的起码尊重，而且买方可以了解更多的情况，对于组织后续的"进攻"更有好处。如果不耐心听取卖方解释，可能会错过抓住对方短处的机会，继续谈判就没有针对性，会变得被动。

五、进行报价解释时必须遵循的原则

通常一方报价完毕之后，另一方会要求报价方进行价格解释。在解释时，必须遵守以下原则。

(1) 不问不答。卖方对买方没有问到的一切问题，都不要进行解释或答复，以免造成言多必失的结果。

(2) 有问必答。有问必答是指对对方提出的所有有关问题都要一一做出回答，并且要很流畅、很痛快地予以回答。经验告诉人们，既然要回答问题，就不能吞吞吐吐，欲言又止，这样极易引起对方的怀疑，甚至会提醒对方注意，从而穷追不舍。

(3) 避虚就实。避虚就实是指对己方报价中比较实质的部分应多讲一些，对于比较虚的部分，或者说水分含量较大的部分，应该少讲一些，甚至不讲。

(4) 能言不书。能言不书是指能用口头表达和解释的，就不要用文字来书写。因为当自己表达中有误时，口述和笔写的东西对自己的影响是截然不同的。有些商人，只承认纸上的信息，而不重视口头信息，因此要格外慎重。

六、价格谈判中应该注意的几个问题

在实际价格谈判过程中，谈判人员要知道商品满足对方需求的特性是价格最有力的支持。因此在价格谈判中应该注意以下几个方面的问题。

(1) 制订价格水平要根据实际情况，合情合理，进退自如。

(2) 价格要体现出价值，体现出满足对方需求的特点，起到激发对方需求和欲望的目的。

(3) 注意使用相对价格和积极价格。

(4) 应避免过早地提出或者讨论价格问题。

(5) 先价值后价格。

第二节　报价的策略和技巧

谈判双方在进行价格谈判中很重要的内容就是报价与还价。首先，一方根据自己的要求提出报价，接着另一方根据自己的要求和对对方的判断进行还价，随着谈判的进行，双方会进行多轮的你来我往，这就是讨价还价。这个过程决定了这笔交易是否成交，也直接影响各方所获得的利益的多少，因此谈判双方都非常重视这个过程。在这个过程中双方都是根据自己和对方的变化情况，不断地调整方案和使用各种策略，以争取获得更大的收益。

一、报价的基本要求

报价是商务谈判的一个重要阶段，是谈判者的利益要求的"亮相"，交易条件的确立是以报价为前提的。报价不仅表明了谈判者对有关交易条件的具体要求，也集中反映了谈判者的需要与利益。而且，通过报价，谈判者可以进一步地了解和分析彼此的意愿和目标。这里所谓的报价不仅是指在价格方面的要求，而是包括价格在内的关于整个交易的各项条件，如商品的数量、质量、包装、装运、保险、支付、商检、索赔和仲裁等交易条件。如果报价的分寸把握得当，就会把对方的期望值限制在一个特定的范围内，并有效控制交易双方的盈余分割，从而在之后的价格磋商中占据主动地位。反之，报价不当，就会助长对方的期望值，甚至使对方有机可乘，从而陷入被动境地。可见，报价策略的运用，直接影响价格谈判的走势和结果。在报价时要明白以下几个方面。

(1) 报价的根本任务是正确表明己方的立场和利益。

(2) 报价应以影响价格的各种因素为基础在合理的范围报出。

(3) 报价时要考虑己方可能获得的利益和对方能否接受。

(4) 报价要高。

二、报价的基础与基本原则

(一)报价的基础

报价主要考虑的条件是市场行情，其次是产品成本。从对企业发展是否有利的角度来看，要以市场行情为标准，所以，谈判者报价的根本基础是市场行情。要价过低或过高都会蒙受损失，或是失去成交的机会。

市场行情经常处于不断的变化之中，这种错综复杂的变化，都会通过价格的波动表现出来。因此，这就要求从事谈判的业务人员，在搜集有关信息情报资料的基础上，注意分析和预测市场动向，研究有关商品的市场供求和价格动态，密切注视某种商品及其代用品在生产技术上是否有革新和重大突破。在市场行情分析的基础上，报价者就应衡量对方的接受水平和条件，以便从中寻找双方的结合点。在市场交易中，对于卖方来说，都希望自己所卖的商品价格越高越好，对于买方来说，则希望购买商品的价格越低越好。但是，价格水平的高低，并不是由任何一方随心所欲决定的，它要受到市场供求和竞争以及谈判对手状况等多种因素的影响。因此，谈判一方向另一方报价时，不仅要考虑报价所能获得的利益，还要考虑报价能否被对方接受的可能性，即报价能否成功的概率。

(二)报价的基本原则

报价要通过反复比较和权衡，设法找出报价者所得利益与该报价被接受的成功率之间的最佳结合点，这就是报价最基本的原则。因此，报价并非是简单地提出己方的交易条件，这一过程实际上非常复杂，稍有不慎就有可能陷自己于不利的境地。谈判实践告诉我们，在报价时要遵循以下几项原则。

1. 开盘价必须是最高价

对卖方而言，开盘价必须是最高的(相应地，对买方而言，开盘价必须是最低的)。这是报价的首要原则。原因如下。

(1) 作为卖方来说，最初的报价也即开盘价，实际上为谈判的最终结果确定了一个最高限度。因为在买方看来，卖方报出的开盘价无疑表明了他们追求的最高目标，买方将以此为基准要求卖方做出让步。在一般情况下，买方不可能接受卖方更高的要价，最终的成交价将肯定在开盘价以下。反之，买方的报价也是这样的道理。

(2) 开盘价的高低会影响对方对己方的评价，从而影响对方的期望水平。比如卖方产品价格的高低，不仅反映产品的质量水平，还与市场竞争地位及销售前景等直接相关，买方会由此而对卖方形成一个整体印象，并据此来调整或确定己方的期望值。一般来说，开盘价越高，对方对己方的评价越高，其期望值就越低。

(3) 开盘价越高，让步的余地就越大。在谈判过程中，高报价能为以后的让步预留足够的回旋余地，在面对可能出现的意外情况或对方提出的各种要求时，就可以做出更为积极有效的调整。

(4) 开盘价高，将决定最终成交价也比较高。这是因为要价越高，就越有可能与对方在较高的价格水平上进行谈判。

2. 开盘价必须合情合理

开盘价必须是最高的，但这并不意味着可以漫天要价，报价应该控制在合理的范围内。如果己方报价过高，会使对方认为己方缺乏谈判的诚意，可能马上使谈判破裂，也可能提出一个令你根本无法认可的还价，或者对己方报价中不合理的内容提出质疑，迫使你不得不很快做出让步。在这种情况下，即使你将交易条件降至比较合理的水平，但对方仍然可能认为是极不合理的，使自己处在被动的地位。因此，提出的开盘价，既要考虑己方的最高利益，又要兼顾对方能够接受的可能性。所以在确定报价水平时，报价应该高到你再也找不到提高价格理由为止。

3. 报价应该果断、明确、清楚

报价要坚定而果断地提出，没有保留，毫不犹豫。这样才能给对方留下己方是认真而诚实的印象。欲言又止、吞吞吐吐必然会导致对方的不信任。谈判者必须认为己方报价是合理的，这样才能得到对方的认可。报价应该非常明确、清楚，报价时所运用的词语要准确无误，言辞应恰如其分，不能模糊不清，以免对方产生误解。为确保报价的明确、清楚，可以预先准备书面文字资料。如果是口头报价，也可适当地辅以某些书面资料，帮助对方正确理解己方的报价内容。

4. 不对报价做主动的解释、说明

开盘时不需对所报价格做解释、说明和辩解。在对方提出问题之前，如果己方主动进行解释，不仅无助于增加己方报价的可信度，反而会由此而使对方意识到己方最关心的问题是什么，这无疑是主动泄密。如果对方提出问题，也只可以做简明的答复。过多的说明或辩解还容易使对方从中发现己方的破绽和弱点，让对方寻找到新的进攻点和突破口。

三、报价的先后

在商务谈判中，由哪一方先报价不是固定的，一般情况下是卖方先报价。报价的先后往往会对最后的结果产生重大影响。先报价有先报价的好处，也有不利之处；后报价也是一样。

(一)先报价

1. 先报价的好处

(1) 先报价实际上为谈判规定了一个界限，最终的协议将在这一界限内形成，而且先报的价格在整个谈判过程中都会持续起作用。一般而言，先报价较之后报价更为有利。

(2) 先行报价会在一定程度上影响对方的期望水平，进而影响到对方在随后各谈判阶段的行为。尤其在报价出乎对方预料的情况下，往往会迫使对方调整原来的计划，甚至丧失追求自身合理利益的信念和决心。

2. 先报价的不利之处

(1) 先报价容易为对方提供调整行为的机会，可能会使己方丧失一部分原本可以获得的利益。在己方先行报价之后，由于对方对己方的利益界限有了相应的了解，他们就可以及时修改原来的报价，获得本来得不到的好处。比如卖方报价每吨 8 000 元，而买方事先准备的报价可能是 9 000 元。在卖方报价后，买方显然会调整原先的报价，其报价水平肯定将低于 8 000 元。这样对买方来说，后报价就使他至少获得了 1 000 元的利益，而这恰恰是卖方所失去的。

(2) 先报价还会使对方集中力量对报价发起进攻，迫使报价方一步步降价，而对方究竟打算出多高的价却分文未露。在己方报价后，有些谈判对手会对己方的报价提出各种质疑，不断向己方施加压力，而不谈他们自己的报价水平。在这种情况下，先报价的一方应坚持让对方提出他们的交易条件，以免使己方在随后的磋商中陷入被动。

从某种意义上讲，先报价的上述不足之处，也正是后报价的优点所在。

(二)选择先后报价的条件

一般情况，先报价要比后报价更有利，但这并不说明在任何情况下，谈判者采用先于对方报价都是有利的，应该根据具体情况而定。事实上，选择后报价有时不仅十分有效，而且也是非常必要的。在选择报价时机时，谈判者应充分考虑下述几个方面的因素。

(1) 一般来说，如果预期谈判的较量过程非常激烈，各不相让，就应该首先报价。

在冲突程度较高的商务谈判中，能否把握谈判的主动权往往至关重要，先报价可以以此规定谈判过程的起点，并以此影响以后的谈判过程，使自己一开始就占据主动。在较为合作的谈判场合，先报价与后报价则没有多大差别，因为谈判双方都将致力于寻找共同解决问题的途径，而不是试图用压力去击垮对方。

(2) 如果己方的谈判实力强于对方，或者说与对方相比，己方在谈判中处于相对有利的地位，那么己方先报价是有利的，尤其是在对方对本次交易的市场行情不太熟悉的情况下，先报价的好处就更大。因为这样可以为谈判划定一个基准线，同时，由于己方了解行情，还会适当掌握成交的条件，对己方无疑利大于弊。如果己方实力较弱，又缺乏必要的谈判经验，应让对方先报价。因为这样就可以通过对方的报价来了解对方的真实动机和利益所在，以便对己方的报价做出必要的调整。

(3) 谈判人员的经验。如果双方谈判人员都拥有丰富的谈判经验，那么彼此驾驭谈判活动的机会是较为均等的，谁先报价一般都无碍大局。如果对方是谈判专家，而己方人员缺乏必要的谈判经验，则让对方先报价可能更为有利。因为在这种情况下，避免过早暴露己方的弱点，不使对方在一开始就向己方施加压力。如果对方是外行，那么不论己方人员是否拥有必要的经验，先行报价都可能更有利，因为这样做往往能在一定程度上支配和引导对方的谈判行为。

(4) 一般的商业习惯是发起谈判的一方通常应先行报价。在有些商务谈判中，报价的先后次序似乎也已有一定的惯例，比如货物买卖谈判，多半是由卖方先报价，买方还价，与之相反的做法则比较少见。

(5) 谈判对方是老客户，双方有较长时间的业务往来，彼此比较信任，合作气氛较浓，而且双方合作得不错，那么，谁先报价就无所谓了。

四、报价的方式与实施

(一)报价的方式

报价方式是指报价的方法及其形式，包括交易条件的构成，提出条件的程序以及核心内容的处理等。简单地说，报价方式解决的就是如何报价的问题。在商务谈判中，谈判者必须考虑怎样提出他们的条件，选择恰当的报价方式。在具体的商务谈判时，必须结合当时的实际情况，尤其是特定的谈判环境以及谈判双方的相互关系，灵活地确定报价方式。如果双方关系良好，又有过较长时间的合作关系，报价就不宜过高；如果双方处于冲突程度极高的场合，那么，不高报价就不足以维护己方的合理利益；如果己方有多个竞争对手，那就必须把报价压低到至少对对方有吸引力的程度。

在国际商务谈判中，有两种典型的报价方式；一是高价报价(西欧式报价)，二是低价报价(日式报价)。在实际的谈判中，谈判人员可以根据实际情况创造一些新的报价方式，不必拘泥于已有的固定模式。

1. 高价报价方式

这种方式也叫西欧式报价，是卖方首先提出留有较大余地的价格，然后根据谈判双方的实力对比和该项交易的外部竞争状况，通过给予各种优惠，如数量折扣、价格折扣、佣金和支付条件方面的优惠(如延长支付期限、提供优惠信贷等)，逐步接近买方的条件，最终成交。实践证明，这种报价方法只要能够稳住买方，使之就各项条件与卖方进行磋商，往往会有一个不错的结果。高价报价方式普遍被西欧国家和美国厂商所采用。

2. 低价报价方式

低价报价也叫日本式报价，这种报价是将最低价格列在价格表上，以求首先引起买主的兴趣。这种低价格一般是以对卖方最有利的结算条件为前提，并且，与此低价格相对应的各项条件实际上又很难全部满足买方的要求。对于买方来说，要想取得更好的条件，他就不得不考虑接受更高的价格。因此，买卖双方最终成交的价格，往往高于卖方最初的要价。日本式报价多被亚洲国家采用。

实际上日本式报价与西欧式报价殊途同归，两者只有形式上的不同，而没有实质性的区别。日本式报价有利于竞争，西欧式报价则比较符合人们习惯于价格由高到低逐步下降的价格心理。在外部竞争激烈时，日本式报价是一种比较有效的报价方式，其好处表现为：第一，可以排除竞争对手的威胁，并且能将买方吸引过来，取得在与其他卖主竞争中的优势，达到与买方进行谈判的目的；第二，可以利用其他卖主退出竞争的机会，使买方原有的优势地位不复存在，这时卖方就可以根据买方在有关条件上所提出的要求，逐步地提高他的要价。因此在遇到日本式报价时，要保持与其他卖方的联系，切忌一条道跑到黑。

实践告诉我们对待日本式报价时，一定要小心对方的诡计。例如，在 20 世纪 80 年代中国从日本进口电器生产线时，就发生了这样的问题。在谈判中，日方还盘第一回合就亮出了牌底，大大出乎我方意料，当时的国际市场行情对我方有利，很多国家想与我们合作。但我方被日方的报价吸引了，基本上中断了与其他国家的厂商的联系，下决心与日本进行谈判，以达到合作的目的。日本商人经常采用软磨硬泡的战术，刺探我方心理变化。他们以自己的耐性、韧性去克服我方的刚性，使我方对这种长时间的谈判感到心理窒息，从而产生思想上的松动。日本商人精细研究了我方谈判人员的性格特点，充分搜集有关资料，甚至建立我方人员的档案。而且日本商人在谈判中轻易不说"不"字，总是绕很大的一个圈子。在谈判的紧要或关键时刻给出了更低价格，这使我方陷入了困惑之中。经过反复研究，我方不敢轻易接受，怕上当吃亏。当我方还出实盘之后，日方不但不予响应，反而在他们的反还盘时提高了价格。我方误认为日方要耍花招，将再还盘的虚头进一步加大，日方的还盘又再提高。结果，双方的距离越谈越大，在经过两周的这样谈判，我方终于心力不支，败下阵来，最后不得不以高于日方第一回合很多的价格成交。从这个例子我们可以看出日本式报价的圈套很多。

(二)报价的实施

价格谈判之前，先要周密、审慎地考虑一番，想好什么样的价格水平最合适。当确定报价水平后，向对方提出报价的态度要坚定果断，毫不犹豫，也不应有任何动摇的表示。只有这样，才能使人相信你对谈判抱着认真和坚定的态度。

一般来说，在所确定的价格范围内，卖方开盘价应当是最高可行价格，作为买者，相应的开盘价当然是最低可行价格。所以，实施报价要留有一定的余地，余地的高低要看具体情况而定；在谈判过程遇到僵持不下的局面时，可以适时做出一定的让步；并应该与对方的意图、作风、是否打算真诚合作等方面的因素结合起来考虑。

按最高价格报价是商务谈判中的一般做法，但在价格谈判中也有特殊情况。例如，报价时，卖方先向买方说明，这是"最优惠价格"。这样说，有两层含义：第一，既然报给你的是"最优惠价格"，那就等于暗示对方，这是价格的下限，没有还价的余地了；第二，卖方是把价格定在保本的基础上，是低水平的定价。因此，买方很难在其他交易条件上得到更多的优惠。这种类型的报价，也是可以运用的。

五、报价的策略

商务谈判的报价要讲究一定的策略，因为己方的利益和立场首先是通过最初的报价来表现的，实际的报价将对整个谈判的进程产生深刻影响。采用策略的目的是为了使谈判能够顺利地进行下去，使对方更相信报价的合理性，以便在谈判中分割到更多的利益。

在价格谈判中，报价策略主要有以下几个。

1. 选择有利时机报价的策略

价格谈判中，报价时机选择非常关键，提出报价的最佳时机一般是对方对产品产生兴趣，并询问价格时。因为这说明对方已对商品产生了交易欲望，此时报价往往水到渠成。有时，卖方的报价比较合理，但并没有使买方产生交易欲望，原因往往是此时买方正在关注商品的使用价值。在谈判一开始对方就询问价格，这时最好的策略应当是听而不闻。因为此时对方对商品或项目尚缺乏真正的兴趣，过早报价会徒增谈判的阻力。

其实，报价时机的选择，是价格谈判中相对价格原理的灵活运用，是对方把价格转化为积极价格的时机。

2. 高报价的策略

价格谈判的报价起点一定要高。商务谈判中这种"开价要高，出价要低"的报价策略要足以震惊对方。谈判双方高报价的这种策略，是合乎常理的。从对策论的角度看，谈判双方在提出各自的利益要求时，一般都有策略性虚报的部分。这种做法，其实已成为商务谈判中的惯例。同时，从心理学的角度看，谈判者都有一种要求得到比他们预期得到的还要多的心理倾向。

3. 报价坚定从容的策略

无论采取什么样的报价方式，表达都必须十分坚定、干脆、从容，不能使用"大概"、"大约"、"估计"一类含糊其辞的语言。如果买方以第三方的出价低为由胁迫时，你应明确告诉他："一分钱，一分货"，并对第三方的低价毫不介意。

4. 优惠的报价策略

谈判中由于各种条件不一样，报价要根据具体的情况，报不同价，目的是使对方感觉到得到了优惠。例如，因客户性质、购买数量、需求急缓、交易时间、交货地点、支付方式等方面的不同，就要报不同的价格。对老客户或大批量需求的客户，为巩固良好的客户关系或建立起稳定的交易联系，可适当实行价格折扣；对新客户，有时为开拓新市场，亦可给予适当让价；对某些需求弹性较小的商品，可适当实行高价策略；对方急需的产品，价格则不宜下降；支付方式方面，一次付款较分期付款或延期付款，价格须给予优惠等，以达到让对方有选择的余地，让其感受到优惠的目的。

5. 小单位报价策略

这种报价策略，主要是为了迎合买方的求廉心理，使之感到便宜，将商品的计量单位细分，然后按照最小的计量单位报价，或是对产品的各个组成部分进行报价。

6. 对比报价策略

价格谈判中，使用对比报价策略，往往可以增强报价的可信度和说服力。我们可以从多方面进行对比，如将新产品的价格与老产品的价格进行对比，以突出新产品的价格优势；将本商品及其附加各种服务的价格与可比商品不附加各种服务的价格进行对比，以突出不同使用价值的不同价格；将本商品的价格与竞争者同一商品的价格进行对比，以突出相同商品的不同价格等。总之，报价的策略都是让对方感到物有所值，证明价格的合理性。

六、如何对待对方的报价

在对方报价时，要想在后面的谈判中更为有利，就应该这样对待对方的报价。

(1) 在对方报价过程中，不干扰对方的报价，认真听取，完整、准确、清楚地把握对方的报价内容。

(2) 在对方报价结束后，对不清楚的地方可以要求对方予以解答。

(3) 在对方报价结束后，应将己方对对方报价的理解进行归纳总结，并加以复述，以确认自己的理解准确无误。

(4) 不急于还价，要求对方对其价格的构成、报价依据、计算的基础以及方式方法等做出详细的价格解释，以此来了解对方报价的实质、态势、意图及其诚意，从中寻找破绽。

(5) 在对方完成价格解释之后，要求对方降价，在实在得不到答复的情况下提出自己的报价。

第三节 讨 价 还 价

讨价一般是卖方报价后买方要求卖方降价或改变交易条件的过程；还价要以讨价为基础，还价，也称"还盘"，一般是指针对卖方的报价买方做出的反应性报价。卖方首先报价后，买方通常不会全盘接受，而卖方对买方的讨价，通常也不会轻易允诺，但也不会断然拒绝，为了促成交易，卖方往往伴随进一步的价格解释对报价做出改善。这样，在经过一次或几次讨价之后，为了达成交易，买方就要根据对卖方保留价格的估算和己方的理想价格，以及策略性虚报部分，并按照既定策略与技巧，提出自己的反应性报价，即做出还价。

一、讨价还价的目的

在商务谈判中讨价还价已经成为必不可少的过程，而且谈判的各方都非常重视这一过程，原因如下。

(1) 想买到更便宜的产品或卖相对高的价格。

(2) 为了展示自己的谈判水平，在讨价还价中击败对手。

(3) 害怕买贵了。

(4) 经验性思维，只有讨价还价才能促使对方让步。

(5) 不了解产品的市场行情，通过讨价还价来了解产品究竟值多少钱。

(6) 想搞清楚底价。

(7) 为了给第三者施加压力，以便在第三者那买到更便宜的产品，因此设法让你削价。

(8) 为了达到其他目的，以价格问题为掩护向你施加压力。

(9) 显示自己的才能，提高自己身份。

(10) 对付竞争。

二、讨价

所谓讨价就是在买方对卖方的价格解释予以评论后，提出让对方重新报价或改善报价的要求，也可称为"再询盘"。讨价与还价需要多回合的重复，才能取得结果。

在卖方报价之后，买方比较策略的做法是不急于还价，而是要求对方对报价的依据、计算的基础等进行解释。通过价格解释，可以了解对方报价的实质、意图及其诚意，寻找破绽，从而进行讨价。

1. 讨价的态度

讨价应本着尊重对方、以理服人的态度进行。这是由于讨价是伴随着价格评论进行的，并不是买方的还价，而是提示、诱导卖方降价，为下一步还价做铺垫。在讨价的过程中应充分说理，保持平和信赖的气氛，以求最大的收益。在此过程中，卖方经常会以"没考虑到"、"我不要某些费用了"等为理由进行辩解，对价格做部分调整，但此时的调价幅度均不会很大。作为买方，不论卖方以什么样的理由，为自己的调价找借口，都应该表示欢迎，给对方的降阶留台阶。这时，买方要注意看卖方改善后的价格与自己设想达到目标的差距有多大，是否可以进行还价了。

2. 讨价的过程和方法

在价格谈判中，买方如何向卖方讨价，应讲究一定的方法、步骤，根据卖方的解释和态度制定讨价的策略。讨价的大致做法可分为三个阶段，具体如下。

(1) 全面讨价。根据卖方的价格解释和态度，买方认为价格不太合理，且价格离自己预算太远，则可要求卖方从整体上改善价格。即使买方不是持基本否定的看法，在买方的"首次还价"前亦可要求卖方全面再报价。

(2) 针对性讨价。对于总体的重报价，买方应要求对方有细目的报价，要将调价反映在具体项目上，而不能总的降百分之多少或多少元的降价。如买方对报价基本肯定时，那么可以要求卖方先就某些明显不合理部分再报价，也就是虚头和水分最大部分先降价。

(3) 总体讨价。在上述阶段的讨价做法中，通常情况下，首次讨价是全面着手，不限一次，根据情况也可两次、三次后，才转入针对性讨价，而针对性讨价可以是针对一项，也可以针对几项进行；可同时要求几项，也可逐项讨价，这要依谈判者总体谈判策略而定。在此之后进行总体讨价，这往往并不是一次能定价的，有反复多次的可能性。

3. 讨价的次数

一般每一次讨价，如果能得到一次改善的报价，则对买方有利。不过，所有的卖方都会坚守自己的价格立场。那么买方讨几次价为妥呢？这应根据价格分析的情况与卖方价格解释和价格改善的状况而定。只要卖方没有大幅度的明显让步，就说明他留有很大的余地；而且只要买方有诚意，卖方就会再次改善价格。只有不被卖方迷惑，买方才有可能争取到比较好的价格。

卖方为了自己的利润，一般在做了两次价格改善以后就不会再报价了，他们通常以委婉的方式表达不可以再让了。例如，"这是我最后的立场"、"你们若是钱少，可以少买些"等。语言诚恳，态度时而低下，时而强硬，表情十分感人，请求买方接受他的第二次或第三次改善的价格，或要求买方还价。此时，买方要注意卖方的动向，不应为之迷惑而有所动，只要卖方没有实质性改善，买方就应根据报价的情况、虚头的大小、来人的权限、卖方成交的决心、双方关系的好坏等尽力争取。

三、还价前的准备

在一般情况下，一方报价之后，另一方进行讨价。在清楚了解了对方报价的全部内容后，要做的工作就是透过其报价的内容来判断对方的意图，并在此基础上进行分析，找出什么样的条件能使对方感到满意；怎样能使交易既对己方有利又能满足对方的某些要求。

(一)对报价的分析

将双方的意图和要求逐一进行比较，弄清双方分歧之所在，估计出对方的谈判重点在哪里，以便做好应对的准备。

分析谈判双方的分歧是否是实质性的，还是假性的。实质性分歧是原则性的、根本利益的真正分歧；假性分歧是由于谈判中的一方或双方为了要达到某种目的人为设置的难题或障碍，目的是使自己在谈判中有较多的让步余地。如果当双方都用同一种方法时，就都不要捅破这层"窗户纸"了。假的终归是假的，它只是一种过渡性的手段，不影响谈判的最后结局。所以，对待假性分歧，只要认真识别，看出其虚张声势后，就不要被对方的气势所吓倒，只要坚持说理，就一定会取得最后的成功。对待实质性分歧要认真，要反复研究做出某种让步的可能性，并决定是否让步。同时，根据预期的目标确定让步的幅度和步骤。谈判人员的这种分析是受到经验和水平限制的，不一定准确，但允许在谈判的过程中不断地修正。

通过分析得出是否需要还价，还价的幅度应如何。根据在其他各项交易条件上所做的针对报价的变动、补充和删减，估计哪些能为对方所接受，哪些又是对方急于讨论的问题，以此为基础，确定还价的条件。

(二)还价前的措施

为了使还价能朝着有利于自己的方向发展，接到报价后，要询问对方报价的根据，以及在各项主要交易条件下有多大的通融余地，同时要注意倾听对方的解释和答复，不要加以评论，更不要主动地猜度对方的动机和意图。在询问中，自己的意图不能泄露，如果对方做类似的提问，则应做最少的答复，并清楚哪些是该说的，哪些是不该说的。如果通过对照发现双方所开条件和要求差距很大，可采取如下方法。

(1) 要求对方重新报价。

(2) 向对方表明双方对这笔交易的看法过于悬殊，建议对方撤回报价，重新考虑一个比较实际的报价。

(3) 对原报盘中的价格暂不做变动，但对一些交易条件，如数量、质量、付款条件和交货期限等做一些变动。

(4) 不论对方是否接受你的建议，你的谈判立场应始终保持灵活性。一种方案不行，再试另一种方案；这个问题谈不成，可以谈另一个问题；能在主要问题上得到利益，就不必计较次要问题。谈判双方在谈判时保持一定的弹性，这正是讨价还价得以进行的基础。

(三)要求确定价格的上下幅度

如果想知道你所购买的产品价格是否公道，还价前最好是让对方明确价格上下的幅度，即应该让报价方提出他所能提供的最高和最低的价格，并且说明为什么，然后再找出其问题所在，这对己方的还价非常有利。

例如，当卖方说："我的价格是在 80～90 元"时，买主认为价格是 80 元，卖主则认为是 90 元。一般情况下，买主会认为 80 元是价格的最高点，并从 80 元开始要求对方降价。有时买主虽然满怀希望，但仍然会接受较高的价格，因为他的预算可能早就定在比 90 元高的价格了。所以最后对确定的 85 元，他甚至会觉得省了 5 元钱。因此，卖方要把自己的最低价格定得高一点，而买主则不要轻易相信卖主的最低价格，在不使谈判破裂的情况下，买主要以对方所说的最低价以下为还价的起点。

四、如何还价

还价要达到后发制人的目的，为此，就必须针对卖方的报价，并结合讨价过程，对己方准备做出的还价进行周密的筹划。首先，应根据卖方的报价和对讨价做出的反应，并运用自己所掌握的各种信息、资料，对报价内容进行全面的分析，从中找出报价中的薄弱环节和突破口，作为己方还价的筹码。其次，在此基础上认真估算卖方的保留价格和对己方的期望值，制订出己方还价方案的起点、理想价格和底线等重要的目标。最后，根据己方的谈判目标，从还价方式、还价技法等各方面设计出几种不同的备选方案，以保证己方在谈判中的主动性和灵活性。

还价的目的，绝不是仅仅形成与对方报价的差异，而应力求给对方造成较大的压力和影响或改变对方的期望。同时，又应使对方有接受的可能。因此，还价前进行筹划使还价具有后发制人的威力。

(一)还价方式

1. 按谈判中还价的依据不同划分

按照谈判中还价的依据不同，还价方式可分为：按可比价还价和按成本还价。

1) 按可比价还价

按可比价还价是指在己方无法准确掌握所谈商品本身的价值时，而只能以相近的同类商品的价格做参照进行还价。这种还价方式的关键是所选择的用以参照的商品的可比性及其价格的合理性，只有参照的商品价格合理，还价才能使对方信服。

2) 按成本还价

按成本还价是指在己方能计算出所谈商品的成本时，以此为基础再加上一定比率的利润作为依据进行还价。这种还价方式的关键是所计算成本的准确性，成本计算得比较准确，还价的说服力就比较强。

2. 按谈判中还价的项目不同划分

按照谈判中还价的项目不同，还价方式可分为：总体还价、分别还价和单项还价。

1) 总体还价

总体还价即一揽子还价，它是对谈判的全部内容进行还价的方式。

2) 分别还价

分别还价是指把交易内容划分成若干类别或部分，然后按各类价格中的含水量或按各部分的具体情况逐一还价。分别还价，是分别讨价后的还价方式。

3) 单项还价

单项还价是指按所报价格的最小单位还价，或者对某个别项目进行还价。单项还价，一般是针对性讨价的相应还价方式。

从价格谈判的过程来看，一般第一阶段采用总体还价，因为正面交锋刚刚拉开，买方总喜欢从宏观的角度先笼统压价；第二阶段使用分别还价；第三阶段进行针对性还价。对于不便采用全面还价的第一步可以按照交易内容的具体项目分别还价；第二步再按各项价格虚假成分的大小分别还价；第三步进行针对性还价。值得注意的是，在按价格虚假成分大小进行分别还价时，一般是先从虚假成分最大的那类开始，然后是中等的，最后是最小的，这样会事倍功半。

(二)确定还价起点的原则

还价能否起到后发制人的作用，关键的一个内容就是对还价起点的确定。还价起点，即买主的初始报价。它是买方第一次公开报出的打算成交的条件，其高低直接关系到自己所获得的利益多少，也对价格谈判的进程和成败有影响。因此，在确定还价起点时，要遵循以下原则。

1. 起点要低

还价起点低能给对方造成压力并影响和改变对方对判断所预期获得利益的期望，能为价格磋商提供回旋余地和交换筹码，能影响最终成交价格和利益目标。

2. 不能太低

还价起点要低，但也不是越低越好。还价起点要接近成交目标，让对方感觉有诚意，使谈判可以进行下去。一般要接近对方的保留价格，以使对方有接受的可能性，否则，对方会失去交易兴趣而退出谈判，或者己方不得不重新还价而陷于被动。

(三)确定还价起点要考虑的因素

如何确定还价起点，要考虑以下三个方面的因素。

1. 对方报价中的虚假幅度

价格磋商中，虽然经过讨价，报价方对其报价做出了改善，但改善的程度各不相同。因此，重新报价中的虚假成分是确定还价起点的第一项因素。对于虚假成分较少的报价，还价起点应当较高，以使对方同样感到你的诚意；对于虚假成分较多的报价，或者对方报价只做出很小的改善便千方百计地要求己方立即还价者，还价起点就应较低，以使还价与成交价格的差距同报价中的虚假成分相对应。同时，在对方的报价中，不同部分虚假成分差异不一样，因而，还价起点的高低也应有所不同，以此可增强还价的针对性，并为己方争取更大的利益。

2. 成交差距

对方报价与己方准备成交的价格目标的差距，是确定还价起点要考虑的第二项因素。不论还价起点高低，都要低于己方准备成交的价格，以便为以后的讨价还价留下余地。当对方报价与己方准备成交的价格目标的差距越小时，还价起点应当较低；当对方报价与己方准备成交的价格目标的差距越大，还价起点就应相对高一些。

3. 还价次数

这是影响确定还价起点的第三项因素。谈判中，还价的次数一般要经过几次，在每次还价的增幅已定的情况下，当己方准备还价的次数较少时，还价起点应当较高；当己方准备还价的次数较多时，还价起点就应较低。

一般还价的次数规律是：还价的次数应该与讨价的次数相结合，讨价的次数越多，还价的次数越少。总体还价一般可以顺利地进行两次讨价。当然，经两次改善后的报价，如果还存在明显的不合理，继续进行第三次；分别还价至少可以进行三次讨价，虚假成分大的、中等的又可至少两次。这样算来，实际上可能讨价五次以上。从针对性还价来分析，因为这种还价一般是在总体还价和分别还价的基础上有针对性地进行的，所以，讨价次数基本是一两次而已。

作为谈判人员应该全面考虑上述各项因素，并知道哪个因素所起的作用最大，以此来确定好还价的起点，才能在讨价还价中处于有利的地位。

(四)还价策略

1. 吹毛求疵

买方针对卖方的商品，想方设法寻找缺点，"鸡蛋里挑骨头"，百般挑剔，并夸大其词、虚张声势，以此为自己还价提供依据。再者就是对本来满意之处，也非要说成不满意，并故意提出令对方无法满足的要求，以此为自己的还价制造借口。吹毛求疵不仅可以动摇卖方的自信心，迫使卖方接受买方的还价，还可以增加自信心。在使用的时候需要注意的是，不能过于苛刻，应近乎情理、合乎逻辑，才能得到对方的理解。否则，卖方认为是缺乏诚意或被识破，就会使自己被动。

2. 滚雪球

滚雪球这种策略是指为了实现自己的利益，通过耐心地一项一项地谈、一点一点地取，达到越滚越大的效果。此方法利用了人们通常对蝇头小利不太在乎，不愿为了一点儿利益而影响交易关系的心理。

3. 最大预算

运用"最大预算"的策略，需要注意的是，掌握还价时机，一般在最后一次迫使卖方做出让步时使用；一般在卖方成交心切时使用；同时准备好这种策略失效的应对办法，确定是否可以中断交易还是做部分的让步。

4. 利用人际关系

此策略就是利用和谈判对手之间建立的良好的关系来进行低还价，而又不使谈判破裂的方法。此策略主要是通过在谈判中尊重对方，在次要的问题上主动迎合对方，利用友情和共同的爱好使对方不好意思，而达到目的。但如果遇到利益至上的对手时，将不起作用。

5. 最后通牒

五、讨价还价中的让步方法

在讨价还价中，让步是一种必然的、普遍的现象。如果谈判双方都坚守各自的价格互不让步，那么，协议将永远无法达成，双方追求的经济利益也就无从实现。只有在价格磋商中，伴随着双方的让步，进行多轮的讨价和还价，直至互相靠拢，才能最终实现交易目标。因此，从这个意义上讲，不断讨价还价的过程就是双方不断让步的过程。

从价格谈判来看，谈判各方不仅要明确各自追求的目标，同时，应当明确为达到这一目标必须做出的让步。可见，让步本身就是一种策略，它体现了谈判者以满足对方需要的方式来换取自身需要的满足这一实质性问题。然而，价格谈判中的具体让步方式是多种多样的，可以通过表 5.1 来说明这一问题。

表 5.1　一个假设的卖方常见的让步方式　　　　单位：元

让步方式	第一次让步的金额	第二次让步的金额	第三次让步的金额	第四次让步的金额
第一种让步方式	0	0	0	80
第二种让步方式	20	20	20	20
第三种让步方式	35	22	15	8
第四种让步方式	45	25	7	3
第五种让步方式	40	35	0	5
第六种让步方式	8	15	22	35
第七种让步方式	40	35	−2	7
第八种让步方式	80	0	0	0

表 5.1 是一个假设的卖方常见的让步方式，假设卖方最大的让步的金额为 80 元，让步分四个阶段进行。不难发现，不同的让步方式所产生的影响及其结果各不相同。

第一种方式：这是一种冒险型的让步方式。前三个阶段卖方始终坚持原来的报价，不肯作丝毫退让，意志薄弱的买方可能屈服于卖方的压力，或者干脆退出谈判。意志坚强的买方则会坚持不懈，继续要求卖方做出让步，而第四阶段卖方的大幅度退让，很可能引发买方提出更高的要求，往往使谈判陷入僵局。

第二种方式：这是一种刺激型的让步方式。这种等额的让步容易使买方相信，只要他有足够的耐性，卖方就将继续做出退让。因此，在第四阶段以后，尽管卖方已无法再做出让步，但买方却仍期待卖方进一步的退让。这种让步方式容易导致僵局，甚至造成谈判破裂。

第三种方式：这是一种希望型的让步方式。卖方逐步减少其让步金额，显示出卖方的立场愈来愈强硬，不会轻易让步。对于买方来说，虽然卖方仍存在让步的可能，但让步的幅度是越来越小了。

第四种方式：这是一种妥协型的让步方式。在这里卖方表示了较强的妥协意愿。同时又明确地告诉了买方，所能做出的让步是有限的。卖方在前两个阶段的让步有提高买方期望的危险，但后两个阶段的让步则可让买方意识到，要求卖方做更进一步的退让已是不可能的了。

第五种方式：这是一种危险型的让步方式。前两个阶段大幅度的退让，大大提高了买方的期望水平，而在第三阶段卖方又拒绝做出任何让步，买方往往很难接受这一变化，容易使谈判陷入僵局。卖方虽然在最后又做了一定让步，但与买方的期望值相比，可能仍有很大的差距。

第六种方式：这是一种诱发型的让步方式。这种递增的让步足以使买方相信，只要坚持下去，卖方还将做出更大的退让，买方的期望会随时间的推延而增大。第四阶段以后卖方虽已无路可退，却又无法取得买方的信任，很容易出现僵局甚而导致谈判破裂。

第七种方式：这是一种虚伪型的让步方式。这种方式是由第五种让步方式变化而来的。第三阶段的加价显示了卖方更为坚定的立场，第四阶段为表善意而做出的小小退让，目的则在于增强买方的满足感。

第八种方式：这是一种愚蠢型的让步方式。卖方大幅度的退让大大提高了买方的期望水平，买方势必将在随后的几个阶段争取更大的让步。但由于卖方在一开始就将自己的让步余地全部断送，实际上已不可能再做出任何退让。在这种情况下，双方极有可能产生尖锐的对抗，如果不能进行有效的沟通，很容易使谈判陷入僵局。在特殊的情况下，这种方式也可以，那就是通过交流发现对方非常了解行情。

上述八种让步方式基本上概括了现实谈判中的各种让步方式。从谈判的实践来看，第三、第四两种方式比较理想。它们的特点是让步的幅度是逐轮递减的，以此向对方暗示正在逼近让步的极限值。同时，为顺利达到或接近双方的成交价格铺平了道路。第五和第七种让步方式在运用时需要较高的艺术技巧，且风险较大。第一、第六和第八种方式则很少采用。

最后需要说明的是，由于交易的内容和性质不同，双方的利益需求和谈判实力不同，以及其他各方面因素的差异，价格谈判中的让步方式不存在固定的模式，而通常表现为几种让步方式的组合，并且，这种组合还要在谈判中根据具体的实际情况不断地调整。

六、价格谈判中让步要注意的问题

在价格谈判中妥协让步是常有的事情，但做起来却相当困难。以什么方式、在什么时间让步并不容易把握。因为让步直接牵涉到利益的问题，所以，在价格让步时应做到通盘考虑。谈判人员要加以注意以下几个方面的问题。

(1) 不要做无端的让步。每次让步都是为了换取对方在其他方面的相应让步或优惠。

(2) 让步要恰到好处，要以较小让步换取对方的满足。

(3) 在虚假价格高的部分上可根据具体情况首先做出小的让步，以换取对方在重要问题上做出让步。

(4) 不要接受同等幅度的价格让步。

(5) 在价格上做了不妥的让步，那就该当机立断，可以寻找理由推倒重来，以免错过时机。

(6) 不要每次做等幅度的价格让步。

(7) 幅度不宜过大，节奏也不宜太快。

(8) 让步幅度要越来越小。

(9) 特殊情况下可以不降反涨，也可以一次让到位，还可以一点不让。

(10) 让步要有明确的导向性和暗示性。

总之，讨价还价中的让步是必要的，但是，让步的节奏和幅度必须掌握好。如果卖方急于成交，那么在开始时可以做稍大一些让步，以后再缓慢地让步；如果是买方，不管是否急于成交，其让步节奏和幅度都要小，从头至尾坚持缓慢让步。

第四节　价格谈判策略与技巧

一、价格范围的确定

商务谈判中的价格谈判，尽管影响价格的因素很多，但是，价格谈判毕竟有它的限度，即有它的合理范围。假设谈判为买卖双方，在价格谈判中的一些基本情况如表 5.2 所示。

表 5.2　买卖双方在价格谈判中的一些基本情况　　　　　　　　　　　　单位：元

谈判方	初始报价	最低(最高)可接受价格	最终成交价格	成交范围
卖方	140	60	80	60~90
买方	40	90	80	60~90

在表 5.2 中，卖方的最低售价为 60 元，这是卖方在谈判中的保留价格或临界点。这是因为卖方在出售其商品时，受其成本和其他因素的影响，不可能以过低的价格出售，也不可能没有一个最低的下限。作为卖方，售价越高越好，不过这会受到买方最高买价的限制。表 5.2 中，买方的最高买价为 90 元，这是买方在谈判中的保留价格或临界点；显然，买方购买卖方的商品，受其价值和其他因素的影响，不可能多高的价格都购买，也必须有一个

最高的上限。作为买方，总希望买价越低越好，而这又会受到卖方最低售价的限制。在表 5.2 中有一个前提，即买方的最高可接受的买价必须高于卖方的最低售价，只有在这种情况下，价格谈判才有可能进行。否则，如果买方的最高可接受的买价低于卖方的最低售价，价格谈判就无法进行。因此，在买方的最高可接受的买价高于卖方的最低售价的条件下，我们把买方的最高可接受的买价与卖方的最低售价这两个临界点所形成的区间，称为价格谈判的合理范围，这是交易双方价格谈判的基础。然而，在价格谈判中，双方的最低(最高)可接受价格是不会让对方知道的。交易双方只能根据各种因素和信息自行确定自己价格的最高或最低点，同时估算对方的价格最高或最低点(临界点)。价格谈判的现实依据只能是双方的初始报价。在表 5.2 中，卖方的初始报价为 140 元，买方的初始报价为 40 元，最初的讨价还价范围是 40～140 元，在经过多个回合的讨价还价后，范围确定在 60～90 元。

需要强调指出的是，交易双方共同接受的成交价格，尽管必须处在价格谈判的合理范围内，但这并不意味着双方的利益分割是均等的，成交价格往往不会在此区间的中点上，我们把这种情况称为价格谈判中盈余分割的非对称性。造成这种非对称性的因素很多，其中主要包括：双方需求的不同、双方地位和实力的不同、双方的信息不对称、双方价格谈判策略运用的不同等。所有影响因素将导致双方在价格谈判中让步的不均等，从而最终形成谈判中盈余分割的非对称性。在谈判中地位、实力、经验、策略和艺术的运用，这几个方面的综合表现决定最终利益分割的多少。

二、发现对方价格临界点的方法

在价格谈判中，想要分割到更多的利益，就要发现对方可接受的临界点价格。如何发现对方的临界点，需要运用一些策略来探测对方的临界价格，也就是找出买主所能够付出的最高价格或卖主愿意出售的最低价格的方法。

(一)买方发现卖方价格临界点的方法

(1) 假如法。买主利用假装要购买额外的东西来发现卖主的降价幅度，从而发现卖主愿意接受的最低价格。例如，卖主在其他产品上从 10 元降到 5 元，可以发现其降价幅度为 50%。

(2) 请考虑的方法。买主想知道卖主是否愿意以 100 元的价格出售，买主给出 60 元的价格来请卖主考虑，然后观察卖主的反应，买主就可以大概了解卖主的最低售价。

(3) 逐渐增加批量的购买方法。买主首先确定单价，然后增加购买数量，看对方降价的幅度，从而发现卖主的最低出售价格。

(4) 使之放松警惕的方法。买主先对卖主的产品表示深厚的兴趣，借口无力支付这么高的价格，表示非常遗憾，然后诚恳地问卖主的最低价是多少。

(5) 设托的方法。让另一个人出低价来试探卖主的反应，然后再由真正的买主和卖主议价。

(6) 买主告诉卖主自己所经历过的价格或自己所知道的别人购买的价格，用以试探卖主对于低价格的反应。

(7) 买主先出不太低的价来吸引卖主的兴趣，然后假装发现出错了价格，再撤回原先的出价，以更低的价格试探对方。

(8) 买主想找出卖主所愿意接受的价格，应先考虑要购买品质较差的产品，然后再设法以较低的价格购买品质较好的产品。

(9) 买主先和卖主说好交易内容，在反复考虑后，向对方提出必须再降低一部分价钱，才可以成交。

(10) 先使谈判快速进行，买方尽可能使对方做出最大让步，即使破裂也无妨。然后再请第三者来仲裁，并且使对方做更大的让步。

(11) 买主经常用"这是我出的最高价格，不接受这个价格就算了"的方法来试探卖主的反应。

(12) 买主用"我这样做，你那样做"的策略来试探卖主愿意接受的最低价格。买主以让步来交换卖主的让步，假如卖主让步了，再以这个问题作为出发点继续尝试。

(13) 买主用"合起来多少钱"的方法来发现卖主可以接受的最低价。买主先问卖主两个物品合起来的价钱，再询问其中一个的价钱(其中价格高的那个)，然后再和他商量另一个已经较为便宜的价格。

(14) 直接让对方摊牌，说出可以接受的最低价格。

(二)卖主发现买方临界点价格的方法

(1) 卖主利用假装和买主讨论另一物品的价格，来试探买主所出的价格从 10 元可以涨至多少元，从而发现买主愿意接受的最高价格。

(2) 卖主想知道买主愿意支付的最高价格，先给对方一个价格，然后让对方考虑，看看买主的反应，卖主就可以了解买主心中的价钱或者他预算的金额。

(3) 卖主先提供某些没有的东西，探询买主愿意付出的价格，然后再以另外的东西来求得更高的价格。

(4) 卖主通过询问对方的购买量来试探买主可以接受的最高价。

(5) 卖主先出价，然后以此为基础找出买主愿支付的价格。买主所愿付出的价格通常很低廉，卖主对此要表现出惊奇的样子，再做出显然无法做成交易的表示，然后要求买主诚恳地告诉他最高的出价是多少作为未来交易的参考。这时买主心中已经松懈下来，就会开始说给卖主听，卖主说他会请示上司。隔一段时间后，卖主又提出对他有利的最后价钱，通常买主还是会接受的，这个交易对双方都有利。

(6) 卖主通过询问买主所了解的市场行情和对市场行情的看法，来发现买主可以接受的最高价。

(7) 卖主告诉买主其他已成交的买卖，用以试探买主对于高价格的反应。

(8) 卖主先出低价来吸引买主的兴趣，然后假装发现到一个错误，再撤回原先的出价。

(9) 卖主根据买主所拥有的资金多寡，试探他对一批产品是否真有兴趣，先谈高质高价产品，逐次降等。

(10) 卖主先和买主说好交易内容，在反复考虑后，告诉买主自己没有利润，必须将价钱提高一点，看对方的反应。

(11) 卖主也可以使用"仲裁"的策略。先使谈判快速进行，尽可能使对方做出最大让步，然后再请第三者来仲裁，并且使买主做进一步的让步。

(12) 卖主可以用"这是最后的价格，否则就算了"的策略来试探买主的反应。

(13) 卖主可以用"我这样做，你那样做"的策略来试探买主可以接受的最高价格。

(14) 卖主可以把两个以上的产品合在一起进行报价，然后询问买主可以接受的价格，从而发单个产品对方可以接受的价格。

(15) 卖主也可以直接向买主询问可以出的最高价格，这样可能双方会互相摊牌，快速成交。

在实际谈判过程中，探测对方的价格临界点是相互的，所以双方都要小心谨慎，不要中了对方的诡计。当然也可以利用一些假消息将计就计，麻痹对方。因此，在使用各种方法时要注意伪装和观察，根据实际情况灵活应用，可以把各种方法结合在一起使用，同时要注意各种方法的变形，才能达到预期的目的，也不至于上当。

三、价格谈判策略与技巧

(一)反向提问策略及破解

反向提问策略是指当谈判进行到一定程度后，卖方可能首先要求买主出价，而买方不是马上出价，却向卖方提出了一连串的问题，目的是在卖方的回答中寻找可能出现的机会，给讨价还价提供素材。买方所提出的反问大多是与杀价有关的题目，例如，如果买方加大订货量或减少订货量呢？如果对卖方这几种产品买方都订货呢？如果买方买下卖方的全部产品呢？如果买方向卖方长年订货呢？如果在淡季买方仍然向卖方下订单呢？如果买方以现金支付、迟付或分期付款呢？如果买方自己去提货，免除卖方的一些服务项目呢？如果买方向卖方提供技术力量呢？……这时候卖方对上述任何一个问题的回答都可能暴露自己的意图和对价格的态度。因此，卖方应慎重对待他们的每一个问题，不能随便答复对方，以免使对方抓住破绽使自己陷于被动地位，或者将双方引入讨价还价的境地之中。针对要价后的反问，卖方在回答时一般应注意以下几方面的问题。

(1) 不要立刻回答对方的设问。

(2) 分析对方问题的目的是什么，不要被对方提出的各种条件所诱惑。

(3) 在对方明确条件的情况下再进行报价。

(4) 回避问题，拖延时间，为报价做好准备。

(5) 以其人之道还治其人之身，使用同样的方法，提出种种附加条件请对方回答。

在实际价格谈判中，买卖双方都可以使用这样的策略进行攻防。

(二)低价策略及对策

低价策略是指为防止对方大力杀价，卖方通过不同的方式来证明自己的出价低廉合理，目的是使对方相信。低价策略可以通过以下手法实现。

1. 以最小或较小的计价单位报价

针对这样的报价应该强调整个交易的价格，也可以指出对方小报价的并不能证明其价格是合理的，揭露其诡计。

2. 高价比较法

用较高的产品价格与所谈的产品价格做比较，那么，所谈的产品价格就显得低了些。运用这一策略，卖方手中至少要掌握一种较高价格的同类产品。

针对这种比较式的价格，应该分析所比较的产品在技术、材料、质量、使用年限、售后服务方面的差距，从中找出不合理性，反击对方。

3. 与劣质产品对比法

如果对方觉得产品的价格高，难以接受，谈判者应该把所销售的产品与一些劣质的竞争产品放在一起示范，借以强调所推销产品的优点。示范中所表现出的产品差异，会使对方的反对意见马上无影无踪。

针对这种质量对比，谈判者应该强调实际价格的差距要比质量和性能方面的差距要大，同时强调二者都可以达到使用的基本目的，不应该价格差距太大。

4. 抵消法

对方认为价格有些高，卖方可以强调其他所有能够抵消价格高的因素。如果价格确实很高，而且已经因此而发生了争议，这种策略是唯一的方法。将产品的优点全部列出，有助于补救高价格的欠缺。

针对抵消法可以用比较法来应对。

5. 单位时间、成本费用分摊法

把产品的价格与产品的使用寿命周期和单位费用、利润结合起来，是讨论价格的一种有效方法。这种方法是把价格分解到使用周期内的每一个月或每一天中，分解到每个产品的成本和利润中，从而使价格数目变得很小，对对方会极富吸引力。

针对分摊策略最好的方法就是不接受和不理睬，并直接指出对方的伎俩。

(三)奇货可以漫天要价

在讨价还价中，假如卖方深信自己的产品是"皇帝的女儿"奇货可居，那就不妨报价高些，将其"吊起来卖"，这样做的结果必定是大获全胜。这种谋略不仅不会使买方望而却步，反而能提高商品的身价。例如，1984 年第 23 届奥运会的承办人——美国企业家彼罗·尤伯罗斯就是采用这种技巧，使得这届奥运会一反以往的财政亏损反而取得赢利。尤伯罗斯一开始就对赞助者们提出了很高的、甚至是苛刻的条件，其中包括赞助的款项不得少于 500 万美元。由于奥运会特殊的地位和作用，苛刻的条件反而产生更大的诱惑性，赞助者纷至沓来，一时间变成大热门，并展开激烈的竞争。著名的柯达胶卷公司开始时自认为牌子老，不肯接受组委会提出的"不得低于 500 万美元"的条件。尤伯罗斯"吊起来卖"，毫不让步，并断然把赞助权让给了日本的富士公司。后来柯达公司付出了好几倍的努力，还远不及富士公司由于获得赞助权而造成的影响。最后，尤伯罗斯在众多的竞争者中确定了 23 个赞助公司，再加上广播、电视转播的巨额转让费，终于绰绰有余地解决了奥运会的资金需要，这完全是奇货漫天要价要出来的。应对此方法的策略是联合抵抗。

(四)出假价

在贸易谈判中，卖主经常会碰到买主假出价格的情况，即买主利用出高价的手段排除了其他买主的竞争，使自己成为卖主的唯一交易对象。可是一旦卖主要卖给他时，他便推翻原先的许诺，开始降价，开始真正的讨价还价。此时卖主后悔已迟，因为原来的买主都已被他自己拒绝掉了。尽管这种出假价策略是一种不道德的手段，但有时经常会发生。卖主为免上当受骗，应注意以下几个方面的问题。

(1) 遇到优厚的购买条件得先问问自己，如此精明的对方为什么会接受这样的价格，要保持头脑清醒。

(2) 要求对方预付大笔定金，使其不敢轻易后悔。

(3) 在交易正式完成之前，不要中断与其他买主的联系。

(4) 告诉对方自己已经做好了应对出假价的策略。

(五)数字陷阱

在商务谈判中，经常利用数字来诱导对方掉入各种陷阱。例如，向对方展示一些看起来似乎很有道理，实际上却毫无意义的数字；报给对方一系列貌似准确的数字，其真实的含义却又是另一回事；在数字上故意出错来达到占便宜的目的等。被愚弄的一方往往会因一时迷惑或不擅长处理数字而犯下愚笨的错误，尤其是当置身于紧张的气氛中更容易出错。

针对数字陷阱首先是要懂得数字陷阱中的奥秘，然后拿出谋略来进行对付。具体做法如下。

(1) 接到对方抛出的数据要"打破砂锅问到底"，一定要让对方解释清楚"这项数据到底是什么意思？"并且要一项一项重新算过，千万不要以己度人，鲁莽行事。

(2) 一旦发现"故意出错"，应该一口咬定对方在施诈行骗，做最强烈的抗议，千万不可默认，更没有理由就此放他过去。

(3) 对所有的数据都抱怀疑的态度，再三地详细检查，研究合同里每一页文字和数字，看看它们是不是原先所协定的。

(4) 假如当时忽略了某项数字而到事后才发现这个错误，一定要鼓起勇气向上司报告，承认自己的不慎，并设法挽救，以免遭受更大的损失。

(六)抬价策略

在谈判过程中，运用抬价策略是抵制对方进一步要求的好办法。这个策略可能有点不道德，但却经常使用。如果买方对所要购买的商品不甚了解，卖方就可以用抬价的方法使买方相信他的出价是相当合理的。例如，卖方在某项交易中最初喊价1 000元，当时买方拒绝了，可是几天后，买方再找到卖主要求商谈这项交易时，卖方则说明以前的喊价有错，实际价格是1 200元，此时，买方就会后悔不如当初买了。如果买方想真心做这笔买卖，那么，就会出价1 000元成交这笔生意。

利用抬价策略，不但可以帮助卖方证明他的报价是合理的，也可以使对方不敢再有进一步的要求。例如，买卖双方原订以8 000元成交某件商品，买方打算在正式成交前再提出保修、培训等条件。但是，正式成交时，卖方提出该商品必须以 8 500 元成交，否则，该商品就不卖了。这时，买方就得费尽口舌争取维持原来的协议，无法再提保修、培训等事宜了。这样一来，卖方就成功地遏制了买方的进一步要求，买方也不知不觉降低了自己的期望。由此可见，抬价策略是抵制对方进一步要求的有效方法之一，它往往可以得到意想不到的效果。

一般可以采用以下几种方法来应付抬价策略。

(1) 看穿对方的诡计，直接指出来，也许对方会回到原来的价格。

(2) 让对方多人在合同上署名。

(3) 在合同没有签好以前，要求对方做出某种承诺，以防他反悔。

(4) 反抬价，推翻你和他达成的协议。

(5) 表示要退出谈判。

(6) 不接受新的条件。

(七)价格陷阱

价格陷阱是指卖方往往利用市场价格预期上涨的趋势，来诱使对方上钩的策略。这一策略，是在价格虽看涨，但到真正上涨还需要较长时间的情况下运用的。此策略其实质就是利用价格上涨的时机以及人们对之普遍担心的心理，把谈判对手的注意力吸引到价格上涨问题上来，降低其讨价还价的要求。

破解价格陷阱应该从以下两个方面入手。

(1) 谈判的目标、计划和具体步骤一经确定就要毫不动摇地坚持去执行，绝不要受外界情况的干扰而轻易地加以改变。

(2) 买方要根据实际需要来确定订货单，不要被卖方的价格所迷惑。

(八)最后出价策略

在商务谈判中，经常听到"这已是最后的出价"或"这是最低价钱"的说法，一般情况下，不要轻易相信这样的话。如果你不相信就必须先试探对方的决心。如果经过试探，对方决心已定，没有让步的余地了，那么或者成交或者生意告吹。如果经过试探，对方只不过是虚张声势，那就有必要进行针锋相对的讨价还价了。

一般可以采用以下几种方法来应对最后的出价策略。

(1) 仔细倾听、细致观察对方的言行。

(2) 对对方的话不予理会，观察对方的反应。

(3) 给对方留台阶，使他有机会收回意见，否则结束谈判。

(4) 装出退出谈判的样子，以试探对方的真意。

(5) 提出新的解决办法。

(6) 先使用此策略。

在商务谈判中，价格是谈判的重要内容，在此过程中应该注意自身的地位和实力，根据谈判的实际情况，选择合适的策略，并不断地变换表现方式，才能产生效果。同时，要注意发现对方所使用的策略，做到及时发现，正确处理。

本 章 小 结

价格谈判是整个谈判的核心，在价格谈判中要明确影响价格的因素，学会利用不同的价格表达方式进行谈判。谈判人员要知道对方说"贵"的真实目的，掌握讨价还价的过程和技巧，学会使用价格谈判的各种策略。在价格谈判中重点是发现对方价格的临界点，因此要掌握发现对方价格临界点的各种方法，正确使用价格谈判中让步的方法，才能保证己方在谈判中获得最大利益，实现双赢。

本 章 习 题

一、思考题

1. 影响价格的因素有哪些？

2. 什么是积极价格和消极价格？

3. 买卖双方对价格评论各应该围绕什么内容进行？

4. 进行价格解释应该遵循什么原则？

5. 报价的基本要求和原则是什么？

6. 什么时候先报价？

7. 为什么开盘报价要高？

8. 报价策略有哪些？

9. 讨价还价的目的是什么？

10. 确定还价起点的原则是什么？

11. 还价的策略有哪些？

12. 价格谈判中让步要注意哪些问题？

13. 买主发现卖主价格临界点的方法有哪些？

14. 卖主发现买主价格临界点的方法有哪些？

15. 价格谈判的策略有哪些？如何破解？

二、拓展练习

练习一　你怎么报价

你准备和一家公司就购买办公设备的事宜进行谈判，对方要求你对他们所购买的设备进行报价，你将如何报价？

(1) 只报整套设备的价格，并注明包括运输、安装费用。

(2) 报每一种设备的单价。

(3) 只报整套设备的总价格，不做任何说明。

(4) 将办公设备分类报价，不报单价。

练习二　你将怎么办

你们公司已经购买了新设备，所以想把旧设备赶紧处理掉。你们经理把这项任务交给了你，并告诉你卖 120 000 元就可以了。第二天，你的朋友告诉你有人愿意出 140 000 元购买，你将如何对待这件事？

(1) 接受 140 000 元的价格，并抓紧办理手续。

(2) 告诉对方一周以后再和他谈这件事，因为你现在很忙。在此期间你自己联系新的买主。

(3) 马上跟对方讨价还价。

(4) 告诉对方有人出 150 000 元，你们正在进行谈判。如果他可以出更高一点的价格，可以优先考虑朋友。

练习三　如何降价

谈判前的卖方都会计划一个可接受的最低价格，但他们在谈判中所开出的价格却都要比实际价格高出许多，而这个高出来的差额即是他在讨价还价中所能做出的最大限度的让步。现在假设卖方将 820 元作为可接受的最低价格，但他的最初报价是 880 元，他的最大让价幅度是 60 元。在这种情况下，你将采取怎样的让步方式达到谈判目标？为什么？

(1) 0—0—0—60

(2) 15—15—15—15

(3) 8—13—17—22

(4) 22—17—13—8

(5) 26—12—4—18

(6) 49—10—0—1

(7) 45—10—2—7

(8) 60—0—0—0

练习四　如何做对自己更有利

你准备买一套家具，在家具市场你看中了价格为 12 000 元的一套。这时，你首先应该和对方谈什么？

(1) 询问有关交货条件和售后服务内容。

(2) 告诉对方你很喜欢这套家具。

(3) 告诉卖主 7 000 元你可以购买。

(4) 问卖主最低多少钱可以出售。

(5) 和卖主说这套家具还可以。

练习五　对方涨价了

你和一家公司已经达成口头协议，准备以每吨 4 800 元的价格购买他们的原料，当你去与他们签合同时，对方告诉你现在价格上涨了，每吨 5 000 元。这时你怎么办？

(1) 与他们理论，要求按照以前说好的条件签约。

(2) 指责对方没有信用，使用不道德的手段。

(3) 转身离开，不与对方合作了。

(4) 告诉对方这样很好，你本来为了履行诺言才和他们来签约，其实有人可以每吨 4 750 元供货。

(5) 你提议可以折中，每吨 4 900 元。

练习六　小心上当

你们公司准备购买一套设备，收到多家外国公司的报价，德国的最高，美国的其次，日本的最低。你应该怎么应对这些报价？

(1) 只和报价最低的日本公司联系，准备进行谈判，回绝其他公司。

(2) 从价格高的德国公司到最低的日本公司逐一进行谈判。

(3) 同时与多家公司进行谈判。

(4) 先与日本公司谈判，但保持与其他公司的联系。

(5) 要求各家公司进行第二次报价。

练习七　经纪人的难题

你是一个前些年非常走红歌星的经纪人，但现在你的这位歌星已经不太红了。你们没有收到一个月以后将要举行的一个商业演唱会的邀请，但你们希望参加这次活动。你预计如果你要的出场费是当今最红的歌星的一半，组织者会接受的。你采取什么办法成功参与这次演出？

(1) 你告诉组织者你们要求的出场费较低，因为是顺便参赛。

(2) 提示组织者你的歌星过去很红，告诉他们你们过去的出场费，现在可以略少一些。

(3) 通过第三者告诉组织者你愿意参加这次演唱会，出场费可以谈判。

(4) 告诉组织者，如果他们给的出场费达到当红歌星的70%，你们愿意参加此次演出。

(5) 问组织者，如果你们参加这次演唱会，他们可以给多少出场费？

练习八　如何才能获利

你是一位经纪商，计划请一位著名歌星举办演唱会，票价定在60元(不分等级)，会场可容纳10 000人，你经过调查分析，卖出4 000张门票以上有风险，且广告等宣传费费用大约为10 000元(没有场地等其他费用)，歌星要求250 000元费用。这位歌星确信会上满座，歌星认为你的收益比她多，因此她不愿降低费用，但是你可以向她报价150 000元固定费用，其余的费用在门票销售到一定量后与其五五分成，你如何对此次谈判设计合适的方案及策略。

(1) 确定合理的谈判目标。

(2) 针对谈判不同阶段准备相关的策略。

(3) 分析歌星对你所采取的策略会做出什么样反应，针对其反应你将如何应对？

(4) 讨价还价中，你如何确定对方的最低接受点？

(5) 为了达到目的，你将如何创造良好的气氛及运用一些语言技巧？

(6) 如果门票分甲票80元，2 500张；乙票60元，5 000张；丙票40元，2 500张，你将如何重新确定你的谈判目标(理想、可接受、最低)？

三、案例分析

案例一　"白送"的航母

在印度海军的历史上，他们曾拥有两艘购买自英国的二手航母，并立下赫赫战功。在过去的五十多年时间内，凭借这两艘航母，印度海军一直是印度洋沿岸诸国中最强大的海上力量。

印度在1957年拥有了第一艘航空母舰。在1971年的第三次印巴战争中，印度海军的

"维克兰特"号航空母舰发挥了重要作用。

20 世纪 80 至 90 年代，是印度航空母舰部队的极盛时期，拥有"维克兰特"号和"维拉特"号两艘航空母舰，其海军舰队航空兵实力在苏联"库兹涅佐夫"号服役以前甚至被认为是世界第四强。

不过，曾参加过二战的"维克兰特"号在 1997 年因老迈而退役，印度海军仅剩"维拉特"号航母一根独苗，难以保证执勤效率。而且，原名"竞技神"号的"维拉特"号也已年迈。它属于英国二战末期建造的"半人马座"级航母，1959 年 11 月交付英国皇家海军，曾在英阿马岛战争中立下赫赫战功。

到 21 世纪初，"维拉特"号服役时间超过四十年，其配套的"海鹞"战斗机也日趋老化。在此情况下，印度海军必须寻求购入新的航空母舰，以维持其在印度洋的地位。

早在 20 世纪 90 年代末，印度海军就开始寻求更新其航母舰队，最初试图设法从英、法、俄三国寻求退役航母。不幸的是，大英帝国皇家海军早已不是维多利亚时代的海上霸主，只有三艘同样采用"海鹞"轻型战斗机的"无敌"级轻型航母，其航母舰队的规模水平与印度已是半斤八两。因此，英国既没有向印度提供航母的能力，印度方面也已经看不上英国货了。至于从法国引进航母，也因为法制航母上的弹射器无法弹射中型战机而被印度放弃。相比之下，俄罗斯则有一艘现成的退役航母适合印度。这就是 1987 年加入苏联海军、1995 年正式退役的"戈尔什科夫"号航母。

这艘航母 8 年的舰龄比当时市面上可以考虑的退役航母都要短得多，而其吨位则达到了 4.5 万吨，并具有进一步增加吨位的潜力。而且，俄罗斯在苏联解体后严重缺钱，非常乐于向印度出售。

实际上，俄罗斯从一开始就知道印度引进航母别无他途，找准了这个要害，从 2004 年开始，双方有关航母交易的谈判就变成了俄罗斯一方不断加价的吹风会。

2004 年普京访问印度的时候了解这个项目进展情况，了解了以后，印度抱怨太贵，普京说我们两国关系这么好，还买什么呢？送你算了，当时印度感觉很高兴。普京还表示，我们的航母送给你们，但是改装不送给你们。印度表示同意，双方签订了合同。双方签了 10 亿美元用来改装这个航母，5 亿美元用来买美航母舰载机，2004 年签订，2008 年交船服役。

结果到了 2008 年舰载机米格 29 全造好了，可以交给印度了，但是航母不行，航母完工不到一半，到处都搭的脚手架，这时候印度就急了，要求俄罗斯尽快交舰。但合同到期了，俄罗斯表示说这个航母原来不是我们造的，是乌克兰造的，他们向乌克兰要图纸，人家又不给，等等原因。由于这些原因改装费需要增加钱，而且还需要增加四年的时间，整个算下来要 29 亿美元，还要试航，试航 5 亿美元。印度为了尽快得到改装好的航母，只好接受俄方的要求。俄方也表示不再要钱了，要保质保量按时交，2012 年要保证这个航母交给印度。

事实上，印度人对这艘航母充满期待，印度本准备将其改装后作为本国未来的舰队核心。以改装后航母的名字"维克拉马蒂亚"为例，其在梵语中的意思是像太阳一样勇敢，在古印度的历史中，很多勇敢的国王都以"维克拉马蒂亚"为自己的封号，因此可以看出印度对这首航母的重视。

按照俄方的最初承诺，改建完成后的"维克拉马蒂亚"号航母满载排水量约 4.4 万吨，可配载大约 30 架作战飞机，其中 16 架为喷气式战斗机，将成为印度海军序列中战斗力最强的航空母舰。

然而施工开始后，俄罗斯人以工作量增加为由多次要求加价，8 年后，这艘航母的改造费用已经飙升至 29 亿美元。印度一个独立审计机构惊呼，这艘二手航母的维修费用甚至超过了新航母的造价，而且，与之相伴随的是航母交付日期的一再推迟。

印度对这件事开始很高兴，但到最后觉得不是滋味，有苦说不出来。

问题：

(1) 你认为俄罗斯为什么要白送给印度航母？

(2) 你从这个案例中感悟到了什么？

案例二　发动机坏了

小王的汽车出了毛病，送到修理厂去修。第二天修理厂打来电话，说是发动机的主要部件有毛病，即使经过修理也使用不了多久，需要换台新发动机。新发动机的价格是 7 000 元，安装费 800 元。小王觉得修这个旧车花这么多钱不太合算。他告诉修理厂决定不修了，干脆卖掉它，按现在的车况也许能卖个不错的价格，打算三天后把车提回。当他去修理的时候，说已经找到了买主，并对经理说，用卖车的钱再添一点，准备买个二手车。修理厂的经理见小王决心卖车，他不想失去卖发动机的生意，便问，要是给他换台发动机，他能出多少钱？小王表示，假如价钱不超过 4 000 元当然还是希望留下自己的车，因为他已经习惯了这台车，不过买台二手车也不错。修理厂经理不想放过送上门的生意，便围绕 4 000 元这个数目开动了脑筋，并对小王说，自己手上有台修复了的同型号的发动机，是从别的车上换下来的，性能还非常不错，和小王的车况比较般配，可以以 4 200 元的价格卖给小王，安装费也只要 800 元，只是原来那台有问题的发动机得留下，问小王是否有兴趣。经过讨价还价，最后以 3 800 元成交，修理厂出具保修单，安装费全免，保证发动机在 10 万公里内保修。

问题：

(1) 修理厂的经理为什么能把旧发动机卖给小王？

(2) 修理厂的经理为什么对旧发动机的报价是 4 200 元？

(3) 你得到了什么启示？

案例三　谈判大师的尴尬

科恩是美国一位著名的谈判大师，他为世人提供了无数成功与失败的经验和教训。下面是他同妻子在墨西哥的一段经历。

一天，科恩同妻子去墨西哥市，他们正在马路上观光，他妻子突然碰了一下他胳膊说："我看到那边有什么东西在闪光。"科恩说："噢，不，我们不去那儿。那是一个坑骗旅游者的商业区，我们来玩并不是要到那儿去。我们来这里是为了感受一种不同的文化风俗，参观一些未见过的东西，接触一些尚未被污染的人性，亲身体会一下真实。如果你想去那个商业区，你去吧，我在旅馆里等你。"

科恩的妻子是不听劝说、独立自主的人，于是挥手再见，自己去了。科恩穿过人潮起伏的马路，在相距很远的地方看见一个真正的当地土著人。当他走近以后，看到那个土著人在大热的天气里仍披着一件披肩毛毯，实际上他披了好几件，并呼叫道："1 200 比索。"
"他在向谁讲话呢？我自己问自己，绝对不是向我讲。首先，他怎能知道我是个旅游者呢？
其次，他不会知道我在暗中注意他，甚至在潜意识里想要一件披肩毛毯。"科恩加快脚步，
尽量装出没有看见他的样子，甚至用他的语言说："朋友，我确实敬佩你的主动、勤奋和
坚持不懈的精神，但是我不想买披肩毛毯，请你到别处卖吧，你听懂我的话吗？""是的，"
他答道，这说明他完全听懂了。科恩继续往前走，并且听到背后有那个土著人的脚步声。
他一直跟着科恩，好像系在一条链子上了。他一会儿又一次说道："800 比索！"科恩有点
生气，并开始小跑。但土著人跟着一步不落后。同时科恩听到："600 比索了。"到了十字
路口，车辆横断了马路，科恩不得不停住了脚。土著人仍唱他的独角戏，"600 比索，500
比索……400 比索，怎么样？"当车辆走过之后，科恩迅速穿过马路，希望把他甩在路那边。
但是还没来得及转过身，就听到土著人在后面的脚步声和说话声了。"先生，400 比索！"
这时候，科恩又热又累，已经一身汗了。科恩气呼呼地冲着他，从牙缝里挤出一句话："我
告诉你我不买，别跟着我了。"土著人从科恩的态度和声调上明白了他的话，但继续他的
表演。此时科恩说："好吧，你胜利了。"他答道："只对你，200 比索。""你说什么？"
科恩感到吃惊，叫道："200 比索？"土族人重复一次。科恩说："给我一件，让我看看。"
科恩问自己"我为什么要看披肩毛毯呢？我需要吗？我想要吗？我喜欢吗？不，我认为都
不是。但是，也许是我改变了主意。别忘记，这个卖披肩的土著人最初可是要 1 200 比索，
而现在他只要 200 比索了。"科恩开始了正式的谈判，最后以 170 比索买下了一条。

科恩在和这位小贩谈判得知，在墨西哥市的历史上以最低价格买到一件披肩毛毯的人
是一个来自加拿大的人，他花了 175 比索，但他的父母出生在墨西哥的瓜达拉贾拉。而科
恩买的这件只花 170 比索，使科恩在墨西哥历史上创造了买披肩毛毯的新纪录。科恩想将
它带回家去参加美国 200 周年纪念。那天天气很热，尽管如此，科恩还是把披肩毛毯披到
了身上，感到很洋气。在回旅馆的路上，他一直欣赏着从商店橱窗里反映出来的身影。

当科恩回到旅馆房间，妻子正躺在床上看杂志。他说道："看我弄到什么了。""你
弄到什么了？""一件漂亮的披肩毛毯。""你花了多少钱？"科恩回答说："是这么回
事，一个土著谈判家要 1 200 比索，而一个国际谈判大师只用了 170 比索，就买到了。"她
讪笑道："太有趣了，我买了同样一件，花了 150 比索，在壁橱里。"科恩拉下脸来，细
细查看了壁橱，然后脱下了自己的披肩，坐下来细想着刚才发生的事。

(案例来源：(美)荷伯·科思著. 实用谈判技术. 前程企业管理公司，1984)

问题：

(1) 土著人使用了什么样的价格策略？

(2) 科恩为什么买了不想买的东西？

(3) 土著人的等距离的降价过程为什么会成功？

(4) 你有什么感悟？

案例四　互相牵制

2002 年中国某钢铁公司根据对中国汽车用冷轧钢板市场需求的调查研究得出随着中国
汽车生产量的增加，市场对汽车用冷轧钢板的需求会快速增加，而我国汽车用冷轧钢板全

部从国外进口，价格比较高。因此决定从国外进口该钢板的生产线。

该信息发出后，得到了多个国家企业的报价，中方经过分析，主要对其中三家感兴趣。这三家是：德国公司，其报价为5 000万美元，其质量及品牌最好；美国公司，报价为4 500万美元，其各方面条件也非常好；日本公司报价为2 500万美元，二流水平，而且有附加条件。

针对这样的情况，中方决定让这三家公司进行第二次报价。德国公司强调其质量和未来产品在市场上的竞争力，只低了500万美元；美国公司降低了400万美元；日本公司没有降价。中方考虑到未来产品的销路问题，决定主要与德国公司和美国公司进行谈判，而与日本公司的谈判只作为给对方压价的幌子来进行。因此组建了三个谈判组，分别由公司的三位副总经理担任组长，约请各公司来我国谈判。

在与德国公司的谈判中，一开始德方就让我方还价。我方在询问对方所报价格包括的内容后，表示难以接受这个价格，同时还价为2 800万美元，理由是日本公司的报价只是他们的一半。由于双方差距比较大，所以休会。同时我方安排德国人参观公司和一些古迹。也为了等待与美国人谈判的消息。

在与美国公司的谈判中，美国人开始就介绍他们的生产线的特点，并演示了生产线的各方面情况，表示希望合作。并问我方还有什么要求，希望就每个细节进行谈判。我方表示对其设备认可，只是价格太高，要求对方对生产线进行细节报价。美方表示在基本价格确定后再详细报价。我方只好按照准备好的价格进行还价，为2 700万美元。第一轮谈判就此结束。

与日方的谈判，日本人又提出了一些辅助设备没有包括在这个价格内，如果包括辅助设备还需要提高200万美元。对于日本人的做法，我方表示遗憾。我方还价2 200万，而且包括辅助设备、培训和调试等。

在进行第一轮谈判后，我方进行了研究，认为德国公司为主攻方向。

第二轮与德国人的谈判，我方表示希望双方都重新考虑价格问题，进行第二次报价，德国人欣然接受。德国人出价4 100万，我方为3 300万，然后又就一些细节交换意见，都表示意见有分歧，休会。

与美国人的谈判因为不是主要目标，所以在第二轮的谈判中加价幅度较小，为3 100万，对方为3 800万。与日本人的谈判我方丝毫不让，就此搁浅。

在与德国公司的第三轮谈判中我方提出双方进行价格折中，德方表示下午给予答复。下午德国人表示折中可以，但这个价格不包括培训费用和一些辅助设施。我方坚持包含这两项内容，经过磋商最后我方同意不包括辅助设备(因为我方可以自己制造)，但价格要下调100万美元，因为我方的投资计划经费只有3 600万美元，德方不同意。第二天我方表示3 700万也可以接受，但先付款一半，其余的投产一年后付清。德方经过权衡后愿意以3 600万美元成交，但需要先支付2 000万美元的预付款，其余的款项在投产后付清。在此基础上双方又对一些合作的细节进行了商讨，最终达成了合作的协议，双方都表示满意。

由于与德国公司的谈判有了进展，所以，和美国公司的谈判我方的让步就非常小，最后因为价格差距太大，双方都表示遗憾，希望以后有机会继续合作。

问题:

(1) 为什么我方不把日本公司作为主要的谈判对象?

(2) 我方同时与三方谈判道德吗? 为什么这样做?

(3) 我方使用了哪些价格策略?

(4) 如果你的对手在价格已经确定的情况下, 增加交易条件, 你怎么办?

(5) 你认为德国人最后如果坚持 3 700 万, 而且不包括培训费用和辅助设备能实现吗? 如何做?

第六章 商务谈判的结束

学习目标：

- 把握谈判结束时机。
- 掌握谈判结束的技术准备。
- 熟悉谈判结束后的管理工作。
- 掌握谈判结束的方式与技巧。

核心概念：

折中进退策略　　　一揽子交易策略　　　谈判结束检索

随着磋商的不断深入，谈判双方在越来越多的事项上达成共识，彼此在立场与利益等方面的差异逐步缩小，交易条件的最终确立已经成为双方共同的要求，此时，商务谈判将进入结束阶段。那么如何才能找到谈判结束的最佳时机，在谈判结束时又应采用何种技巧呢？

第一节 商务谈判结束过程

选择恰当的时机结束谈判，对于谈判的成功有着重要的意义。商务谈判何时终结？是否已到终结的时机？这是商务谈判结束阶段极为重要的问题。谈判者必须正确判定谈判终结的时机，才能运用好结束阶段的策略。

一、结束谈判的时机

作为谈判人员应注意分析有关的各种信息，从中识别对方发出的结束信号，选择恰当的时机，将谈判行为引入协议的最后签订上。从交易条件的角度看，谈判者可以根据以下几个方面的因素来确定谈判结束的时机。

1. 双方已达成的条件占据的比重

从数量上看，如果双方已达成一致的交易条件占据绝大多数，所剩的分歧数量仅占极小部分，就基本可以判定谈判已进入终结阶段。

从内容上看，如果交易条件中最关键最重要的问题都已经达成一致，仅余留一些非实质性、次要的问题，就可以判定谈判已进入终结阶段。谈判中关键性问题常常会起决定性作用，也常常需要耗费大量的时间和精力。谈判是否即将成功，主要看关键问题是否达成共识。如果仅仅在一些次要问题上达成共识，而关键性问题还存在很大差距，是不能判定谈判进入终结阶段的。

2. 谈判对手的交易条件是否进入己方的成交线

成交线是指己方可以接受的最低交易条件，是达成协议的下限。如果对方认同的交易条件已经进入己方成交线范围之内，谈判自然进入终结阶段。因为双方已经存在在最低限度达成交易的可能性，只有紧紧抓住这个时机，继续努力维护或改善这种状态，才能实现谈判的成功。当然己方还想争取到更好一些的交易条件，但是己方已经看到可以接受的成果，这无疑是值得珍惜的宝贵成果，是不能轻易放弃的。如果能争取到更优惠的条件当然更好，但是要考虑到各方面因素，此时不可强求最佳成果而重新形成双方对立的局面，使有利的时机丢掉。因此，谈判交易条件已进入己方成交线时，就意味着终结阶段的开始。

3. 双方在交易条件上的一致性

谈判双方在交易条件上全部或基本达成一致，而且个别问题如何进行技术处理也达成共识，可以判定终结的到来。首先，双方交易条件达成一致，不仅指价格，而且包括对其他相关的问题，如所持的观点、态度、做法和原则等都有了共识。其次，个别问题的技术处理也应得到双方认可。因为个别问题的技术处理如果不恰当，不严密，有缺陷，有分歧，就会使谈判者在协议达成后提出异议，使谈判重燃战火，甚至使达成的协议被推翻，使前面的劳动成果付之东流。因此，在交易条件基本达成一致的基础上，个别问题的技术处理也达成一致意见，才能判定终结的到来。

二、谈判结束的时间

时间对于谈判来说是十分重要的。谈判的过程必须在一定时间内终结，当谈判时间即将结束，自然就进入终结阶段。受时间的影响，谈判者将调整各自的战术方针，抓紧最后的时间做出有效的成果。时间判定有以下三种标准。

1. 以双方约定的谈判时间为准

在谈判之初，双方一起确定整个谈判所需要的时间，谈判进程完全按约定的时间进行，当谈判已接近规定的时间时，自然进入谈判终结阶段。如果双方实力不是差距很大，有较好的合作意愿，紧密配合，利益差异不是很悬殊，就容易在约定时间内达成协议，否则就比较困难。按约定时间终结谈判对双方都有时间上的紧迫感，促使双方提高工作效率，避免长时间地在一些问题上争辩不休。如果在约定时间内不能达成协议，一般也应该遵守约定的时间将谈判告一段落，另约时间继续谈判，或者宣布谈判破裂，双方再重新寻找新的合作伙伴。

2. 以单方限定的谈判时间为准

由谈判一方限定谈判时间，随着时间的终结，谈判随之终结。在谈判中占有优势的一方，或是出于对己方利益的考虑需要在一定时间内结束谈判，或是还有其他可选择的合作者，因此请求或通告对方在己方希望的时限内终结谈判。单方限定谈判时间无疑对被限定方施加某种压力，被限定方可以接受，也可以不接受，关键要看交易条件是否符合己方谈判目标。如果认为条件合适，又不希望失去这次交易机会，可以接受，但要防止对方以时间限定向己方提出不合理要求。另外，也可利用对手对时间限定的重视性，向对方争取更优惠的条件，以对方优惠条件来换取己方在时间限定上的配合。如果以限定谈判时间为手段向对方施加不合理要求，会引起对方的抵触情绪，破坏平等合作的谈判气氛，从而造成谈判破裂。例如，美国汽车界巨子艾科卡在接手陷入困境的克莱斯勒公司后，觉得必须降低工人的工资。他首先降低高级职员工资的10%，自己也从年薪36万美元减为10万美元。随后，他对工会领导人讲："17元钱一个钟头的活有的是，20元的一件也没有。现在好比我用手枪对着你们的脑袋，还是放明白点。"工会并未答应，双方僵持了一年，最后，形势逼迫艾科卡发出了最后通牒。在一个冬天的晚上10点钟，艾科卡找到工会谈判委员会，给出了限定时间，对他们说："明天早晨以前你们非做决定不可，如果你们不帮我忙，我叫你们也好受不了，明天上午我就可以宣布公司破产。你们还可以考虑8个钟头，怎么办好，随你们便。"

3. 由于各种因素的变化使谈判时间随之变化

本来双方已经约定好谈判时间，但是在谈判进行过程中形势发生突然变化，如市场行情突变、外汇行情大起或大落、公司内部发生重大事件等，谈判者突然改变原有计划，比如要求提前终结谈判。这是由于谈判的外部环境在不断发展变化，谈判进程不可能不受这些变化的影响。因此，谈判者还必须考虑这方面的问题适时结束谈判。

三、谈判结束的策略

在商务谈判中，谈判双方为了将谈判行为的发展变化纳入各自所预期的方向和轨道，都会分阶段地制订并实施相应的谈判策略。因此，谈判者可以依据对方采用的谈判策略，分析谈判行为的发展趋势，进而把握适宜的结束时机。常见的终结策略有以下几种。

1. 最后立场策略

最后立场策略即一种在谈判中以破裂相威胁以达到施压于对方，迫使对方让步的策略。谈判者经过多次磋商之后仍无结果，一方阐明己方最后的立场，讲清只能让步到某种条件，如果对方不接受，谈判即宣布破裂；如果对方接受该条件，那么谈判成交。这种最后立场策略可以作为谈判终结的判定。一方阐明自己最后立场，成败在此一举，如果对方不想使谈判破裂，只能让步接受该条件。如果双方并没有经过充分的磋商，还不具备进入终结阶段的条件，一方提出最后立场就含有恫吓的意味，这样并不能达到预期目标，反而过早地暴露己方最低限度条件，使己方陷入被动局面，这是不可取的。

2. 折中进退策略

折中进退策略是根据双方立场和条件的差距，取中间条件作为双方共同进退或妥协的标准，以解决残余谈判的策略。例如，谈判双方经过多次磋商互有让步，但还存在残余问题，而谈判时间已消耗很多，为了尽快达成一致，实现合作，一方提出一个比较简单易行的方案，即双方都以同样的幅度妥协退让，如果对方接受此建议，即可判定谈判终结。

应当注意的是，不能完全以形式来判断折中即为终局，因为也可能发生对手不同意折中条件，结果使谈判表现为继续进行而非终结。因此，在形式折中之外，还应判断其过渡状态，即折中方案前的铺垫条件。如果已具有互相让步、互相坚持、时间消耗量三个条件，此时使用折中策略能达到结束谈判的目的。

折中进退策略虽然不够科学，但是在双方很难说服对方，各自坚持己方条件的情况下，也是寻求尽快解决分歧的一种方法。其目的就是化解双方矛盾的差距，比较公平地让双方分别承担相同的义务，避免在残余问题上过多地耗费时间和精力。

3. 一揽子交易策略

一揽子交易策略，顾名思义，即为双方谈判至最后或临近预定谈判结束时间时，以各自坚持的条件做整体的进退交换，以求达成协议的策略。双方谈判内容涉及许多项目，在每一个子项目上已经进行了多次磋商和讨价还价，经过多个回合谈判后，双方可以将全部条件通盘考虑。例如，涉及多个内容的交易谈判、多种技术服务谈判、多种货物买卖谈判，可以统筹全局，总体一次性进行条件交换。这种策略从总体上展开一场全局性磋商与平衡，使谈判进入终结阶段。

4. 冷冻策略

所谓冷冻策略，即暂时中止谈判的做法。在谈判中，或者由于条件差距太大，但双方又有成交的需要而又不愿使谈判破裂；或者由于谈判标的还有可比较、可选择的其他机会，而需腾出人手来加以利用；或者由于特殊困难(如许可证、外汇、行政、政治或人事的重大变故等)，而谈判双方又有成交诚意，只有在这种情况时，谈判双方可采用冷冻策略来暂时中止谈判。

除了上述的这几个方面，谈判者还可以通过其他途径来判定缔约的时机。比如对方索取更详尽的资料，或进一步提出售后服务之类问题等，一般可视为对方发出的缔约信号。在这一动态的过程中，谈判者还应密切关注对方谈判人员通过面部表情、手势等传递的信息，在综合分析的基础上做出判断。

四、谈判结束时的检索

谈判者在签约之前，为了保证目标的实现，提高谈判的成功率，都要对一些谈判中涉及的重要问题进行一次全面的检索。

1. 检索的内容

首先，要明确哪些问题已经顺利解决，哪些问题还没有解决。针对没有解决的问题进行全面的讨论。其次，己方期望成交的每项交易条件要确定，同时，明确自己对各种交易条件准备让步的限度。最后，从全局的角度对谈判结束阶段进行计划与控制。只有这样，才能为结束谈判做充分的准备。

2. 检索的时间

这种检索的时间与谈判的规模有很大的关系，一般来说，谈判是否已经真正结束，谈判应不应该结束，取决于谈判的规模。这种检索通常不是非常正规，由本单位自行准备并进行，但如果谈判规模很大又很正式，往往可能会安排一个正式的会议，并由本单位的某个领导主持，全体讨论。这样的回顾或检索会议往往被安排在本企业与对方做最后一轮谈判之前进行。

3. 检索的方式方法

在谈判即将结束时，检索的方式方法很重要。因为进行到这一阶段，必将面临着结束，也就是说，不管这种检索的方式方法怎样，这个阶段正是谈判者必须做出最后决定的时刻，并且面临着是否达成交易的最后抉择。因此，进行最后的回顾或检索，应当以协议对谈判者的总体价值为依据，对那些本企业没有同意而未解决的问题，予以重新考虑，或者考虑用何种方法会更恰当地达成交易。

五、确保交易条款的准确无误

在商务谈判过程中，由于社会文化、政治经济、语言等的差异，使谈判双方在某些问题上很难对所谈判的内容有一致的理解。名词术语的不同、语言的不同等都可能引起误会。所以，最重要的是，在交易达成时，双方应对彼此所列的条款进行全面的把握，特别是下面所列各项是最容易产生问题的地方，对于谈判者来说，这些问题应该给予重视。

(一)价格问题

(1) 价格是否包括各种税款、运费、保险或其他法定的费用。

(2) 在履行合同期间，价格是否受供求关系的影响，如果行市发生了变化，那么成交的产品价格是否也随之变化。

(3) 在履行合同期间，价格是否会受汇率变化的影响。

(4) 在履行合同期间，价格是否会受原材料价格波动的影响。

(二)合同履行问题

(1) 是否明确提到一旦己方或对方解除合同的解决方法。

(2) 对"履约"是否有明确的解释，是否包括对方对产品的试用(测试)。

(3) 合同的履行能否分阶段进行，是否已做了明确规定。

(4) 合同的履行过程中，常常会遇到各种干扰或挫折，如果遇到这样的问题如何解决。

(三)标准化问题

(1) 合同中的条例是否参考国家标准或某些国际标准的规格。

(2) 合同中的产品规格是否做了明确的规定。

(四)仓储及运输问题

(1) 仓储及运输等问题由哪方负责。

(2) 一些永久性或临时性的工作由谁来负责安排与处理。

(五)索赔的处理

(1)　确定索赔范围和金额，制订索赔方案。

(2)　索赔方式的确定，如协商、调解、仲裁或司法解决等。

(3)　依照哪种法律。

(4)　在何地处理索赔事项。

上述这些问题，适用于各种谈判。对于这些问题及其他有关问题，谈判双方在最终签订合同时应彻底检查，以保证双方真正能够理解一致。如果在谈判双方对某些问题的标准理解不一致的情况下，就草草签订合同，会给双方带来极大的风险。因此，作为一名谈判者，为避免日后争议及不良后果的发生，应该给予其高度的重视。

六、谈判的记录

谈判的性质不同，记录谈判的方法就不同。常用的几种记录方法如下。

(1)　由谈判各方共同认可的记录人员记录谈判达成的共识，最后由该记录人员通读谈判记录或条款，以确定各方在各点上已达成的一致意见。

(2)　对于长期谈判，因为时间长、内容涉及面广、条款复杂，所以作为谈判双方来说，每日的谈判记录，由一方在当晚整理就绪，并在第二天作为议事日程的第一个项目宣读后由双方通过，只有这个记录通过后再继续进行谈判。虽然花费的力气比较多，但从长远的角度来看，对于整个谈判的成功是很有帮助的。

(3)　短期谈判由于内容简单，所涉及的内容也比较少，所以由一方整理谈判记录后，在谈判结束前宣读通过。

值得注意的一点是，在记录人员记录的过程中，往往会记下他所接受的事情，而有时会忽略实际发生的事情。这对于最后记录的总结和合同的最终签订是极为不利的，所以作为记录人员全面地记录十分重要。

七、谈判后的管理

谈判后的管理主要是对签订合同之后的有关工作的管理。

(一)谈判结束后的归纳总结

合同签订后，己方谈判小组应对本项谈判进行总结。总结的内容主要包括以下两个方面。

1. 对本次谈判的内容及过程做总结

签订合同之后，谈判人员需就本次谈判从总体上对谈判准备工作，谈判的技巧、方针、策略和计划进行全面的评价，即事后检验。据此，可以发现哪些是成功的，哪些是失败的，哪些方面还有待改进。同时，每个谈判人员还应从个人的角度，对自己在谈判中的工作进行反思，总结经验和教训，以提高自身的谈判能力。

2. 对签订的合同进行再审查

虽然合同已经签字生效，在一般情况下没有更改的可能。但是，如果能尽早地发现其中的不足，就可以主动地准备应针对性的策略，采取弥补措施，早做防范，以免造成更大的损失。

(二)保持与谈判对方的友好关系与持续联系

与谈判对方保持关系是企业发展壮大、拓宽业务的一个重要保障。协议的达成并不意味着双方关系的了结，相反，它表明双方的关系进入了另一个新的阶段。一方面，合同把双方紧紧地联结在一起；另一方面，本项交易又为以后的交易奠定了基础。因此，为了确保合同得到认真彻底的履行，以及维持今后双方的业务关系，应该安排专人负责与对方进行经常性的联系，以使双方的关系保持在良好的状态。

(三)谈判资料的保存与保密

对本项谈判的资料，包括总结材料，应编制成客户档案，善加保存。这样，在以后再与对方进行交易时，上述材料即可成为非常有用的参考资料。

在保存资料的同时，还应就有关资料的保密工作进行恰当的安排。如果有关本项谈判的资料，特别是关于己方的谈判方针、策略和技巧方面的资料，如果被对方所了解，那么，不仅为对方在今后的交易中把握己方的行动提供了方便，而且也可能直接损害目前合同的履行和双方的关系。比如，谈判中在某个方面本来对方是可以不让步的，或者是可以争取到己方让步的，结果因己方采取了某些策略和技巧而使对方做了让步，或者没有争取到己方的让步。这一信息如果被对方所了解，必然心生懊悔，甚至产生想重新将之争取回来的想法。这样，其履行合同的热情与诚意就可能大打折扣，甚至影响合同的履行。

对于客户的档案，非有关人员，未经许可不得调阅，这应成为企业的一项制度。

第二节　结束谈判的方法与技巧

一、达到合作的条件

想要在谈判中达到合作签约，就要满足以下条件。

1. 使对方信任谈判者和其公司的信誉

没有信誉，不管产品多么吸引人，也不管你的谈判技巧如何高明，交易都很难达成。如果出现这种情况，不仅质次产品的谈判要失败，就是合乎质量标准的产品也要被拒绝。因此，谈判者自己的信誉、企业的声誉和产品的声誉是促成商务谈判成功结束的三个基础条件。

2. 对方完全了解企业的产品及产品的价值

在谈判过程中谈判者应向对方提出一些测验性的问题，检查一下对方是否了解己方的产品。如果对方在谈判行将结束时，对产品的优点仍没有充分的认识，就会拒绝在合同上签字。

3. 对方必须有成交的欲望

谈判对方拥有成交的欲望，这是谈判能够顺利达成的一个必备条件。因此，作为谈判人员要充分地激发对方成交的欲望，并在强烈的欲望驱使下做出成交的决定。

4. 发现并准确把握每一次成交时机

作为一名成功的谈判者，准确地发现和把握成交时机是其成功的一个重要条件。"敌之害大，就势取利，刚决柔也。"这是兵法三十六计中的胜战计之一。

5. 明确促成交易的各种因素

谈判者要明确对方是谁在掌握着决策的大权、对方拒绝成交的真正原因是什么，还有没有改变对方决定的可能性，是哪些因素促使对方做出成交决定的，他们将会做出什么决定，他们为什么要做出这样的决定等问题。

6. 不应轻易放弃成交的努力

即使得到对方的否定回答，也不应该轻易放弃。事情都是千变万化的，新情况随时都可能出现。你往往可以直率地向对方问些为什么，这样可以多了解些情况，有利于检查自己的工作漏洞，防止出现新问题和改变对方的看法。同时，也可以作为下一次谈判的经验和教训。达不成协议并不丢脸，可是，不知道为什么没有成功，则是不可原谅的错误。

7. 圆满结束做出精心安排

从谈判的开始，到谈判的结束，一定要做通盘的计划，特别是在谈判结束阶段，如果事前没有充分考虑问题，没有做充分的准备，成堆的问题扑面而来，就增加了谈判的难度。问题解决得不好，就不会使谈判圆满结束。

二、有效结束谈判的方式与技巧

在谈判的结束阶段，谈判者可以利用许多技巧达成交易，但这些技巧并非都能适用于各种交易谈判。有些技巧无法适合某个谈判者的工作方法或个人的偏好。但是，作为一名谈判者，所有结束的技巧都应了解，具备这方面的知识，有助于谈判者选定最适当的办法取得较佳的效果。

(一)比较结束法

1. 有利的比较结束法

有利的比较结束法即置对方以很高地位的成交法。例如，"这种型号的产品某名牌厂商已经订货了。你是否也需要……"、"某某厂家刚开始总是购买五部，你们是否也登记订购五部？……"等。

2. 不利的比较结束法

不利的比较结束法即根据对方的不利情况而进行说明的成交方法。例如，"你们推迟一天，就有被竞争者抢先的危险，像某某公司的遭遇一样。""你们知道，某某公司的市场地位一直很稳固，但自从那家新工厂购买了自动生产设备后……"等。

张先生想购买一辆小汽车，于是他到各汽车展销处向经销者询问价格，但是没有一个地方向他提供明确的最低价格。可是，他认为一部定价为 6 万元的汽车，可还价 3 000 元左右。

一般人碰到这种情形，很可能会去找汽车经销处的负责人直接谈判。张先生却认为，那些负责人个个都精明强干，和他们谈判，成功机会太小。于是，他找到一家由助理业务员负责的小型经销店，告诉他："我在一家经销处看上了和你们这里一样的一部车，他们提供的条件很优惠，非常希望能够成交这桩生意。因为他们存货太多了，担心没有办法及时将车子销售出去，而每辆汽车如果连续 6 个月卖不出去，他们就要支付银行 20%以上的利息，所以他们急于成交。"张先生说完准备离去时，业务员叫住了他："那么，您希望还多少价钱？""降价 4 000 元。"业务员请他稍候一会儿，然后进去与负责人商量，结果双方顺利成交。张先生比一般人少花了许多钱，买到了一部心爱的轿车。

(二)让利结束法

让利结束法是谈判中最常用的结束方式，它通过一些让步来终止继续磋商，以求达成协议。

当对方对大部分交易条件不很满意，而价格又较高的情况下，谈判人员可以考虑对方压价的要求，让利给对方，如用回扣、减价以及附赠品等方法，进而促成交易。例如"你们若能把履约的时间提前一个月，我们将优惠你们或降低价款""你们所订的数量实在太少，这个合同似乎都不值得签约，如果你们能再多订出两倍的量，我们还可以降价 5%，这可是难得的优惠条件"等。

另外，谈判者可以提议订购一笔少量廉价的样品，或者无偿使用，来达到让利给对方的目的，从而促成交易。国外的一家办公设备生产商，曾允许谈判人员把机器留给顾客使用一个星期，其结果使谈判的成功率大为提高，而且每 10 台机器就可售出 6 台。谈判人员说："这完全是组织方式的问题，在试用期间，我们还可以帮助对方维修他原有的机器设备。这样，对方不得不在试用期内签下订货合同。"利用这种成交方法的最大问题是，只要公司允许提供试用，谈判人员就可能放弃了其他的努力，使其日渐懒惰。

(三)利益结束法

使用利益结束法要强调以下三点。

1. 强调产品的好处

业务洽谈时，要把所有的有利因素醒目地写在双方都可以看到的一张大纸上，高度概括有利于成交的一切因素，是圆满结束洽谈的一种有效方法。在谈判过程中，谈判者随时都可以看见这些条件，这会收到较好的直观效果。当然，谈判者也可以把产品的优缺点、有利和不利的因素全都写下来，这样，对方就可以清楚地认识到你的产品会给他带来哪些利益，在利益权衡之下来选择产品。

2. 突出对方的利益或损失

这种方法强调对方如果不尽早购入他们所需的产品，他们会错过目前这一时期的所有利益。例如，"你们在犹豫或等待期间，将会失掉产品所带给你们的一切利益。你知道，将来你们会随时需要这种产品，你现在买，并享受过渡时期的那些利益，不是很好吗？"或者"当你们在等待时，其他厂家将比你们提前采用这种新技术，千万不要失去你们现在的优势，现在犹豫不决，就等于放弃了你们目前的利益和长远的利益。"

3. 满足对方特殊要求

有时，对方可能用提出希望或提出反对意见的方式来表达他们的特殊要求，这种情况下，如果可以满足对方的特殊要求，则会增加购买的可能性。例如：

"我不喜欢产品的颜色。"

"如果我们更换你们满意的颜色，你能决定吗？"

"如果可以提前交货就好了。"

"如果我们后天可以交货，你现在能签字，我们马上就可以为你们准备。"

如上所述，提问的方法要比肯定的说法好，没有任何约束，容易使对方做出决定。例如，为了满足对方的某种特殊需要，主动向对方提出改变产品式样或者支付方式，会促使对方尽快做出最后的决定。如果确实存在这样的机会，谈判者应果断地加以利用，从而马上结束谈判。

(四)必然成交结束法

1. 假定性成交

假定对方已完全同意，或者对方对几个主要条件印象不错，但又迟疑是否马上做出决定，成交就成了当务之急。假定性成交结束法可以采用以下形式。

1) 通过签字成交

这是将自己拟定的合同或是双方研究过的合同要点与条款，逐一地向对方解释一遍，然后征求对方意见，请其签字。这一般比较适用于简单的交易。

2) 直接或间接的表示

作为谈判者，可以拿出合同或订单，一面填写一面问对方："请不要错过这次机会，现在就订货吧！现在订货，我们就能在本月交货。你们需要多少……"等。同时，谈判者应该填写合同或订单，如果对方没有制止你，那么谈判马上要结束了。

3) 给对方选择的机会

提供对方可以选择的内容，然后就可以签合同了。例如，你喜欢白色的还是红色的？是 30 件还是 40 件？这种方法是不让对方过多地考虑，而是把对方的思路引导到选择的问题上。向对方提供两种或三种选择会减少遭到拒绝的危险。一般来说，谈判中都可以采用选择方法去诱使对方做出决定。可以向对方提供选择的方面很多，如数量、质量、型号、颜色、交付条件等。谈判者要动脑筋多提供一些选择方法，即使各种选择之间只有微小的区别，也应该尽量使用这种方法。

2. 自信必然成交

谈判者必须乐观、自信，如果你想使对方在合同上签字，那么你必须自信你的产品及交易条件非常符合对方的要求。使用这种方法时要注意的是，不要降低身份去请求对方，也不要向对方讨人情。例如，不要说"我们曾帮助过你们，你们现在应该……"等话，尤其在谈判即将结束时，有些人更容易犯这样低级的错误。谈判者要明白一个道理：欠债是要还的。

如果谈判者确信对方马上就会做出决定，那么，就一定要稳住阵脚，尽量避免谈论急于成交的事宜。越希望对方订货，你就越要小心谨慎，说话要慢一些，多停顿一些，让对方有喘息机会，能认真思考。要艺术地表现自己的信心更能使对方下定决心。

另外，在结束的时候不要流露出任何慌张的迹象，那样对方就会产生怀疑，认为你之所以那样，完全是为了获得订单。所以，你一定要若无其事，表现轻松。忧虑和紧张的神态会使对方有意无意地推迟决定。

3. 着眼于未来的成交法

这一方法是通过绕过成交这一问题去谈成交以后的事情。也就是说，假设成交已经达成，现在至关重要的是成交的后续工作。向对方描述购买和使用产品后的情况，从而诱导对方放眼未来。例如，"如果明天进行第一次测试，你们就会知道这样一来能节省成本。"谈判者应注意的是，不要把合同强加于对方，这只是谈判思路的转化，对方不一定会接受。

(五)诱导结束法

1. 诱导对方同意你的看法

这要求谈判者以逻辑推理的方法对问题进行思考，使对方对所提出的问题总是给予肯定的回答，最后迫使对方得出结论。针对每一个问题，要去引导对方回答，同意己方的看法。例如：

问：你认为获得利润最重要的因素是经营管理的方法吗？

答：当然。

问：专家的建议是否也有助于获得利润呢？

答：那是没有疑问的。

问：过去我们的建议对你们有帮助吗？

答：有帮助。

问：考虑到目前市场情况，技术改革是否有助于生产一些畅销的产品呢？

答：应该说是有利的。

……

上述方法要注意逻辑性，同时不要让对方感觉到被诱导。

2. 诱导对方提出反对意见

当对方对产品已产生兴趣，而对是否购买又犹豫不决时，可能有这样几个原因：他还有一些疑问或反对意见，他感觉自己还缺少全盘考虑，他本人无权做出决定，他觉得产品的缺点与优点相等。向对方提出问题才是发现这些原因的最好办法，这样能诱导对方暴露出埋藏在内心的反对意见，针对性地进行解答，从而导致尽快成交。

(六)步步紧追结束法

如果谈判双方能够利用第一次高潮达到成交，那是最理想不过了，谈判双方都可以节省很多时间。一般来说，谈判人员极怕遭到对方的拒绝，所以往往不敢诱导对方做出最终决定，而只是希望在业务洽谈继续进行时，对方会突然打断他的谈话，愉快地表示接受订货。如果对方不声不响，无所表示，谈判者就会不知所措，以为时机还不成熟，把本来经过努力可以成交的机会给错过了。有经验的谈判者声称："我们不能总是把成交机会留给明天。"因此，谈判者必须抓住可以成交的瞬间机会，趁热打铁，避免唠叨太多。

例如，某厂家空调器的售价较高，但其厂家代表对价格的解释吸引了经销商，经销商说："说得对，只要想到这台空调器的性能优越，那它就是不贵的，是值得的。"厂家代表紧随其后问道："那最好马上展出这种空调器，与广大消费者见面，并尽快销售出去，你说呢？"在这种情况下，即使对方做出了否定的回答，洽谈也不会终结。如果对方接受了这一建议，这笔买卖就做成了。当然，作为成功的谈判者，就要趁此机会，步步紧追。厂方代表又继续问："使用这种空调器一年最起码可以节省 80 元。关于这点，你知道吗？""当然，数字不可能太精确，大概 80 元吧。""所以，我们还可以这样说，消费者选择我们的这种空调器，从长远的角度说他们是省的，对吧？"经销商对这些问题都做了肯定的答复，到这里他自然而然地形成了批量经销这一产品的决定，并且他会把空调器所能带来的好处，都如实告诉给消费者。

(七)歼灭战结束法

这种结束谈判的方法是指当谈判者面临许多问题时，谈判者将力量集中在说服对方接受某一对他做出决定有重大影响的问题上，随着一两个重要问题的解决，双方也即达成交易。这是一种极其有效的方法，它可以大大缩短洽谈的时间，简化洽谈的内容。

使用这种方法，要抓住主要矛盾，打歼灭战，只要在关键性问题上达到了预期的目的(如价格问题)，谈判马上就要结束了。

(八)推延决定结束法

如果对方不能马上做出决定，而且确实有原因，应立即建议对方推迟做出决定，而不应错误地极力说服对方马上做出决定和施加某种压力。这样做的结果可以使双方真正建立起一种信任的关系。当然，在运用这一方法时，重要的是要分清对方不能做出决定的真实原因，如果对方是借口和犹豫不决的情况下，就不能使用这种方法。

一般来说，造成对方不能马上做出决定的原因有三个。

1. 权力限制因素

因为谈判对于由于权力的大小受到己方关系主体的限制，因此其无权决定。例如，总经理签约的金额各个公司都有明确的规定，超过其决策金额的范围，就需要董事长或董事会的同意和授权，才能签约。

2. 资料限制因素

在谈判过程中，也会出现运用资料限制因素来拖延时间。当对方要求己方就某一个具体问题进行进一步解释，或要求让步时，就可以用抱歉的口气告诉对方："实在对不起，有关这个问题方面的详细资料我方手头暂时没有，或者没有备齐，或者属于本公司方面的商业机密，概不透露，因此暂时还不能做出答复。"

3. 其他方面的限制因素

除了常用的权力限制和资料限制以外，人们还常用自然环境、人力资源、技术要求和时间因素等来进行拖延，谈判者一定要引起重视，分清真正原因。

(九)结束洽谈的其他策略与方法

1. 休会结束法

有时，谈判者必须使用休会式结束法，让对方有时间去考虑你开出来的条件及一旦无法达成协议时的后果。如果对方确实需要这些时间，而谈判者也认为这样做对谈判者本身有利，就应该给对方这个思考的时间。可以这样说："我们也已经很坦白地告诉你，这就是我们最后的底线。因此，我们建议现在暂时休会，让你好好考虑一下整件事的利弊得失，等你准备好你的答复之后，我们可以再回来研究。"

2. 威胁结束法

谈判者就是给对方一道最后通牒，如果他不接受你所开出来的条件，那就是一种遗憾的结果……所谓遗憾的结果就有很大的想象空间。但是如果谈判者的威胁是空口说白话，使用这种方式反而可能会伤害到自己。最强悍的做法就是要对方立即同意你的条件，否则……谈判者可以与休会结束法合并使用，让对方有思考的时间，这种方法就不至于那么尖锐了。但是休会也可能造成反效果，因为对方可以利用这段时间，去寻找可能的应对手段来反威胁。这是一种高风险性的结束方式，谈判者在使用时一定要经过仔细的考虑，注意给对方选择的空间，给自己也留有余地。

总之，在实际谈判过程中有很多结束谈判的方法，谈判人员应该根据谈判的具体情况灵活使用，选择最有效的方法，不要生搬硬套，注意多种方法的配合使用，而且要注意变换形式，灵活应用，同时要在实践中总结、完善和发展。

本 章 小 结

谈判人员要善于把握谈判结束的时机，掌握谈判结束的各种方法和技巧。把握好谈判结束的时机有利于达成协议，结束前的检索有利于保证己方的利益。

本章习题

一、思考题

1. 谈判者怎样来确定谈判结束的时机？
2. 谈判结束策略有哪几种？
3. 谈判者从哪几个方面对交易条件进行最后的检索？
4. 谈判后的管理如何进行？
5. 简述结束谈判的方式与技巧。

二、案例分析

案例一　这样的谈判为什么会成功

中国 A 公司和美国 B 公司之间所进行的合作谈判，从 20 世纪 80 年代初期开始。1982 年双方在北京签订了为期 20 年的合资协议。值得一提的是，它是首家涉及高技术转让的美中合资企业。

应该说，这场谈判从一开始，双方实力与地位的差距是悬殊的。美国 B 公司创建很早，它已成为各方面领先的全球供应商，销售额超过 5 亿美元，业务范围涉及全球十多个国家，是一家有规模的跨国公司。而 20 世纪 80 年代初期的中国，刚刚走上改革开放的道路，市场机制还很不健全，在高新技术领域尚处在落后状态。而且，由于这一谈判涉及极为敏感的高技术转让，是美国出口管理部门严格限制向中国转让的产品和技术种类。因此，对于中方谈判者来说，谈判对手的实力是强大的，谈判中所存在的阻力与障碍又将使谈判困难重重，要想取得谈判的成功非常不容易。

为了将谈判一步步向成功的方向引导，中方谈判者在充分了解对手和分析对手需要的基础上，首先向美方抛出了第一个"香饵"：中方国家有关方面和美方进行初步接触并向美方发出邀请，请他们组成代表团到中国进行实地考察。在考察过程中，中国方面巧妙地利用各种方式向美方展示了在该领域的光明前景。中国力求使美方确信，双方如果合作成功，将使 B 公司顺利占据这一世界上最后一个，同时也是最大一个尚未被开发的市场，而这一点则是 B 公司所迫切需要的。通过考察，他们已被这一诱人的"香饵"深深吸引了。紧接着，中方谈判者又不失时机地抛出了第二个"香饵"：为了表示合作的诚意，中方为美方特意选择了一个最佳的合资伙伴——A 公司。这使美方省去了进行选择的成本费用，深感满意。随着谈判进入到实质性磋商阶段，中方谈判者又拿出了第三个"香饵"：根据中国法律，合资公司将享受最优惠的税收减免待遇。正是这一系列"香饵"的作用，才使中方逐渐扭转谈判中的被动局面，并把这一历史性的谈判一步步推向成功。付出了"香饵"，得到了"大鱼"，通过成立合资公司，中方获得了先进的在产技术。这将使中国在高技术机械产品方面达到一个新的水平。

如果从谈判对手——B 公司的角度出发，再来考察这一谈判，就会发现，美方在谈判中也同样巧妙地采用了这一策略。该公司抛出了诱人的"香饵"是：B 公司使中方确信，美方将保证使合资企业获得最先进的数字技术(而这恰恰是中方所梦寐以求的)，并且美方向合资企业提供的"学习产品"(即最初转让的产品)是投入应用仅9年且仍旧处于更新换代中的先进产品。正是这些针对中方迫切需要的诱人"香饵"，才使B公司最终甩开了其他竞争对手，获得了中国大陆这一富有潜力的巨大市场，为公司的长远发展开辟了道路。

问题：

(1) 双方是如何把握机会，使谈判顺利进行，并一步步走向成功的？

(2) 在谈判的过程中，双方采用何种技巧？

(3) 你认为这次合作谈判成功的原因是什么？

(4) 双方提出的优惠条件为什么能够打动对方？

案例二　惨败而归的美国人

美国人科肯受雇于一家国际性公司，担任很重要的管理职位，不久后他向上司请求，见识一下大场面，出国谈判业务，使自己成为一个真正的谈判者，机会终于来了，上司派他去日本，他高兴极了，决心要使日本人全军覆没，然后再进攻其他的国际团体。到了日本，两位日本朋友迎了上来，护送他上了一辆大型轿车。他舒服地靠在轿车后座的丝绒椅背上，日本人则僵硬地坐在前座的两张折叠椅上。

"为什么你们不和我坐在一起？后面很宽敞。"

"不，你是一位重要人物，你显然需要休息。"

"对了，你会说日语吗？在日本我们都说日语。"

"我不会，但我希望能学几句，我带了一本日语字典。"

"你是不是定好了回国的时间？我们到时可以安排轿车送你去机场。"

"决定了，你们想得真周到。"

说着他把回程机票交给了日本人，好让对方知道何时去接他。当时他并没在意，可是日本人就知道了他的谈判期限了。

日本人没有立即安排谈判，而是让这位美国朋友花了一星期游览了整个国家，从日本天皇的皇宫到东京的神社都看遍了。介绍日本的文化，甚至让他了解日本的宗教。每天晚上花四个半小时，让他半跪在地板上，接受日本传统的晚餐款待。当他问及何时开始谈判时，日本人总是说，时间还很多，第一次来日本，先好好了解一下日本。

到第十二天，他们开始了谈判，并且提早完成，然后去打高尔夫球。第十三天为了欢迎晚会而提前结束。第十四天早上，正式重新开始谈判，就在谈判紧要关头，时间已不多了，要送他去机场了。他们全部上车继续商谈，就在轿车抵达终点的一刹那，他们完成了这笔交易。结果这次谈判科肯被迫向日本人做出了较大的让步，而自己惨败而归。

(资料来源：刘广文. 商务谈判. 北京：高等教育出版社，2002.)

问题：

(1) 导致美国人科肯这次谈判失败的原因是什么？

(2) 你从本案例得到了什么启示？

案例三　问题出在哪了

张先生为买一台录像机，跑了几家电器商店，这几家电器店的价格都介于3 800～4 000元。为了购买到更便宜一点的录像机，他又询问了几家商店，最后来到了一家门面装饰不凡的电器公司。店员十分客气地同他打了招呼。他询问了录像机的价格，店员拿一张价目表让他看，他所需要的那种型号的录像机价格是4 000元，但店员报价3 800元，张先生觉得相较其他店价格较低应该买，同时店员填写货单，这时从旁边过来另一位店员，看过货单后说价格应该是 4 000 元而不是 3 800 元，正在试机的店员立即查看价格表，转身对张先生说："真对不起，我刚才看错了，将 4 000 元看成了 3 800 元。"说完，就将购货单上的3 800 元改成了 4 000 元。

问题：

(1) 谈谈在这种情况下，张先生应怎样做？

(2) 你认为那个店员为什么这样做？

(3) 你得到了什么启示？

案例四 信息为你讲价

事件一

1992 年，石家庄市第三印染厂准备与德国卡佛公司以补偿贸易形式进行为期 15 年的合作生产，规定由外方提供黏合衬布的生产工艺和关键设备。该工艺包含了大量的专利。初次谈判对方要求我方支付专利转让费和商标费共 240 万马克。我方厂长马上派人对这些专利进行了专利情报调查。调查发现其中的主要技术——"双点涂料工艺"专利的有效期将于1999 年到期失效。在第二轮的谈判中，我方摆出这个证据，并提出降低转让费的要求，外商只得将转让费降至 130 万马克。

事件二

我国某厂与美国某公司谈判设备购买生意时，美商报价 218 万美元，我方不同意，美方降至 128 万美元，我方仍不同意。美方故意发怒，扬言再降 10 万美元，118 万美元不成交就回国。我方谈判代表因为掌握了美商交易的历史情报，所以不为美方的威胁所动，坚持要求再降。第二天，美国商人果真回国，我方毫不吃惊。果然，几天后美方代表又回到中国继续谈判。我方代表亮出在国外获取的情报——美方在两年前以 98 万美元将同样设备卖给匈牙利客商。情报出示后，美方以物价上涨等为理由，进行了一番狡辩之后，将价格降至 95 万美元。最终双方合作。

事件三

20 世纪 80 年代我国光冷加工的水平较低，为改变这种状况，国家决定为南京仪表机械厂引进德国劳(LOH)光学机床公司的光学加工设备。南京仪表机械厂的科技情报室马上对劳公司的生产技术进行了情报分析。在与劳公司谈判时，劳公司提出要对我方转让 24 种产品技术，我方先前就对劳公司的产品技术进行了研究，从 24 种产品中挑选出 13 种产品引进，因为这 13 种产品技术已经足以构成一条先进、完整的生产线。同时我方也根据对国际市场情报的掌握提出了合理的价格。这样，我国既买到了先进的设备又节约了大量的外汇。事后劳公司的董事长 R.柯鲁格赞叹道："你们这次商务谈判，不仅使你们节省了钱，而且把我们公司的心脏都掏去了。"

问题：

(1) 结合以上案例，你认为在商务谈判结束时，应该收集哪些情报信息？

(2) 你从上面三件事中得到了什么启示？

第七章　商务谈判的沟通技巧

学习目标：

- 了解商务谈判语言的分类及每种语言的作用和特点。
- 掌握说话、提问、回答、说服、示范与电话洽谈的技巧。

核心概念：

商务外交语言　商务法律语言　商务文学语言　商务性军事语言

在商务谈判活动中，谈判各方之间的信息沟通程度直接影响到谈判的结果。因此，进行充分的沟通是谈判人员应该做好的一件重要事情。本章主要从了解及运用语言工具，实现良好沟通，保证谈判的顺利进行为出发点，重点介绍说话、提问、回答、说服、示范和电话洽谈等常见的沟通技巧。

第一节　商务谈判语言的类型

根据不同的表达效果，谈判中运用的语言主要包括：商务外交语言、商务法律语言、商务性军事语言和商务文学语言等四种主要类型。

一、商务外交语言

外交语言是国与国之间交往过程中为处理各种外交关系所使用的一种语言。商务外交语言泛指在商务谈判中，所有委婉、礼貌、否而不决、允而不定的圆滑的表达方式及用语。

商务外交语言在商务谈判中的作用主要有以下几个方面。

1. 使对方感到备受尊重，从而起到融洽关系的作用

商务外交语言的表达具有礼貌性、模糊性、圆滑性和缓冲性的特点。运用商务外交语言容易给人以受到尊重和抱有希望的感觉，使对手感到受人尊重并且感到遇到了一个"通情达理"的合作者。从而增强对谈判成功的信心和希望，同时也会产生一种对谈判对手的亲近感。为谈判的顺利进行打下坚实的基础。

例如，"很荣幸与您一起就这笔业务进行协商，愿我们之间的洽谈能为双方进一步合作做出有益的贡献""对贵方表现出的合作诚意，我们非常高兴，我们做好了与贵方合作的一切准备"等。

2. 有利于解决谈判中的分歧，摆脱僵局

在商务谈判中，经常会因这样或那样的问题而出现分歧，陷入僵局。如果不能尽快解决，不仅浪费谈判人员的时间和精力，更不利于谈判协议的达成。此时，运用商务外交语

言往往比较有效。

例如，"很抱歉，关于这个问题是否再让我方仔细考虑一下？""看来我们双方目前一下子很难找到解决分歧的办法，我们都回去商量一下，看有什么良策可以克服双方面临的问题。谁有什么办法，谁就打个电话，我们再一起来解决我们之间存在的问题，好吗？"等。

3. 防止谈判破裂，争取机会

商务外交语言能给商务谈判中的各种观点交锋带来一种"保险"，即防止谈判"破裂"的保险，从而争取到继续谈判的机会。如，"我们的谈判大门是敞开的，欢迎您在向贵方上级请示后，再随时与我方联系""问题虽然很多，但只要我们双方共同努力，解决起来并不困难，假如贵方只希望我方做出让步而自己却坐视不管，问题恐怕就不那么容易解决了"等。

二、商务法律语言

商务法律语言是指商务谈判所涉及的有关法律规定的用语，泛指与交易有关的专业技术、价格条件、运输、保险、税收、产权、企业法人与自然人、商检、经济和法律制裁等行业习惯用语和条例法规的提法。

商务法律语言具有法律的强制性、通用性和刻板性等特点。通过商务法律语言的运用，可以明确谈判双方各自的权利与义务、权限与责任等。同时，由于商务法律语言是商务谈判中使用较多的语言，能否掌握和灵活运用是衡量谈判人员素质高低的重要标志之一。因此，谈判人员应尽可能地加以掌握和灵活运用。

商务法律语言在商务谈判中的作用主要有以下几个方面。

1. 明确义务

在商务谈判中，商务法律语言的核心在于明确阐述与交易相关的各方面内容，它的主要功能在于明确交易各方的权益、义务与风险。在交易中少不了使用技术专业语言及许多法律与商务的习惯用语。从实务看，语言用得活，用得丰富，合同义务就明确完整，反之则不明确、不完整。

2. 简化理解

由于商务法律语言源自国际商务实践，加之国际相关组织的发展和完善，通过各种文字形式将国家商业和法律用语规范化、标准化，从而形成了通用性，即跨民族、跨国界的特性。例如，国际商会提供的《国际贸易术语》以及联合国有关机构颁布的《联合国国际货物销售合同公约》等与商业有关的协定，向全世界工商界提供了商业与法律方面的标准理解定义。

正因为如此，尽管交易内容十分复杂，交易民族与地区差别很大，但有了通用的商务法律语言，使不同国籍、不同语言、不同文化背景的谈判者在商务活动中实现沟通与交流，有利于正确地理解谈判对手的表达。

3. 提供交易的手段

法律语言主要有三层意思。

(1) 告诉人们有多少可供选择的交易方式，在商务方面、法律方面有什么利弊，该如何进行区分。

(2) 明确什么方式的交易该如何成交、怎么执行。

(3) 如何解决交易执行过程中以及执行之后发生的纠纷或争议，如果发生这一类问题，在商业上、行政上、法律上等方面有些什么手段可以利用。

三、商务性军事语言

商务性军事语言是指在商务谈判中运用的军事术语及一切简明但态度坚定的语言或表达方式。商务性军事语言具有干脆、简明、利落、坚定和自信等特点。在商务谈判中，双方为了实现各自的目标，唇枪舌剑，甚至形成激烈的对峙局面。此时此刻，如果谈判人员遇到的对手是"吃硬不吃软"的人，那么从谈判的效果出发，运用商务性军事语言比较有效。

商务性军事语言在商务谈判中的作用主要有以下几个方面。

1. 压制作用

在商务谈判中，面对情绪激动、态度强硬、咄咄逼人的对手，在软的手法行不通或根本没有效果时，适当运用商务性军事语言，可以起到压制对手的作用。

例如，"先生你太过分了，你的这种行为对谈判是没有好处的，而且你将为此付出沉重的代价。"等。

2. 威慑作用

在商务谈判的中、后期，当谈判对手总是纠缠于某些条款不放手时，为了尽快解决问题，常运用商务性军事语言来威慑对手，迫使其让步。

例如，"贵方只有把某款某条的问题解决了我们才能谈下去，否则的话很遗憾，只能到此为止。""这是我方最后的条件，贵方同意就成交，不同意，我马上走人。"等。

3. 动员作用

俗话说"商场如战场"，商场之争一点也不亚于战场上的争夺。每一位参加者都是一名"战士"，作为谈判人员如果不明确自己的角色，就谈不上是一名"战士"，也就不能充分发挥自己的才能，这对谈判是不利的。

在商务谈判中，运用商务性军事语言可以使每个参加者进入谈判中相应的角色，帮助他们明确自己的职责。此时，军事语言也就起到了号召、动员的作用。

例如，"每个人都要守住自己的阵地，各尽其责。""请听从指挥，令行禁止，不要让对方钻我们的空子。""第一组人员以强硬的态度先上，第二组要沉住气，等待时机，不能失败。"等。

四、商务文学语言

商务文学语言的特点是优雅、生动、活泼和富有感染力等，适当地使用商务文学语言，常常能缓解沉闷的谈判气氛，使谈判双方都有轻松感，有利于谈判的顺利进行。商务文学语言在商务谈判过程中的运用，具体表现为：用优美动人的语言，采用夸张、比喻等修辞手法来制造一种良好的谈判气氛，化解双方的矛盾，增强语言的感染力和说服力。

概括起来，商务文学语言在商务谈判中的作用主要有以下几个方面。

1. 营造良好的谈判气氛

在整个商务谈判过程中，不管是初次相见，还是出现困难时，均可用商务文学语言来营造良好的谈判气氛。

例如，"能和您在一起就这笔业务进行磋商，我深感荣幸！""真是巧妇难为无米之炊呀！"等。

2. 化解矛盾，缓和气氛

在商务谈判中，谈判双方由于存在不同的利益追求，产生分歧是不可避免的，有时即使是一个小小的分歧，也会形成剑拔弩张的气氛。这时，运用商务文学语言常常起到化解矛盾的作用。

例如，"黄先生，我非常理解您现在的心情，但我们到这里来并不是为了吵架，而是为了实现我们共同的目标，相识即是有缘，生意不成仁义在，即使达不成协议，交个朋友也是收获，你说是吗？"

3. 增加语言的感染力与说服力

实践中，谈判人员在论述某个观点时，为了增强所述观点的说服力，常常采用商务文学语言。

例如，"贵方建议真可谓是雪中送炭。""经过双方的共同努力，我们之间的主要分歧已经解决了，真是冬去春来，可喜可贺。"等。

语言工具，贵在运用，既要灵活运用，还要有针对性。灵活运用主要反映在两个方面，即随机应变和交叉使用。随机应变是指在同一对象、同一议题、同一阶段的谈判中，随着谈判的不断深入或时间的推移而出现的各种情况变化或问题，及时变换谈判语言，使谈判紧扣主题并保持良好的谈判气氛；交叉使用是指在针对某个因素的主体语言运用时，为取得更好的谈判效果，而灵活配以其他的谈判语言；针对性则是指各种语言的运用均以谈判对象、谈判时间、谈判内容及谈判目的的不同而不同。即要做到因人而异、因时而异、因地而异、因目的而异。

第二节　商务谈判中的沟通技巧

一、说话的技巧

在商务谈判中，双方的接触、沟通与合作都是通过语言的表达来实现的，说话的方式不同，对方接受的信息、做出的反应也都不同。这就是说，虽然人人都会说话，但说话的效果却取决于表达的方式。

说话是一种艺术，也是一种技巧，谈判人员必须掌握和灵活运用说话的技巧，只有这样才能在商务谈判中被对方接受，实现良好沟通并最终取得谈判的成功。

1. 说话要有节奏，快慢结合

谈判人员应明白，抑扬顿挫是获得听众的唯一秘诀。即说话时，应快则快、应慢则慢、应高则高、应低沉则低沉，流水般毫无抑扬顿挫的说话，是难以让人保持良好的精神状态听下去的。当然，说话时还要注意速度不宜太快，亦不能太慢。说话太快，不易听清楚；太慢则既浪费时间，又让人感觉不耐烦。

2. 说话的姿势要正确

姿势是说话者内心状态的外部表现，取决于说话者的情绪、感觉与兴趣，最好的姿势是发自内心的。不管是站着还是坐着说话；不管说话时是否配以手势等，说话的姿势一定要自然。说话姿势正确与否，直接影响到说话的效果及说话者的形象。试想一个人歪躺在沙发里与他人谈话会产生什么样的不良后果，你就能理解保持正确的说话姿势的重要性了。

3. 说话声音不能过高或过低

在正常情况下，说话的声音过高，会使人感到厌恶，同时还表现出不懂礼节；而说话声音过低，对方难以听清，甚至会产生不必要的误解。

4. 少说多听

说话还应该遵循一个原则，那就是少说多听。我们都知道言多必失的道理，在商务谈判中，要想从对方那里获得更多的、更有效的信息和资料，少说多听就是最有效的方法之一。

5. 说话要尊重别人

相互尊重是人与人交往的基础。在商务谈判活动中，可以通过很多方面来体现对对方的尊重。从言语方面来讲，要尊重对方，最重要的是禁止使用伤人的语言，例如，"跟你讲话，简直是对牛弹琴"等，这种话有百害而无一益，正确的做法是语气温和，态度谦恭。

6. 说话要有针对性，言简意赅，不能信口开河

说话要有针对性，并且越简洁越好。有的谈判人员在叙述某件事情时，生怕别人听不明白，拼命地运用各种字眼，说了很多话，结果却适得其反；有的谈判人员说起话来，放连珠炮似的，一开口，其他的人就别想有发言的机会，要知道这是十分使人厌烦的。

7. 说话应用商量的口气，不要用命令的口吻

谈判人员总是带着一定的任务，而这个任务的完成往往是需要得到对方的合作。商量的口气，能使对手遵照你的意思去做，容易达成共识。例如，"这只是我个人的意见，您看您还有什么好的建议。"等。

8. 巧妙地运用常识

与人说话，特别是初次相见寒暄时，为了增进友谊进行私下接触时以及在共同娱乐聊天时，巧妙地运用常识是交谈成功的关键。作为一名商务谈判人员，除了要有丰富的专业知识外，还必须有一定的常识。常识是靠日积月累的，例如，经常阅读报纸、杂志，了解国内外最近发生的重大事件、科学界的新发现和新发明、最新的电影、戏剧作品以及当地的经济发展状况等。

9. 说话不能过于武断

有的商务谈判人员，总以为自己所说的话才是正确的，不许别人更改，不让别人有考虑的余地。这种观点是错误的，应尽量避免。在实际操作中，为了避免过于武断的语言，造成对手不高兴的局面。谈判人员最好能够避免使用"绝对是这样""肯定是这样""所有的都是这样"等类似的语言，应该用"在某种情况下是这样""大多数都是这样"等非武断的语言。

总之，谈判人员要养成良好的说话习惯，包括正确的发音、适当的速度、丰富的语句及幽默与优美的姿态等，所有这些都可以通过自身的努力，即学习和锻炼而取得成功。

二、提问的技巧

有这样一个故事：有一位牧师问一位长老："我在祈祷时可以吸烟吗？"这个请求被拒绝了。而另一位牧师也去问这位长老："我抽烟的时候可以祈祷吗？"结果，这位牧师得到的答复是"可以"。后者从不同的角度，请求了与前者同样的问题，却得到了不同的结果，这就是提问的技巧。

在商务谈判过程中，向对方发问或接受对方的提问，是必不可少的。提问是一个打开对方话匣的最好方法，是谈判双方有效沟通的方式之一。尽管提问是"少说多听"的一种最有效的方法，但并不是问得越多越好，巧妙地、恰到好处地、适当地向对方提问，才可能取得良好的提问效果。

好的提问往往可以起到以下作用。

一是探测对方的动机和意图，获取自己所需的信息。例如，"贵方在这一点上是怎么考虑的？"等。

二是为对方的思考和回答规定方向，有利于驾驭谈判的进展。例如，"你能否告诉我，你们商量后的结果是……"等。

三是启发对方思考，开阔思路，使其更加积极地参与谈判，共同探讨达成双方有利的协议。例如，"我们是否应该……"等。

四是鼓励对方继续讲话。例如，"您还有什么好的建议和想法吗？"等。

五是打破僵局。例如，"我们换个轻松点的话题好吗？"等。

提问的作用还有很多，作为一名商务谈判人员应能很好地掌握和灵活、艺术地运用提问的技巧，只有这样才能驾驭谈判的进展。

商务谈判人员应该掌握以下几个方面的提问技巧。

1. 提问前应有所准备

有所准备是指提问之前应进行必要思考和准备。例如，自己要问什么？对方会有什么反应？能否达到己方的目的以及如果对方反问该怎么办？等。需要注意的是，不要没有目的地乱提问。

2. 正确把握提问的时机

掌握提问的时机是有效提问的重要保证。一般来说，提问的时机主要有：在对方心情愉快时提问；在对方发言结束后或间隙时提问；在己方的发言前后提问；在规定的磋商时间里提问等。

3. 提问的态度要诚恳，语气要委婉

商务谈判中的提问要注意策略性，即提问的方式和角度。千万不要用警察对嫌疑犯的询问方式来提问。应记住：尽量不要给对方施加太多的压力，以免造成对方烦躁不安，而影响回答的效果或形成不良的对立的谈判气氛。例如，"你们的报价这么高，我们能接受吗？"换一种问法"你们的报价高得出乎我们的意料，有商量的余地吗？"显然，第一种提问方式带有挑战及责备对方的意思，并好像在告诉对方，如果你们不做让步，那么我们就没什么可谈的了。而第二种提问的方式气氛缓和多了。

4. 提问的用语要准确、简练

商务谈判人员应注意的是，提问一般只是简短的一句话，即提问的话要比对方回答的话短，否则就是失败的。在提问时，以短的句式引出的回答越长越好。此外，提问时语句简练，表达准确，可避免产生不必要的误解。

5. 在一个问题没有解决之前，不要进行下一个问题的提问

在商务谈判中，经常会遇到对方的答案不够完整或避而不答，在这种情况下，不要急于提出新的问题，因为这样做不仅没有收获，而且浪费时间和精力。谈判人员应抓住机会，有耐心和毅力继续追问，因为此时，如果你提的问题并不过分，对方是有义务与责任继续回答的。

6. 提出问题后，自己应保持沉默，耐心等待对方的回答

一般来说，先提出问题的一方，往往占有一定的主动权，即某方提出问题的同时也就把打破沉默的责任交给了对方。正如上面提到，此时，如果你提的问题并不过分，对方是有义务与责任回答的。所以提出问题后，不要讲话，静静地等待对方的回答后再伺机行事，才是上策。

谈判人员应明白，理论上掌握了上述提问的技巧，并不意味着在谈判中一定能很好地提问，还需在实践中不断地总结提高，才能真正得心应手，左右逢源。

三、回答的技巧

商务谈判是由一系列的提问和回答构成的，巧妙而得体的回答与善于提问同样重要。

在商务谈判中，回答对方问题的要诀在于要明确该说什么和不该说什么，即需要的是巧答，对不同的提问，回答应采用不同的方式。商务谈判人员应该主要掌握以下几个方面的回答技巧。

1. 开诚布公地回答

开诚布公地回答也可称为"实事求是"地回答。这是最普遍的回答方式，即对对方所提出的问题，实事求是地相告。这既能节约谈判的时间，又能很好地体现出己方的诚意，有利于解决存在的问题，迅速达成谈判协议。

2. 不彻底地回答

不彻底地回答也可称为"侧面回答"或"避正答偏"。这种回答常用来对付一些可能对己方不利的问题，此类问题不便直接回答，但又无法拒绝。例如，对方问："我们的方案昨天就交给了贵方，不知贵方是否同意？"如果马上做肯定的回答，时机尚未成熟。此时，可以这样回答："贵方提出的方案很及时，我们正在考虑，只是关于售后服务只讲了两点，我看是否再加上……"这样的回答就很好，既能使对方接受，又避开了对己方不利的一面。所以在遇到正面难以回答的问题时，常采用此类方式回答。回答问题一方，将问话的范围适当缩小或只回答问题的某一部分，也可以将问题的主题引开。

3. 避而不答

商务谈判中经常会遇到一些陌生的问题，所谓陌生的问题是指一些新的、意料不到的、不知道的以及不是很清楚或很有研究的问题。谈判人员应记住：对于陌生的问题，不要盲目地做出回答，盲目地回答有害无利。正确的做法应采用回避的方式，例如，"对不起，您提的这个问题我还不十分清楚""这个问题建议先放一放，我们先讨论其他的问题好吗？"等。

4. 使对方觉得不好继续追问的回答

在商务谈判的许多场合，有的谈判人员常被有准备的对手的提问团团围住，落入对方的圈套，而抽不出身来，这对回答者来说是很不利的。因此，谈判人员在回答问题时应尽量使问话者找不到继续追问的理由或借口。实践中较好的方法是，在回答问题时，多找客观理由，避开己方的原因。例如，"我们更改了原来的方案，是因为市场行情发生了很大的变化。""我们上次交货延期，是因为铁路运输方面的原因……"等。

四、说服的技巧

在商务谈判中，谈判双方存在各种各样的分歧很正常。要想消除分歧，谋求一致，主要办法之一就是设法说服对方改变初衷，心甘情愿地接纳己方的意见或建议。因此，说服技巧通常被认为是一种高明而艰难的技巧。商务谈判人员要提高说服的能力，应做到以下几点。

1. 与被说服者建立良好的人际关系

例如，通过己方的实际行动或信誉较好的第三方介绍等方式，与被说服者建立相互信任的人际关系。良好的人际关系是非常有利于说服的。

2. 正确把握说服的时机

最佳的说服时机应包括两方面：一是对方心情要好；二是提出建议的时间要恰当。两者同时具备，才能算是最佳的说服时机。一般来说，把解决双方意向差距较大的问题的建议放在本次谈判的总时间过半及对方的心情较好时提出来，对方就比较容易被说服并乐于接受你的意见或建议。

3. 说服对方必须有足够的耐心

说服工作是艰难的，因为说服就意味着让对方放弃其原来的观点或意见，而接纳己方的观点或意见。值得注意的是，有时对方虽没有当面表示接受你的建议，但对你的态度和你所讲的话，事后他会加以回忆和思考的。这也就是说，接纳需要一个过程，往往只有假以时日才能慢慢改变。要知道，等待不等于放弃，任何事情都要给他人留有一定的思考和选择的时间。所以说服者必须有耐心。

4. 说服证据和理由必须充分

在说服的过程中，尽可能地拿出证据或者有说服力的资料，要做到足以让对方找不到理由反驳。此外，商务谈判人员在说服过程中要坚持采用真诚、礼貌、对方易于接受、有说服力的语言。两者结合起来，会大大提高说服力。

5. 强调有利于对方的条件

应让对方知道，接受己方的建议或意见，对方将得到什么好处，尤其是己方的建议或意见能够满足对方的哪些主要要求，否则，对方难以被说服。

6. 说服的同时适当做些让步

适当的让步可以使对方感到在他接受你的意见或建议之前，他已从你那里得到了回报，自然也就增加了己方的说服力。

7. 多谈双方的共同利益或长远利益

多谈双方的共同利益或长远利益，这样易使对方心理产生满足感和认同感，减少说服阻力。

五、示范的技巧

示范是指商务谈判人员通过操作、演示、讲解等方法向对方介绍己方产品等情况。在商务活动中，买卖双方为达成交易(尤其是卖方)经常采用示范的方式向对方介绍己方的产品等情况。

产品示范是一种十分有效的展示产品的方法，可以增强客户的信任度，通过对客户进行产品演示，使客户对产品的优点和性能深信不疑，从而产生购买兴趣。此外，产品的演示过程，同时也是商务谈判人员向顾客介绍产品的安装、操作方法的过程。正确的安装、操作和保养方法是延长产品使用寿命、提高产品使用效率的重要手段。商务人员的现场拆卸、安装、操作，使客户直观地看到了产品的使用方法，使客户感到产品操作方便、使用效率高，解除了客户在产品使用上的担心或使客户(经销商)看到产品的市场前景，一般情况下，此时才真正决定购买。这就要求商务人员必须熟悉和掌握示范的技巧。

1. 选择好要进行示范的产品

商务谈判人员要记住，在示范的过程中产品是不能出现任何问题的。即产品的质量一定要过关，在正式进行示范之前，要认真检查，多次演练，确保万无一失。

2. 明确示范的关键点

产品示范过程中，由于多方面的原因，商务谈判人员不可能对产品的每一方面都进行演示。正因为如此，产品示范时，商务谈判人员首先要选好关键点。一般来说，选择的关键点：一是能体现产品特色的内容；二是根据顾客的要求来确定。否则，尽管演示十分成功，效果也会不佳。例如，油漆厂生产的新产品，不像传统的油漆那样有一种难闻的气味，推销人员在进行演示时就应抓住这一点。

3. 示范过程必须熟练

商务谈判人员必须熟练掌握产品的安装、使用技术、并做好示范前的准备工作。如果谈判人员演示产品的过程不熟练或出现错误，发生意外问题，就会使示范工作前功尽弃。

4. 边演示边讲解

商务谈判人员在演示的过程中要注意讲解，对于关键的地方要进行重点讲解。只演示不讲解，或只讲解不演示或不及时演示，都不能使顾客立即进入洽谈气氛。如果商务谈判人员能把"演"和"讲"结合起来，并做到语言讲究艺术性，演示增添戏剧性，就能使顾客心悦诚服，使谈判顺利进行。

5. 辅以证明演示

证明演示是指商务谈判人员通过演示有关证明资料说服对方购买产品的方法。证明演示就是通过向对方展示充分的证据，以取得对方信任的方法。一般来说，几乎在所有的产品示范过程中，都使用这一方法，也就是说不管采用何种方法进行产品演示，都必须辅以证明演示。只有这样，才具有更强的说服力。

6. 让对方参与产品示范过程

对方参加产品示范，会产生其他方法达不到的说服力。因此，商务谈判人员应当亲自指导对方进行演示。通过对方成功的演示，谈判达成协议就能尽早实现。

六、电话洽谈的技巧

在现代生活中，电话是一种极其重要的语言联络工具。随着通信事业的发展，在电话中洽谈商务已十分普通。为此，谈判者非常有必要了解和掌握一些电话谈判技巧。

1. 争当打电话的主动者，不当接电话的主动者

打电话者占优势。电话谈判，往往都是先拨电话的一方处于优势的地位，打电话者可

以在打电话之前做好充分的准备，电话中该说什么，不该说什么，都可以事先准备好。而接电话者常常是毫无预料地被呼叫，往往缺乏充分的准备，处于不利地位。因此，电话谈判，发话人往往取得"攻人不备"的好处，而受话人则容易蒙受"奇袭"的损失。如果对方来电话，而己方尚无准备时，应采取后回话的方式以应对对手突如其来的电话。等己方做好了准备再回电话，就由被动变为主动。

2. 应做好计划与周密准备

在准备打电话之前，应仔细地想清楚己方希望得到怎样的结果，想一想打电话是不是能达到目的的最好方式。并对对方是给予否定的答复，还是肯定的答复做出预测，并做好相应的准备。

一般来说，具体准备工作包括以下几个方面。

(1) 打电话之前应尽量把有关的一切资料准备在手头上。

(2) 把电话谈判的要点列一份清单。

(3) 将在电话里进行的谈判在脑子里预演几遍。

(4) 在谈判双方关系比较紧张的情况下，要尽量预料到对方的各种可能，做到有备无患。

尽管有所准备，也可能遇到对方转变话题或未预料到的询问，为此应做好准备，多想想问题和可能遇到的困难等。

3. 电话谈判先寒暄

无论在多么紧急的情况下，不可一接通电话就进行实质交谈，而应先寒暄问候，一般用几分钟即可。常用的寒暄方式有：关心型、赞美型和言他型等。

4. 谈话的内容应力求简明扼要，逻辑严谨，节奏适中

关键的地方应放慢速度，不得马虎，重要之处要礼请对方重复记录，然后再进行核对。

5. 掌握听的技巧

听电话绝不仅仅听对方说些什么，而应听出对方话语中的含义，真正理解对方的意图。一般来说，应一边听，一边做笔记。

6. 要恰当地掌握"说"与"听"的比率

最好是少说多听，说得越少，对方就说得越多，得到的信息就越多。另外，还可以考虑采取聪明的沉默。电话中沉默具有神奇的效用，一旦电话里出现了沉默，就会迫使对方开口，重新措辞阐述其观点，从而为自己提供一些有价值的信息，也可为己方赢得时间去思考问题。

7. 将谈话中达成的协议记录下来

将谈话中达成的口头协议记录下来，是电话谈判中的一项重要内容，它将使你受益无穷，有利于迅速达成谈判协议。

8. 巧妙地结束电话

在电话商谈中，一旦发现谈话还将继续进行，有发展到对己方不利的迹象，应赶快设法巧妙地结束谈话。为此应事先准备好一两种结束电话的借口。在没办法的情况下，才能采用挂断电话的方法，但挂断电话最好是在己方说话的中途进行，使对方怀疑不是人为而是线路出了问题。需要注意的是，在社交中一般不宜采用这种不礼貌的行为。

9. 选择好电话谈判的时间

一般来说，电话谈判的时间最好选在以下时间段：星期一至星期五的上午 9:00～11:30 或下午 15:00～17:00。

本 章 小 结

商务谈判是人与人之间的沟通交流过程，使用什么样的表达方式很重要，因此，谈判人员在谈判的不同阶段和不同情况下要使用不同的谈判语言，才能使谈判取得进展。同时，谈判人员还要掌握说话、介绍、示范、回答、提问、电话交流等方面的技巧。谈判人员永远要牢记你是在和人打交道，要针对不同的人进行心理沟通。

本 章 习 题

一、思考题

1. 商务谈判中有哪些语言类型，如何使用？
2. 在沟通过程中，怎样才能更好地运用语言工具？
3. 请说出五种以上说话时不正确的表达方式。
4. 说话和回答时要注意哪些问题？
5. 说服有哪些技巧？
6. 电话洽谈的好处主要有哪些？

二、拓展练习

练习一　如何回答

如果你去应聘，对方问你以下问题，你将如何回答。

(1) 请你说一说你的主要缺点。
(2) 你认为要花多长的时间才能适应本公司的工作？
(3) 你以前工作单位的领导有什么缺点？
(4) 你会在本公司工作多久？

练习二　两难的选择

你们公司的经理开会讨论是否实施一项计划，你对该计划不认可，但需要你表态。如果你反对的话，可能得罪一些重要的人物，但实施后，效果不好，你有不可推卸的责任。你该怎么表态？

(1) 含糊其辞。

(2) 直接表示反对。

(3) 提议由专家论证。

(4) 表示支持，但提出存在一定问题。

练习三　如何摆脱无意义的争论

你在一次谈判时，对方翻来覆去地强调他的立场，你觉得这样下去浪费时间，而且容易形成僵局。你决定提议跳出这个问题，你如何提议？

(1) 提议让对方提出新的解决方案。

(2) 告诉对方如果对方继续谈论同样的问题，你就退出谈判。

(3) 自己提出新方案。

(4) 提议休会。

(5) 指责对方偏离主题。

三、案例分析

案例一　客户为什么会生气

一次，某公司的谈判人员拜访一位客户，具体对话如下。

谈判人员问："什么时候决定订购我们的产品啊？"

客户说："对不起，我们还没有进行讨论。"

谈判人员说："这么久还没讨论，能不能这两天就讨论呢？"

客户说："这是我们自己的事情，我们愿意什么时候讨论就什么时候讨论！"

这位谈判人员并不气馁，又谈起了别的话题：

"某某客户已经与我们合作了，你们也应该与我们合作。"

客户(生气)说："某某客户是个小公司，我们是大公司，请你不要用小公司与我们比较！"

问题：

(1) 谈判人员与客户的沟通中，谈判人员的不足主要有哪些？

(2) 请你为谈判人员设计更好的沟通方法。

案例二　吹牛吹跑了客户

有一次某公司黄经理请客户 A 吃饭，由于客户 A 与客户 B 关系很好，于是一起邀来吃饭。席间，黄经理夸夸其谈，说他们公司有多大，他本人多有本事，没有"搞不定"的事情，以及如何会做生意等。客户 B 属于那种爱较真的性情中人，当黄经理说道"没有我搞不定的客户"时，客户 B 一拍桌子，指着黄经理说道："如果这样说，我你就搞不定！"果然，到现在黄经理也没有搞定 B 客户。

问题：

(1) 黄经理遇到麻烦的主要原因是什么？

(2) 你得到了什么启示？

第八章　商务谈判礼仪

学习目标：

- 掌握谈判礼仪的基本原则。
- 掌握谈判人员的个人行为礼仪。
- 了解有关服饰礼仪。
- 掌握服饰方面应该注意的事项。
- 了解有关宴请方面的礼仪。
- 了解与谈判相关的专题活动方面的礼仪。

核心概念：

礼仪　招待会　发布会

第一节　礼　仪　概　述

一、礼仪的定义

礼仪是人类社会活动的行为规范，是人们在社交活动中应该遵守的行为准则。礼仪具体表现为礼貌、礼节、仪表和仪式等。礼貌是指人们在相互交往过程中表示敬重友好的行为规范；礼节是指人们在社会交往过程中表示致意、问候、祝愿等惯用形式；仪表是指人的外表，如衣帽、服饰、姿态等；仪式是指在特定场合举行的专门化、规范化的活动。

二、礼仪的地位与作用

礼仪是人类文明的重要标志。在人们的日常生活中，几乎一切行为都可以同它相联系。

1. 礼仪是人类自身发展的必然产物

礼仪正是维系、巩固这种人们之间联系和社会关系的纽带，有利于社会和谐及人类自然发展。

2. 礼仪是治国之本，是民族凝聚力的体现

中国历代很重视礼仪，孔子强调以礼治国的理想；荀子在《修身篇》中提出："故人无礼则不生，事无礼则不成，国家无礼则不安。"

"习俗是一种神圣的，不可侵犯的，除环境和文化进步之外不屈服于任何权力的东西。"由此可见，不论任何国家民族，礼仪在现实世界中都非常重要。

3. 礼仪是个人道德水准和教养的重要标志

礼仪是以对别人的尊重为基础的，是一个人道德水准高低和有无教养的重要标志。

4. 礼仪是市场经济的要求

市场经济要求不论是使节往来、文化交流，还是宗教传播、通商贸易，都必须注重礼仪。

三、谈判礼仪的基本原则

由于谈判礼仪是建立在业缘基础上的现代礼仪，因而除了人类共同应有的交往原则以外，还应注意以下几个方面的原则。

1. 系统整体原则

礼仪是一个完整体系，因而在对外交往和谈判交往中，我们一定不能忽视它的整体性，并注意采集信息应完整。因为合作对象的性别、年龄、国籍、民族、宗教、信仰、职业都决定了他适应并喜好什么样的礼仪接待，搞错一个环节都可能招来负面效果。

2. 公平对等原则

谈判中每个人都希望得到尊重，体现自我价值。如果有亲有疏，表现出傲慢、冷漠或曲意逢迎，都会被视为不礼貌。故谈判交流时应公平大方，不卑不亢，主动友好，热情又有节制。

3. 遵时守约原则

现代社会节奏加快，遵时守约更为重要。无论什么理由，不遵时守约都是不礼貌的，再正当的理由失约后也应道歉。一般的谈判交流应提前 5～10 分钟到。

4. 尊重习俗原则与风俗禁忌原则

商务谈判过程要尊重各地不同风俗与禁忌，特别是在对外谈判中不懂外国禁忌，不懂少数民族禁忌可能会造成不愉快的后果。

5. 和谐适应原则

不分场合、亲疏，乱用礼仪，表现出不懂教养，令人难以相处，甚至会弄巧成拙。因此，使用礼仪一定要具体情况具体分析，因人、因事、因时、因地恰当处理。

6. 外事礼宾顺序原则

外事礼宾顺序原则是指在对外谈判活动中，根据对方需要列出的排名顺序规范。这一原则几乎渗透到一切外事交往中，迎来送往、衣食住行、会见，谁先谁后都要符合礼仪规范，稍有差错就会被认为是对一个国家的不尊重。因而国际上已有《维也纳外交关系公约》对此做出明文规定，所有涉外谈判工作的人员都应掌握这一原则。

7. 女士优先原则

女士优先是西方的一个体现教养水平的重要标志。中国人讲"扶老携幼"，而外国人讲人格独立，"扶老"时人家可能不接受，但为女士开门、让座、引路、行走时让出安全的一边等，则都体现出礼貌和绅士风度与骑士风度。

8. 差异性原则

由于历史、文化、经济、政治的差异，在与外国人交往中，不光语言不同，而且在意识形态的许多方面都会产生歧义，因而我们必须有充分的心理准备和技术准备。这些主要差异包括：自我意识不同；价值观不同；行为准则不同；崇拜方式不同；生活方式不同；招待方式不同；送礼受礼方式不同；民族心态、习惯不同；忌讳不同；审美情趣与标准不同。

以上这些原则只是众多礼仪原则中的几个关键原则。具体礼仪要求规范，我们在后面详细介绍。我们应该运用礼仪的知识，提高自身的素质，成为一个符合时代潮流的现代谈判人，和谐地拓展自己的事业，确保商务谈判取得预期成效。

第二节　谈判人员的个人礼仪

个人礼仪是一切礼仪的起点，好的举止是由许多小的细节构成的。体态有语言，服饰会说话，个性与教养可产生独特魅力。良好的个人礼仪会使你在谈判中受到欢迎。

一、仪表(规范的个人行为)

仪表举止包括仪容、服饰和姿态举止等方面，仪表是一个人精神面貌的外在表现，它与人的道德修养、文化水平、审美情趣和文明程度密切相关。谈判人员在工作中要充分利用体态语言的重要功能。例如，举止落落大方，动作合乎规范，运用体态、动作、表情、态度的变化和姿势表现出谈判人员的精神力量和仪表美，使对方有一种美的感受；创造和谐的气氛。周恩来有句座右铭是："面必净，发必理，衣必整，纽必结；头容正，肩容平，胸容宽，背容直；勿傲、勿暴、勿怠；颜色宜和、宜静、宜庄。"值得谈判人员学习。而要真正做到个人行为的规范，还应特别注意以下几个方面。

(一)避免不良的站姿

谈判中双手不可叉在腰间，也不可抱在胸前——这是威胁性或拒绝的体态；不可驼着背、弓着腰，不可眼睛左右斜视——这不仅显得形象猥琐，也可能让对方觉得你心不在焉；不可一肩高一肩低，不可双臂随意摆动，不可双腿不停地抖动，不宜将手插在衣裤袋里，也不要下意识地做小动作，如摆弄打火机、香烟盒，玩弄皮带、衣襟、发辫，咬手指甲等。这些不但使人显得拘谨，给人以缺乏自信和经验的感觉，而且也有失庄重。

(二)避免不良的坐姿

与人交谈时，双腿不停地抖动，甚至鞋跟离开脚跟在晃动；坐姿与环境要求不符，入座后二郎腿跷起，或前俯后仰；将双腿搭在椅子、沙发和桌子上等均为不良坐姿。女士叠腿要慎重、规范，不可呈"4"字形，男士也不能出现这种不雅的坐姿；坐下后不可双腿拉开成八字形，也不可将脚伸得很远。不规范的坐姿是不礼貌的，是缺乏教养的表现。

(三)避免出现不良的行走姿态

行走最忌内八字、外八字；亦不可弯腰驼背、摇头晃肩、扭腰摆臀；重心交替要协调；不可走路时吸烟、双手插在裤兜；不可左顾右盼；不可无精打采，身体松松垮垮；不可摆手过快，幅度过大或过小。

(四)手势

手势是人们谈判时不可缺少的体态语言，是非语言符号体系的重要组成部分。谈判中要能够恰当地运用手势来表达真情实意，会强化口头语言的效果，促进谈判的进展。

1. 手势的要求

介绍某人或给对方指示方向时，应掌心向上，四指并拢，大拇指张开，以肘关节为轴，前臂自然上抬伸直。指示方向时上体稍向前倾，面带微笑，自己的眼睛看着目标方向并兼顾对方是否意会到目标。切不可用手指指人。

2. 谈判中应避免出现的手势

谈判场合不可当众搔头皮、掏耳朵、抠鼻孔、剔牙、咬指甲、剜眼屎、搓泥垢、修指甲、揉衣角、用手指在桌上乱画、玩手中的笔或其他工具；切忌乱做手势或指指点点；口中有痰要吐在纸或手帕中，手中废物要扔进垃圾桶。

(五)个人卫生

讲究卫生是一个社会公德问题，也是对对方的尊重。

1. 讲究个人卫生

谈判工作者应勤洗澡、常刷牙、修剪指甲，应经常梳理头发，保持衣服整洁，保持口味和体味的清新。咳嗽、打喷嚏时，应用手帕捂住口鼻，面向一旁，避免发出大声，并道"对不起"。

2. 吸烟的礼节

谈判中尽量不吸烟，如果非正式谈判场合吸烟，可以询问对方是否吸烟，双方都吸烟就不必太约束了；如有女士在座，应征得她的同意。谈判活动会造成较大的心理压力，有的人喜欢用吸烟来缓解这种压力，但一定要避免在正式的谈判活动中出现。

二、见面握手与介绍

谈判工作要同各种人打交道，见面介绍是留下良好印象的首要礼仪。

(一)握手

握手是基本的交际礼仪，多用于见面致意和问候，表示友好和愿意与对方见面的心情。告别时握手表示感谢对方、愿保持联系、欢迎再来的心情。握手时应先打招呼或点头示意，然后握手致意。握手的要求包括：在双方相距一步远的距离上，身体立正，上身稍前倾，伸出右手，大臂与身体成45度，小臂呈水平，握持对方右手，可上下轻摇两下然后放开。双目注视对方，微笑致意。握手时不要看着第三者或四处张望，不要与第三者讲话。握手时应先脱下手套、帽子，女士如穿套装可不摘手套、帽子。对方伸出手，不论程序对否千万不要拒绝，以免造成尴尬局面。多人握手，不要交叉握，应有顺序地待他人握手完毕后再伸手。男士与女士初次见面，只需握一下手指部分即可。握手的礼仪程序是：先尊者，后响应者；一般是女士、年长者、身份高者、主人(见面时，如是告别时则应由客人先伸手，否则就有逐客之嫌)、先到者先伸手，男士、年轻者、身份低者、客人、后到者响应；如是多重身份者，一般社交场合按女士优先原则，单位内以身份高低为序。这也是乘车、入座、介绍和上楼等一切场合应遵守的顺序。

(二)介绍

介绍是谈判活动中相互了解的基本方式，也是谈判工作中经常遇到的。一般可分为自我介绍、被他人介绍和介绍他人。

1. 自我介绍

与不相识的对方见面应起立，向对方问好致意，介绍自己的姓名、身份、部门或单位(如姓氏易混或较特殊，有同音字的，应加以说明)，表示愿意结识对方，并适时递上事先准备好的名片。进行业务需洽谈，应请对方坐下，并奉上茶水，然后再交谈。切不可不报"家门"就先将对方"审"一通。

2. 被他人介绍

在谈判工作中，有时需要由他人介绍，这时你应站起来。如果你是主人或身份高者，应在介绍后立即与对方握手，表示欢迎，愿意结识对方。如果自己是做客、身份低，就根据对方态度做出相应反应。对方伸手握手，也积极伸手；对方愿意交谈，应响应。

3. 介绍他人

为他人做介绍时应先准确了解被介绍双方的身份、地位、姓氏，最好还应介绍一些被介绍人与众不同的优势与特长。介绍的程序与握手相似，应先向女士、身份高者、年长者、主人、先到者介绍男士、身份低者、年轻者、客人、后到者。社交场合突出女士优先和长者优先；在本单位、本系统内，应以身份、职务为尊。介绍前可说："请允许我为您(大家)

介绍……"等礼貌用语。

(三)称呼

市场经济要求在单位内是姓氏加职务，如相经理、宁主任等。通常在社交中，职务不详的男性称"先生"，女性称"小姐"、"女士"，不明婚否的绝不能乱称"太太"、"夫人"。在涉外交往中，如对方又有职衔又有学衔，通常应重学衔。如一时弄不清该如何称呼对方时，可即时向对方发出请教："请问我该怎样称呼您？"以避免犯错。

(四)名片的使用

谈判交往中，双方交换名片时，最好是双手递、双手接，除非是对有"左手忌"的国家(如印度、缅甸、泰国、马来西亚、阿拉伯各国及印尼的许多地区，他们的传统认为左手是肮脏的)。名片正面朝对方，如是对外，外文一面朝上，字母正对客方。递名片时要恭敬有礼。

接过名片后应点头致谢，并认真地看一遍。最好能将对方的主要职务、身份轻声读出来，以示尊重，遇到不大清楚的地方可马上请教。切忌接过名片一眼不看就收起来，也不要随手摆弄，这样显得不恭。应认真收好，让对方感到受重视、受尊敬。名片放在桌上时，上面不要放置任何东西。事后，如有必要可在名片上注上结识的时间、地点、缘由，以免以后光有名片对不上人和事。

在现代涉外活动中，也可以用名片作为简单的礼节性通信往来，表示祝贺、感谢、介绍、辞行、慰问等，可以在名片上写上简短的一句话，或送礼、献花时附上一张名片。国际涉外交往中这些都是很常见的。

三、谈判人员服饰的基本要求

一般正式商务谈判男士穿深色西装、黑色皮鞋，女士穿职业装。公共娱乐场合基本随意，没有特别的要求，可以穿便装，但要注意与场合、对方的服饰和谐。

四、西装的穿着

在谈判活动中穿西装比较普遍，它的穿着十分讲究。

1. 西装穿着的基本要求

西装的袖长以达到手腕为宜，衬衫的袖长应比上衣袖口长出 1.5 厘米左右，衬衫的领口亦应高出上衣领口 1.5 厘米左右，这样有一种匀称感。在隆重场合穿西装要系扣，一个扣的要扣上；两个扣的只需扣上面的一个，平时可以都不扣；三个扣的，扣中间一个；双排扣西服，通常情况下，纽扣全部扣上。西装衣袋的整理十分重要，上衣两侧的两上衣袋不可装物，只作为装饰用，上衣胸部的衣袋可以装折叠好花式的手帕，有些小的物品可装在西装上衣内侧的衣袋里。裤袋亦和衣袋一样，一般不可装物，裤子后兜可装手帕、零用钱。西裤长度以裤脚接触脚背为妥。穿西裤时，裤扣要扣好，拉锁全部拉严。西装坎肩要做得贴身，与西装配套的大衣不宜过长。西装翻领的"V"字区最显眼，领带处在这个部位的中心，被称为西装的灵魂，领带要按规定系好，下端应与腰带齐。手帕应平整，叠得方方正正，一般使用白色或不太鲜艳的手帕，并准备两块。穿深色没有花纹的皮鞋，并经常上油打光。穿深色袜子，以显庄重。

服饰的根本要求是整洁，要体现出谈判人员的精神面貌，应该做到衬衫洁白、领带典雅大方、西裤裤线笔直、皮鞋打油上光。

2. 男子着西装要注意的几个方面

西装配套要讲究，谈判场所要着深色套装，以示庄重、自尊；非正式场所要力求和谐，以展示风度，讲究领带的选择与佩戴，以显示人的个性与人格。注重衬衫的选配，正式场合衬衫颜色力求素净文雅，整洁无折皱的衬衫可显示人的内在美。西装款式的选择要与人的脸型、体型、年龄和性格相适应，以显示个人的身份。西装整体的协调更重要，要使身份、场合、年龄、季节、性格相互协调，要使西装、衬衫、领带、皮鞋、袜子和穿着方式相互协调。

穿西装打领带时衬衫应系好领扣，不打领带时领扣应打开。衬衫、西服领带、鞋袜全身颜色应不超过三种，称为"三色原则"，即西装里面不能穿多件毛衣，可穿一件，若穿在衬衫外时，领带应放在毛衣内部，不穿开身衫及带图案的毛衣，应穿素色毛衣。羊绒衫可穿在衬衫内，但衬衫内不应露出任何衣服的领子。新西服袖口的商标一定要去掉，正式场合应穿黑皮鞋，以系带鞋为好。袜子的颜色与西服一致或深于西服，不要黑蓝西服白袜子。

3. 领带

领带是与西装配套的饰物，在正式场合系上领带，既礼貌又庄重。在佩戴领带时要注意以下几个方面：要注意领带的选择，领带的质料大多为丝绸，常用图案有水珠、月牙形、方格形等，正式场合必须系领带，领带颜色要讲究。宴会等喜庆场合领带颜色可鲜艳明快；参加商业界活动宜佩戴醒目且花纹突出的领带。领带较为普遍地被职业女性所使用，当女性的衬衫上结上细窄的领带时，会增添女性的庄重、典雅。要注意西装、衬衣的条纹与领带质地、颜色的协调搭配。

4. 女子着西装时要注意的几个方面

女西装配西装裙时，西装上衣应做得长短适中，以充分展现女性腰部、臀部的曲线美。如果配裤子，则上装可稍长些。无论配裙子或裤子，一般采用同一面料做套装，使得整体感强，鞋和袜子要与西装搭配，要穿 4/4 长筒袜，没长筒袜时，可以光脚，但不应穿短筒袜。但正式场合应避免赤足。女子西装款式多样，要根据自己的年龄、体型、皮肤、气质、职业等来选择；要讲究皮鞋、袜子、皮包、饰物、发型、化妆与西装的配套协调。

5. 女士着西装"六不"

女士着西装应遵循以下"六不"原则。

(1) 西服套装不允许过大或过小。上衣最短齐腰，西服裙子最短到小腿中部；要合体典雅，体现服饰美。

(2) 不允许衣扣不到位。不能不系上衣扣，更不能当众脱下外套装。

(3) 不允许不穿衬裙。衬裙颜色应与套装裙颜色一致协调，不许内裤为人所见。

(4) 不允许内衣外现。衬衫不应透明，内衣不能从领口露出，不能不穿衬衫，直接把连胸式衬裙或文胸当衬衫穿在里面，这样非常有失身份。

(5) 不允许随意搭配。套装不能与休闲装混穿，不能与牛仔服、健美裤、裙裤"合作"，黑皮裙、黑皮靴也不能当正装穿。

(6) 不允许乱配鞋袜，套装应穿黑高跟、半高跟皮鞋，肉色丝袜，不要穿花网袜，不能露袜口。

五、谈判人员日常服装"五忌"

1. 忌露

谈判人员工作与外出时，着装不能露出肚脐、脊背等。

2. 忌透

衣服再薄、天气再热，也不能使内衣、背心等若隐若现，也不能让内衣外穿之风刮进商界。

3. 忌紧

制服过于紧身，让内衣、内裤的轮廓在外显露，既不文雅也不庄重。

4. 忌异

谈判人员不是时装模特，不能过分新奇古怪，招摇过市。

5. 忌乱

不可穿着不讲究，卷袖子，敞扣子，颜色过乱，饰物乱配，衣服脏、破、皱，不烫不熨，油垢、牙膏遗迹明显。

六、服饰方面的注意事项

1. 服装

穿长袖衬衫要把前后摆放入裤内，袖口不可卷起，袖扣扣上。女子的裙子不可过短。男子不可穿短裤参加谈判活动，长裤的裤脚不可卷起。在房间里，不得赤脚或只穿睡衣、内衣或短裤接待来访者。从室外到室内参加活动，应摘下帽子，脱去大衣、风雨衣和套鞋，并存放在衣帽间。男子在室内不可戴帽子和手套，女子的纱手套、纱面罩、帽子、披肩、短外套等作为礼服的一部分则允许在室内穿戴。

2. 饰物

参与谈判工作的人员可以适当佩戴饰物，如帽子、墨镜、胸花和手提包等，但饰物的佩戴必须符合一定的礼仪规范和佩戴原则，以达到丰富魅力、展示高雅、合理渲染的效果。

佩戴饰物时，要求与个性和着装协调。这样饰物与着装巧妙搭配，形成和谐的整体，以衬托仪表，体现个性。佩戴饰物还要以少为佳。谈判工作人员工作时，特别是在正式谈判中，全身饰物最好不超过三件，真正使其起到"点缀"作用，展示出谈判人员的内在气质和高雅品位。佩戴饰物也要求饰物的质地适宜，这样才可以产生整体和谐的美。

佩戴饰物最应遵守礼仪规范，它可以向对方传递某种信息。例如，戒指的戴法最讲究，其戴在不同手指上，将给对方不同的信息。戒指戴在无名指上表示已婚；戴在小指上表示持独身态度。不要乱戴，也不要别有用心地暗示对方。如果已婚女士不愿暴露婚姻状况时，可以不戴戒指。一些谈判女士明明已婚，却将戒指戴在中指上(表示未婚，但有固定朋友或订婚)，这是不对的。不是新娘不准把戒指戴在手套外面。

另外，谈判人员不提倡戴手镯，例如，着便装时戴手镯，形状不宜过于招摇，档次不宜过低。着西装时不戴木、石、皮、骨、绳、塑料等艺术性手镯。手镯可戴一只，通常戴右手上，也可戴两只；但一只手上只准戴一样饰物，手镯、手链、手表任选一样，手链通常只宜戴一条。不要戴在袖口之上，或有意露出。

穿西装套裙时，不要戴两只或两只以上的耳环，也不要只在一只耳朵上戴耳环，它与西装不符。

戴项链时应避免因文化差异产生的误解。对外谈判时，不戴有猪、蛇生肖的挂件、有耶稣殉难像的十字架。女士的项链、挂饰可视情况露出或隐藏起来，男士着正装时一定不要露出来，不论是项链还是不离身的护身符。

帽子是现代女性主要的饰物之一，要根据自己的职业、体型、肤色和着装协调一致，帮助自己扬长避短。佩戴墨镜要考虑整体效果，参加室内活动与人交谈，不要戴墨镜。若有眼疾要戴时，要向对方表达歉意。在室外，参加隆重的礼仪活动，也不应戴墨镜。胸花是女性胸、肩、腰、头等部位佩戴的各种花饰，一般佩戴在左胸部位，也可依据服装设计要求和整体效果将其佩戴在肩部、腰部、前胸或发髻等处。佩戴的胸花要高雅，但切忌在正式谈判中使用。手提包是女性日间出席正式场合活动的重要饰物，要求小巧、新颖别致、协调，给人以赏心悦目的感觉，展示了谈判人员的独特魅力。

第三节　宴请礼仪

宴请是商务谈判进程中最常见的交际活动形式之一，各个地区和民族往往根据自己的特点与习惯，根据活动的目的、对象以及经费开支等因素举办不同形式的宴会。

一、宴请的分类

宴请根据内容可分为宴会、冷餐会、招待会、酒会和茶会等；谈判宴请通常分为正式宴会、便宴和工作餐、家宴等；根据时间可分为早宴(早餐)、午宴、晚宴等，以晚宴最隆重。

(一)宴会

1. 正式宴会

出席人员规格不同，需排座次，席间核心人员要致辞或祝酒。

2. 便宴

便宴即非正式宴会，较随便、亲切，宜用于日常友好交往。便宴可分为午宴、晚宴、早餐，可以不排座次，不做正式讲话。

3. 家宴

家宴即在家中设的便宴，往往由主妇亲自下厨烹调，家人共同招待，表现合作的意象。

(二)招待会

招待会是指各种不备正餐、较为灵活的宴请形式，备有食品、酒水饮料，一般不排座位，可自由活动。常见的招待会形式有以下几种。

1. 冷餐会(自助餐)

冷餐会规格隆重程度可高可低，常用于官方正式活动，以宴请众多的宾客。一般在中午12时至下午2时、下午5时至7时左右举办。菜肴以冷为主，也可用热菜，连同餐具陈设在桌上。客人不排座位，可多次取食。酒水可放在桌上，也可由招待员端送。冷餐会可不设桌椅，站立就餐，也可设桌椅自由入座；可设在室内，也可设在室外、花园里。

2. 酒会、鸡尾酒会

酒会规格可高可低，适用于各种节日、庆典、欢迎及招待演出前后。其形式活泼，便于广泛交流。酒会不设座椅，仅置小桌，以便客人随意走动。酒会以酒水为主，但不一定都是鸡尾酒，佐以各种小吃、果汁，不用或少用烈性酒。酒会中午、下午、晚上均可举行，请柬上往往注明整个活动延续时间，客人可在其间任何时候到达和退席，来去自由，不受约束。

3. 茶会

茶会是一种简便的招待形式，请客人品茶交谈，一般在下午4时左右(亦可上午10时)举行。茶会通常设在客厅，内设茶几、座椅，不排席位，如为贵宾举行，则应与主人安排在一起，其他人随意。茶叶、茶具讲究有特色，外国人一般用红茶(也可用咖啡)，略备点心和地方小吃。

(三)工作餐

这是现代商务交际中常常采用的一种非正式宴请形式，往往因日程紧张而利用进餐时间，边吃边谈。工作餐可分为工作早餐、工作午餐、工作晚餐，只请与工作有关的人员。双方工作进餐往往排席位，为便于谈话，常用长桌。

二、宴请的组织

由于宴请工作的种类不同，宴请组织工作的难易也有较大差别。工作餐较简单，而正式宴会，有许多具体工作要进行认真的筹划。

(一)确定宴请目的、名义、对象、范围与形式

1. 宴请的目的

宴请的目的多种多样，可用于欢迎代表团、庆祝合作成功等，也可用于工作交流。

2. 宴请名义和对象

宴请名义和对象的确定主要依据主客身份对等的原则。通常如果请主宾偕工作人员及夫人赴宴，主人一般以公司和个人的名义发出邀请。日常交往小型宴请则根据情况以个人名义或组织名义出面邀请。

3. 宴请的范围

宴请的范围是指请什么人、请多少、请到哪一级别、谁来作陪。确定范围的依据包括宴请的性质、主宾身份、商业惯例、与己方关系等多重因素。

4. 宴请的形式

宴请形式的确定主要视具体情况和当地的习惯而定。一般正式的、规格高的、人数少的进餐以办宴会为宜，人数较多的以冷餐会或酒会更为合适，妇女界则多用茶会。此外，还应考虑宴请目的与经费情况。

(二)确定宴请的时间、地点

宴请的时间应与主、客双方都合适。举行此事前应与客方商定，注意不要选在对方的重大节假日、重要活动和禁忌的日子与时间内。例如，宴请信奉基督教的国家的人士不要选 13 日、星期五；伊斯兰教在斋月内白天禁食，宴请宜在日落后举行。

宴请的地点要按活动性质、规模、宴请形式、主人意愿及实际可能而择定。官方正式隆重活动一般安排在政府、议会大厦或宾馆内。民间的宴请可以设在酒店、宾馆，也可以在有独特风味的餐馆。

(三)发出邀请

各种宴请活动一般均应提前发请帖，这既是礼貌，亦是对客人起提醒、备忘的作用。便宴可口头约妥，不发邀请。工作餐一般不发请帖。

(四)订菜

宴请的酒菜根据活动形式和规格，在预算标准内安排。选菜主要考虑主宾的喜好与禁忌，后者尤其重要。例如，个别人有特殊需要，也可单独为其上菜。菜肴道数与分量要适当，以有地方特色的食品为佳，事前应开列菜单征得主管负责人同意。讲究的宴请每人一份菜单，一般宴请至少每桌一份。

(五)席位安排

正式宴请一般均排桌次和席位，也可只排部分主要宾客的席位，其他人只排桌次或自由入座。

排席位的主要依据是礼宾次序，除此以外还应考虑客人之间的关系、语言沟通和专业志趣等因素。桌次高低以离主桌远近而定，右高左低。同一桌上，席位高低以离主人座位远近而定。外国习惯男女掺插安排，以女主人为准，主宾在女主人右上方，主宾夫人在男主人右上方。我国习惯按职务排列，如夫人出席，通常把女方排在一起。如遇特殊情况还可灵活处理。

无论采取哪种办法，都要事前通知出席人，使之心中有数。现场要有人引导。排座次的宴请应放置桌次牌、座位卡。我国举办宴会时牌卡的中文在上、外文在下。不排座次的宴请对座位也要有个大致安排。

席位安排是谈判礼仪的一项日常工作，不仅宴请要安排，会见、谈判、迎送客人乘车等活动也需要安排。

(六)现场布置

现场布置取决于活动的性质和形式。宴请的布置应该庄重、大方，可以少量点缀鲜花、刻花等，不要用红红绿绿的霓虹灯装饰。宴请可以用圆桌也可用长桌或方桌，各桌之间距离要适当。如有席间音乐，乐声宜轻。

冷餐会的菜台用长方桌，通常靠四周陈设，也可根据情况摆在房间的中间。如就座用餐，座位要略多于宾客总人数，以便客人自由就座。

(七)餐具的准备

餐具准备的原则一是充分，二是清洁。

(八)宴请程序及现场工作

宴请时，主人一般在门口迎接客人，如规格较高，可由少数主要官员陪同主人排列成迎宾线。其位置宜在客人进门存衣以后，入休息厅之前。相互握手后，由工作人员引进休息厅。如无休息厅，则直接进宴会厅，但不入座。

休息厅内有相应身份的人员照料客人。

主宾到达后，由主人陪同进入休息厅与其他客人见面。如客人尚未到齐，迎宾线不撤，代表主人迎接其他客人。

主人陪同主宾进入宴会厅，全体客人就座，宴请即开始。如休息厅较小，宴请规模较大，也可请主桌以外的客人先入座；主桌人员最后入座。

如有正式讲话，各方安排的时间不一，一般正式宴请场合排在热菜之后、甜食之前，主人先讲，宾客后讲，也有一入席即讲话的。

吃完水果，主人与主宾起立，宴会即告结束。

主宾告辞，主人送至门口，主宾离去后，原迎宾人员顺序排列，与其他客人握别。

(九)工作人员应注意事项

首先应提前到现场布置并检查组织工作的落实情况，如是宴会，应事先将座位卡及菜单摆上。席位的通知除在请帖上注明外，还可在宴会厅陈列宴会简图，标出全场席位图及全体出席者位置；还可用卡片写好姓名席次，发给本人。

如有讲话，双方通常事先交换讲稿，由东道主先提供。答谢宴会则由客方先提供。

三、赴宴

随着经济的发展，出席宴会的机会越来越多，出席宴会的意义也远不止吃一顿饭。它涉及合作关系、文化、习俗礼仪等许多方面，特别在吃西餐时有很多讲究，与中餐大相径庭。商务人员我们应该适应这种形势发展与用餐方式的变化，掌握必要的礼仪要求，做到得体、大方，不要闹出笑话。

1. 尽早回复

应邀接到宴会邀请(无论何种形式)，能否出席都应尽早回复。如是口头约妥后，一旦接受邀请，不要随意改动。万一遇特殊情况不能出席，尤其是主宾缺席，应尽早向主人解释、道歉，乃至亲自登门表示歉意。应邀出席前，要核实宴请的主人是谁、举办的时间与地点、是否邀请了其他人员，以免搞错。

2. 掌握时间

抵达时间的迟早，逗留时间的长短，在一定程度上反映了对主人的尊重，应根据活动的性质和当地习惯来掌握。有的地区是正点或晚一两分钟抵达，我国是正点或提前两三分钟到达。如确实有事需要提前退席，应向主人说明，然后悄悄离去；也可事先打招呼，届时离席。

3. 抵达

抵达后，通常先到衣帽间脱下大衣帽子，然后前往迎宾处，主动向主人问好，并根据活动内容表示祝贺。

4. 赠花

参加商务庆祝活动，可按当地习惯及双方关系赠送花束或花篮，赴家宴可酌情给女主人赠少量鲜花。在国际上，赠花一般忌讳赠送菊花、石竹花、杜鹃花和黄色的花。对女士如为一般关系，不宜赠红玫瑰花，赠花宜单数。

5. 入座

进入宴会厅之前应先了解自己的桌次和席位，入座时进行核对，不要随意乱坐。如邻座是长者或妇女，应主动为他们拉开椅子，协助他们先坐下。在西方国家夫妻不坐在同一桌上。入席的方法很多，应看清是何种排法再入席。坐下后应主动与周围的人打招呼，进行自我介绍。

6. 进餐

大家入座后，主人应招呼客人用餐，在中国是男主人为主，西方是女主人为主。招呼的方法是将餐巾拿起来，意为"可以开始用餐了"，餐巾应铺在膝盖上，进餐时姿势要端正。餐巾用后应叠好放在盘子右边。餐巾只可擦嘴，不可擦汗。

取菜时不要盛得过多，也不要一看不喜欢就一点儿都不拿，吃完可再添。如是招待员分菜，需增添时，应等招待员送上时再取。当有人敬上本人不能吃或不爱吃的菜肴时，不要拒绝，可取少量放在盘内，并表示"谢谢，够了"，不要露出难堪的表情。

进餐要文雅。吃东西不要发出声音，闭嘴咀嚼，喝汤时不要以嘴就碗去啜，也不要出声。如汤、菜太热，勿用嘴吹，可等稍凉后再吃。

吃带骨头的鸡、鸽子等或带皮的虾时，如主人打了招呼，那么可以用手撕着吃；如主人没打招呼，就应用刀叉。先用叉子按住鸡或虾，再用刀将肉剥下来，切成小块吃。

吃煎炸食品或腥味食品时，往往盘上有一两片柠檬，不要当水果吃掉，而是将汁挤到食品上调味去腥。

吃面包时注意不要拿错别人的面包，每人的面包放在左手小盘上。宴会上的面包都是用手撕成小块，抹上黄油吃，整咬、刀切、叉挑、用汤泡都不对。

嘴里有骨头、鱼刺，不要直接向外吐，应用手或餐巾掩嘴，用筷子(中餐时)取出，放在菜盘内。剔牙时也应掩住嘴。吃剩的食物和用过的餐具、牙签都应放在盘内，勿放在桌上。

遇到以前没碰到过的情况、没吃过的菜，不要着急鲁莽，先看看人家是怎样做的，然后再做，就不会失礼了。

自助餐的菜和餐具都摆在菜台上，由客人自取。菜往往很丰盛，不要一次取太多，吃完可以再取，不要长时间待在菜台边。

酒会主要是饮料、小吃，数量较少，要注意风度，不要一拥而上。

喝茶(咖啡)时，通常牛奶、白糖单放，可自取加入杯中，用小茶匙搅拌后，将茶匙放回碟内，喝时右手把杯，左手端碟。

吃梨、苹果等应先用水果刀将其切成 4 或 6 瓣，再用刀去皮、核，然后用手拿着吃，削皮时刀口朝里，从外向内削。

宴会上，上鸡、龙虾时，有时送上一个水盂(铜盆、瓷碗或水晶玻璃缸)，水上漂有玫瑰花瓣或柠檬片，供洗手用，洗时两手轮流沾湿指头，轻轻涮洗，然后用餐巾或小毛巾擦干。

7. 宽衣

在社交场合，无论天气如何炎热，不能当众解开纽扣，脱下衣服。小型便宴上，如主人请客人宽衣，男宾可脱下外衣搭在椅背上。

8. 祝酒

作为主宾参加宴请时，应了解对方祝酒习惯，以便做必要的准备。碰杯时，主人和主宾先碰，人多时可同时举杯示意，不一定碰杯。祝酒时注意不要交叉碰杯。

主人和主宾致辞、祝酒时，应暂停进餐和交谈。主人和主宾致辞后往往到各桌敬酒，各桌宾客应起立举杯，碰杯时目视对方致意，主桌未祝酒时，其他桌不可先起立或串桌祝酒。

9. 纪念物品

有时主人为每位出席者备有小纪念品或一朵鲜花，宴会结束时，主人招呼客人带上。这时可说一两句赞扬礼品的话，但不必郑重致谢。除主人特别示意作为纪念品的东西以外，各种招待用品，包括烟糖，都不要顺手带走。

10. 致谢

在出席私人宴请之后，往往应在三日内致便函或名片表示感谢。

11. 特殊情况处理

宴会中遇意外情况，如碰倒酒水、碰掉餐具等，应沉着冷静，可轻轻向邻座(或主人)说声"对不起"，餐具掉落后可请招待员另送一副。酒水溅到邻座身上，应致歉并协助擦干，如对方是妇女，则只要把干净餐巾或手帕递上即可，由她自己擦干。

四、餐具的使用

国际上最常见的用餐形式主要是刀叉、碗筷或用手抓，我国宴请外宾通常是中餐西吃，既摆碗筷，又设刀叉。

吃西餐时，每人正面放菜盘，刀叉放于盘两侧，左上方是你的黄油、面包，右手是你的茶杯或咖啡杯。吃西餐通常右手持刀，左手持叉，将食物切成小块，用叉送入口中。美国人切割食品后，把刀放下，右手持叉进食。欧洲人不换手。如是多种刀叉排列在前，应按顺序由外往里取用。每道菜吃完后，将刀叉并拢平排放盘内，以示吃完。如未吃完，则摆成八字或交叉摆，刀口向内。

切带骨头或硬壳的肉食，叉子一定要把肉叉牢，食指压在刀把上，刀紧贴叉边下切以免滑开。注意不要过于用力，撞击盘子发出声音。不易叉的食品可以用刀轻轻推上叉。吃米饭时，可以用刀把饭压在叉上盛起来吃，也可用叉尖把饭铲起来吃。

吃西餐时，不能吸烟，不能离席，如必须离席应请主人原谅。

第四节　与谈判相关专题活动的礼仪

谈判人员要了解与商务谈判相关的各种专题活动的特点与适用范围，理解各种专题活动的价值与区别，掌握策划与组织各种专题活动的方法，全面掌握几类最为常见的专题活动的组织要点。

一、开业庆典

开业庆典是围绕着重大节日或开幕而举行的庆祝活动。它是提高组织知名度、扩大社会影响的活动，企业的经营者都想方设法地、合情合理地利用它。因为它可以成为促进谈判取得进展的一个良机。组织开业或庆典活动，应遵循"热烈、隆重和节约"的原则，作为组织的工作人员，应做好如下安排。

(一)准备工作

1. 精心拟出邀请宾客的名单

首先要拟出宾客的名单，名单经领导审定后，印制成精美的请柬，并提前两周左右的时间送给宾客。活动前三天再电话核实，看有无变动；贵宾在活动前一天再核实一次。

一般邀请宾客的范围包括：本企业、公司和商场的主管部门及各界领导、朋友；广播、电视及报刊新闻记者；同行部门和直属部门领导及朋友。

2. 确定程序表

程序可包括确定主持人、介绍重要来宾、组织负责人或重要来宾致词、剪彩或安排参观等。此外，还要印制一些材料，如庆典活动的主要内容、意义、来宾名单和致词、组织经营项目和政策等。

3. 布置场地

举行仪式的现场可以设在铺面或商店的门口，应在场地悬挂开业或庆典会标、庆祝或欢迎词语。因为开业活动一般是站立举行的，所以要在来宾站立处和剪彩处铺设红色地毯，以示尊敬和庄重。会场两边可放置来宾赠送的花篮，四周悬挂彩带和宫灯。还要准备好音响、照明设备，使整个场地气氛显得隆重、热烈。

4. 安排接待工作

这一工作要事先指派专人负责，重要来宾的接待应由组织负责人亲自完成。

1) 安排礼仪小姐

礼仪小姐的人数应比剪彩领导人数多 1 人。礼仪小姐一般应身着礼服，中国人的传统观念认为红色为吉庆象征，最好是着红色旗袍，身披绶带，带上要有开业或庆典标志及组织名称等；无论冬夏，只要是身着旗袍，脚下就应着船鞋，穿连裤袜。一般情况下，礼仪小姐要化淡妆。

2) 准备贵宾留言册

贵宾留言册不要用普通签字本，应用红色或金色锦缎面高级留言册，应准备好毛笔、砚台、墨或碳素笔，还要准备好来宾签到处和来宾休息室。

3) 安排接待服务人员

接待室中要求茶杯洁净，茶几桌上放置烟缸，如不允许吸烟，应用礼貌标语牌放置在接待室中，提示来宾。

4) 准备馈赠礼品

此时赠送的礼品也是一种宣传性传播媒介，只要准备得当，往往能产生很好的效果。

5) 提前试验音响

了解无线麦克风电磁波的方向性、频率高低、音量大小，不要出现"吱吱"的噪声或间断噪声。线路距离与麦克风连线长短要考虑周全，不要使讲话者无法进行必要的移动。有时一个麦克风在讲话者间传递使用，电线太短不方便，电线太长又显得很杂乱。因此，事先应设计好讲话、演示、产品介绍表演者的路线。如果可能，对于移动的演讲者、表演者最好用移动无线麦克风，或尽可能将线的一个部分藏在地毯下面，以避免绊倒人。

(二)仪式过程

1. 签到

宾客来到后，有专人请他们签到。签到簿以红色封面、内部纸张以装饰美观的宣纸为宜。如此时组织有关于产品经营项目及公司全方位说明的资料，均可发给到来的宾客，扩大组织的知名度。

2. 接待

宾客签名后，由接待人员引到备有茶水、饮料的接待室，让他们稍事休息并相互认识。本组织人员应在此陪同宾客进行交流，可以谈一些本组织的事情，或者说些对宾客表示感谢的话语。

3. 剪彩

如果是大型工程破土动工奠基仪式、工程竣工仪式、公司成立、商场开业等庆典活动，活动开始时都需要进行剪彩。这时，礼仪小姐手托托盘，将用彩带扎成的花朵相互连着放在托盘上，可以放置红色方口布，口布上面放花朵及剪刀，同时配以热烈的音乐。当主持人出场时，音乐停止，主持人进行简单致辞，宣读到会来宾，并表示谢意。

剪彩开始，由主持人宣布剪彩人员的单位、职务、人名，主席台上的人员一般要位于剪彩者身后1～2米外。剪彩者穿着端庄整齐的服饰，并保持稳重的姿态，走向彩带，步履稳健，全神贯注，不和别人打招呼。拿剪刀时以微笑向服务人员、礼仪小姐表示谢意。剪彩时，向手拉绸带或托彩花的左右礼仪小姐微笑点头，然后神态庄严地一刀剪断彩带。待剪彩完毕时，转身向四周观礼者鼓掌致意。

4. 致辞

由主客双方领导或代表致辞。无论是开幕词、贺词、答谢词均应言简意明、热烈庄重，切忌长篇大论。

5. 节目

典礼完毕，宜安排些气氛热烈的节目，如敲锣打鼓、舞狮子、播放喜庆音乐等。在允许燃放鞭炮的地区，还可以燃放鞭炮、礼花、礼炮等，造成喜庆气氛。此外，还可以请军乐队演奏。

6. 参观、座谈或聚会

主持人宣布仪式结束，即可引导客人参观工程、组织、公司或商店。可介绍主要设施或特色商品，以融洽与同行的关系，也可以举行短时间的座谈或请来宾在留言簿上签字。之后，还可以安排舞会、宴会答谢来宾。

7. 赠送纪念品

如果是企业、公司或商场"某某周年"庆祝活动，可以准备制作纪念品赠送自己的员工和来宾，使员工感到主人翁的优越意识，使来宾们有受到尊重的感觉，以此达到感情的交流；可以进行职工文艺表演，以示庆祝；也可以举行大型促销活动。

二、展销会

展销会是通过实物、文字和图表以及音像、影视材料等来展销产品的一种促销形式。由于它较为形象、直观，使公众容易信服而接受。因此，展销会是组织促销产品的一种经常采用的形式。

(一)确定时间、地点

展销会时间依据展销内容和规模而确定。展销会地点可以在室内或露天。室内展销显得较为隆重，且不受天气影响，时间相对也不受限制，但布置较为复杂，所需的费用也较大。通常在露天举办展销的可以是大型机械、农产品和花卉等。

(二)确定展销会的内容

展销会的内容可分为综合性产品(商品)或专项产品(商品)展销。综合性产品展销会可容纳多家不同产品进行同时展销，例如，每年春秋两季的广州商品交易会就属这种类型。专项展销会，即围绕一项专业或一个专题举办的展销，如汽车配件展销会、家具展销会等。

(三)确定展销会工作人员及责任

1. 安排好产品介绍人员

产品介绍人员应对展销产品的性能、构造、使用方法、同类产品的市场价格情况、组织经济实力和产品信誉、组织发展远景等，有较全面的了解，还要有一定的语言表达能力。在服务中应着装整齐、仪容端庄、面带微笑、尊重每一位顾客，可以着绶带，绶带上印有厂家名称，也可佩戴标签。

2. 安排团体订货室及工作人员

工作人员应懂得订货知识，并按组织订货的有关规定进行工作；工作中应热情接待客户，主动介绍订货规定及优惠政策。

3. 安排迎宾礼仪小姐

礼仪小姐既要热情迎客，也要做引导工作。礼仪小姐还可以为展销会的参与部门或主办单位散发产品宣传单。

4. 广告及新闻报道

新闻报道工作人员安排展销会的广告制作，他们要策划各种产品及展销会的广告内容及形式，确定新闻发布的内容、时机、范围和形式。

5. 组织机构

展销会的组织机构应分工明确、责任到位。

三、发布会

发布会一般是指新闻发布会，又称记者招待会。发布会一般要邀请各新闻媒介的记者参加。举办新闻发布会，由组织负责人或公共关系部门的负责人直接向新闻界发表有关本组织的消息，这对组织而言，是积极的宣传活动的一部分。

(一)举办新闻发布会的"由头"和时机

在决定是否举办发布会之前，至少应确认以下两点。

1. 确定新闻价值

对某一消息，要论证其是否具有专门召集记者前来予以报道的新闻价值。也就是说，举行记者招待会必须有恰当的新闻"由头"。

2. 确定最佳时机

对一个组织(商家)来说，举行记者招待会是为公布与解释组织的重大新闻。例如，在新产品开发、经营方针的改变或新举措、组织首脑或高级管理人员的更换、新组织的开业和老组织的扩建或下马关闭、组织合并、组织创立周年纪念日、重大的人身伤亡事故等事件发生时，都可以举办记者招待会，发布这些消息。

(二)新闻发布会的准备工作和注意事项

1. 确定时机的技巧

选择召开时机一要及时，不要拖；二要注意避开重大节日和社会活动。

2. 确定邀请记者的技巧

确定邀请记者的范围主要根据公布事件、消息发生的范围和影响而定。

3. 确定发布会的地点

一般可在本单位或租用宾馆、大饭店举行；如希望造成全国性影响的，则可在首都或某大城市举行。

4. 布置会场

在会议召开前，应认真进行会场布置。会场的桌子最好用圆形的，大家围成一个圆圈，显得气氛和谐、主宾平等；但这只适用于小型发布会，大型发布会可采用设主席台席位、记者席位、来宾朋友席位等方式。

5. 统一发布口径

本组织参加会议人员要统一口径。某一消息发布到何种程度，应首先在组织内部统一认识。

6. 挑选发言人

举办记者招待会，一般首先由主持人发布消息或介绍情况，随后由主要发言人详细发言。主要发言人原则上应安排总经理或厂长等主要负责人，主要发言人应头脑机敏、口齿清楚、具有较强的口头表达能力。

7. 准备主要发言和报道提纲

由专门班子负责起草主要发言，应全面搜集资料，写出通俗、准确、生动有趣的书面发言稿。另外，应事先归纳出宣传内容的要点和背景，整理成详细的资料，既报道提纲，也可附加照片。

8. 确定会议主持人

会议主持人一般由此次活动的负责人担任。

9. 其他具体事务的安排

为了开好新闻发布会，谈判人员应预先筹备好视听辅助工具，如图表、图片、地图、放大照片、产品实物、模型样品、幻灯、影片、录音带和录像带等。此外，还要准备一些饮料。

(三)对待记者的态度

新闻发布会的接待必须注意对待记者的态度，因为接待记者的质量如何将直接关系到报界发布消息的成败。与新闻界合作应以"真诚、主动"四字为方针，切不可因为自己的组织在社会上有了一定的声誉就趾高气扬，认为记者会有求于己。对记者的接待，不论以何种方式，工作人员都必须时刻牢记记者的双重性。首先，作为人，他希望接待人员对他尊重热情，并了解他的姓名、供职的单位、专业甚至他的作品。更重要的是，记者是专业人员，在这方面，他希望给他提供工作之便，如一条有发表价值的消息、一个能拍到新奇照片的机会、一个电视导演感兴趣的生动场面、一条电台记者希望采访到的重要消息等。总之，应尽量满足他们的合理要求。

四、参观

(一)内部参观

参观是指邀请外部公众或客户参观本组织的工作现场、设施等，是颇为流行的一种谈判活动。

组织参观的目的、效果主要有以下三个方面。

(1) 扩大组织知名度。通过组织参观，增加组织的透明度，让公众了解组织的宗旨、功能、优点、特色，显示组织的存在有利于社会、有利于公众。

(2) 促进业务。通过组织公众参观组织的厂区、生产流程、产品，让公众产生信任感，便于推销产品、谋求投资或相互协作、拓展业务。

(3) 和谐社区关系。组织社区公众参观本组织完善的设施、优良的工作环境、可靠的安全系统，表明组织对社区公众不产生危害，以求得社区公众的理解与支持。

参观的目的要突出，不能要求一次参观达到多种目的。贪多求快反而会使公众摸不着头脑，影响参观的效果。

(二)组织参观的操作方法

1. 准备宣传小册子

这类小册子以简明扼要、深入浅出的语言介绍参观内容，要注意配有一定的图表或数据，少涉及深奥的专业术语，要考虑到接受者的文化水平、接受能力。这种小册子宜在参观一开始时就分发给公众，使公众快速阅读后对参观内容有大致的了解，参观时还可边看实物边对照，能集中注意观看，免去记录的麻烦，并可供公众日后查考。

2. 放映视听材料

有些组织结构复杂、技术尖端，为了帮助公众理解，观摩实物前可放映有关录像片、幻灯片或电视片，做简洁的介绍。

3. 观看模型

有的组织规模庞大、设施分布很广，不便于参观的，可以事先制作模型，让公众观看。

4. 引导观看实物

由专人引导公众沿着一定路线参观，逐一观摩实物。在重要的实物前，引导者要作讲解，或配备专门的讲解员讲解，讲解时要抓住公众关心的或不易理解的重点，避免长篇大论、滔滔不绝，给人以吹嘘之感而使参观者产生逆反心理。参观主要以物来传递信息，以让公众目击为主、讲解为辅，不能本末倒置。

5. 中途休息

参观的时间不宜太长，以一天中完成为好。在参观路线的中途，最好设有休息室，备好茶水，供参观者中途小憩。

6. 分发纪念品

参观过程中可向公众分发一些小型纪念品，最好是本组织制造的或刻印有本组织名称的纪念物，让公众一见到它就想起本组织，引起美好的回忆。

7. 征求意见

观摩实物结束，宜在出口处设置公众留言簿或意见簿，有条件的，最好请参观者座谈观感、提出意见，便于组织改进工作。

参观除了平时可进行外，还可以结合一些特殊时机进行，如在开幕式、周年庆典之后组织来宾参观。

(三)陪同外出参观旅游

陪同参观旅游不要怕麻烦，具体应该注意以下几个方面。

(1) 不要将时间安排得太紧，尤其是游玩时，应预留一点自由活动时间。

(2) 如果是派人员陪同客人参观游览，应先将情况介绍清楚，几个参观项目(景点)共用多少时间，去重点项目用多少时间，建议去哪些地方，共有多少时间供参观，便于共同订出计划。

(3) 要去的地方较大时，应发交通图，可放在资料袋中。

陪同客人参观过程中应边看边介绍情况，不要因为陪同者对参观内容毫无新鲜感，便无精打采，显示出不屑一顾的神情，或低着头在前面猛走，不管客人是否对什么事物发生兴趣。有的陪同或催促对方、说没有什么好看的，或站在一旁显示出不耐烦的样子，不为客人介绍，却同当地或现场其他熟人聊天，显得非常不礼貌。

以上各种专题活动的策划应目的明确，结合谈判工作的需要，与谈判工作相辅相成，使之成为良性互动的一个整体。

本 章 小 结

讲究礼仪是中华民族的传统，在商务谈判中谈判人员要提高自身的修养，要让对方感到你是一个懂得礼仪之人，这样别人才愿意和你打交道。因此，商务人员要养成良好的习惯，懂得如何穿衣戴帽、如何就餐品茶，以及参加各种商务活动的礼节和过程，通过自身在礼仪方面的修为，做个让人喜欢的商务人员。

本 章 习 题

一、思考题

1. 你最亲近的朋友是谁？为什么你觉得他(她)是个可亲的人？

2. 是否吸烟纯属个人问题，因此在谈判活动中可以完全根据自己的喜好决定是否点上香烟，而无须征询他人的意见。你的态度呢？

3. 为什么在谈判活动中应比一般的人际交往更早一些到达约定地点？

4. 商务谈判中的女士着装有哪些注意事项？

二、拓展练习

练习一 规范的个人行为训练

与同伴配合对镜练习正确的站立、行走和就座的姿态。在至少三个月的时间里严格按同伴的提示规范个人行为。

练习二 微笑训练

微笑是世界语言，在人际交往中具有极大力量。对镜子练习微笑。要领是：出自真心。

练习三　你会介绍吗

年轻的李女士是糕点公司的营业部经理，今天要到运通公司洽谈业务。运通公司的董总是位男性长者。若你是运通公司业务部负责人，该如何为他(她)们作介绍？

A. 将李女士介绍给董总　　　　　B. 将董总介绍给李女士

C. 让他(她)们各自作自我介绍　　D. 带到董总办公室后即离开

三、案例分析

案例一　文化的冲突

西班牙人的习惯是无酒不欢的，伊朗人则禁酒。伊朗总统访问西班牙期间，西班牙国王欲举行国宴款待伊朗总统，但双方就宴会上究竟该不该上酒的问题争执不下。最后闹得不欢而散。

问题：

(1) 这一事件说明了什么问题？

(2) 如果你是接待人员，你该怎么办？

案例二　真的要"砸车"

"一车一杆，电脑收费，主动交费，谢谢合作"；"一车一杆，电脑收费，撞杆砸车，后果自负"这是我们在同一城市的两个不同的公路收费站前看到的提示。

问题：

(1) 你认为哪个效果会更好？为什么？

(2) 如何在处理原则问题上体现礼仪的力量？

第九章 国际商务谈判

学习目标：

- 了解国际商务谈判的含义及类型。
- 了解国际商务谈判的过程与策略选择。
- 了解国际商务谈判的环境及世界主要国家和地区的风俗习惯。

核心概念：

国际商务谈判

随着我国经济的迅猛发展，尤其是加入 WTO 后，我国企业和单位所面临的国际商务谈判越来越多。因此，要求商务人员不仅能胜任国内商务谈判，而且还能胜任国际商务谈判。一般来说，国际商务谈判与国内商务谈判相比较，国际商务谈判比较复杂和正规，而国内商务谈判则比较简单和随便。本章主要从概念、类型、环境、过程等方面简要介绍国际商务谈判的相关基本理论与知识，使商务人员对国际商务谈判与国内商务谈判有一个正确的认识。

第一节 国际商务谈判的概述

一、国际商务谈判的概念

所谓国际商务谈判，是指在国际商务活动中，处于不同国家或不同地区的商务活动当事人之间为实现一定的经济目的，明确相互的权利与义务关系而进行协商，最终达到交易目的的行为过程。

与国内商务谈判相比，国际商务谈判更为复杂和多变，具有跨国性、跨文化性等特殊性。同时，国际商务的内容十分广泛，它包括国际货物买卖、技术贸易、合资合作经营等一切国际经贸业务在内。

因此，国际商务谈判的难度要大大高于国内商务谈判。也就是说，要完成一项国际商务谈判，对参加国际商务谈判的谈判人员提出了更高的要求。不仅要口齿清晰流利，谙熟谈判技巧，还需外语(特别是英语)口语流畅，掌握国际市场规则、国际商务谈判的基本程序和决策程序，善于组织国际商务谈判，精通各国文化习俗、谈判风格和谈判思维的方式，能灵活运用国际商务谈判策略与技巧、用语及其他信息，精于制作合同文本，精通 WTO 规则等。

二、国际商务谈判的类型

国际商务谈判的类型基本和前面章节里讲述的谈判类型类似，这里只针对几种主要类型做简单的说明。根据不同标准，可以将国际商务谈判划分为不同类型。

1. 按参加谈判的主体数量不同划分

国际商务谈判按参加谈判的主体数量不同，可分为双边谈判和多边谈判。前面章节里已经讲述，这里不再重复。

2. 按谈判规模不同划分

国际商务谈判按谈判规模不同，可分为大、中、小三种类型。前面章节里已经讲述，这里不再重复。

3. 按谈判方式不同划分

国际商务谈判按谈判方式不同，可分为函电谈判、面对面谈判、横向谈判及纵向谈判。

(1) 函电谈判。函电谈判是指谈判各方的意思表示是通过信函、电报、电传、电话和电子邮件、互联网等形式所进行的谈判。

(2) 面对面谈判。面对面谈判亦称口头谈判，是指谈判各方直接见面用口头语言进行磋商的谈判。一般来说，面对面谈判均为有计划、有组织、有安排的谈判。

(3) 横向谈判。横向谈判是指谈判各方首先将所有的议题全面铺张开，确定要解决的若干个问题。然后逐次讨论每个问题，如果某个问题一时解决不了，可暂时放一放，先讨论其他问题。这样周而复始地协商下去，直到所有的问题谈妥为止。

(4) 纵向谈判。纵向谈判是指谈判各方首先将所有的议题全面铺张开并整理成一个系列，按问题系列的逻辑要求，依顺序逐个进行协商，前面的问题不彻底解决，就绝不谈后面的问题。

4. 按谈判地点不同划分

国际商务谈判按谈判地点不同可分为主场、客场、中立地及主客轮流谈判。

(1) 主场谈判。

主场谈判是指当事人在其本国进行的谈判。

(2) 客场谈判。

客场谈判是指在谈判对手所在地区地进行的谈判。

(3) 中立地谈判。

中立地谈判是指在谈判各方当事人所在地以外的地方进行的谈判。

(4) 主客轮流谈判。

主客轮流谈判是指谈判地点在谈判各方当事人所在地之间轮流进行的谈判。

5. 按谈判当事人所采取的策略和方针不同划分

国际商务谈判按谈判当事人所采取的策略和方针不同，可分为让步型、立场型和原则型谈判。前面章节里已经讲述，这里不再重复。

三、国际商务谈判的环境

国际商务谈判要面对的谈判对象来自不同国家或地区。由于各地区的历史、文化传统和背景、价值观存在明显的差异，因此在参加国际商务谈判时的方式和做法也不同。所以要对谈判对方所处的环境因素进行分析和了解。这些因素主要有：政治形势、经济状况、法律规定、商业习惯、社会风俗、文化背景、宗教信仰、基础设施、人员素质、地理位置和气候条件等。一般来说，谈判前应对下面几个环境因素的发展与变化情况做重点了解。

(一)政治状况

政治状况的变化，往往会对谈判产生重要影响，因此，在国际商务谈判中，谈判各方应重视对政治状况的分析，特别是对有关国际形势的变化、谈判对方国家的政局稳定性以及政府之间的双边乃至多边关系等方面的现状及其趋势进行分析。

国际形势的变化，诸如发生战争、地区关系紧张等，都会影响谈判的内容和结果。比如，某商品的运输要通过交战地区，则很可能因为战争的爆发而无法按期装运或改变运输线路，而增加费用。

谈判双方国家政局是否稳定，是影响双方签约后能否顺利履约的重要因素。如果谈判者在谈判前发现对方的国家政局动荡不稳或政府面临政治危机等，则应该在对事态的发展趋势及其对合同履行的影响做出分析后，再决定是否进行谈判或在谈判中对这些问题提出有针对性的解决方案(如在价格中增加适当的风险费以及要求对方提供担保等)，以免造成损失。

再者，双方政府之间的关系，也是影响国际商务谈判的一个重要因素。双方是否相互给予最惠国待遇、是否都加入了某个贸易组织、相互之间是否有贸易摩擦、双方政府是否可能发生冲突、有无战争的可能等，商务谈判人员对这些情况一定要非常清楚。

(二)经济状况

经济状况的变化对国际商务谈判的影响也很明显。在谈判前应对谈判内容有关的经济形势的变化情况做认真的了解，并分析这些变化对当次谈判所产生的影响。对经济状况的分析，主要应考虑经济周期、国际收支、金融政策等方面的变化情况。

经济周期是再生产各环节运行状况的综合体现，谈判前通过对双方乃至世界当前经济周期发展情况的了解，有助于谈判者客观地分析经济形势和谈判双方的需要，选择不同的谈判策略。例如，谈判对方国家正处在经济萧条阶段，则大多数情况下表明该国的生产过剩、市场有效需求不足，此时他们对购进商品比较谨慎，而对推销他们的商品比较积极。

(三)财政金融情况

在国际商务谈判时要了解的对方国家的财政金融情况主要有以下几个方面。
(1) 该国的国际借贷情况。
(2) 该国的外汇储备情况。
(3) 该国的货币可否自由兑换？有何限制？
(4) 该国在支付方面的信誉如何？
(5) 该国是否能开出在出口国可保兑的信用证？
(6) 公司在当地赚取的利润是否可汇往境外？有何具体规定？

(7) 该国在征收关税方面有何规定？

还要了解对方国家的金融政策，主要是了解谈判双方国家的货币政策、外汇管理、汇率制度、贴现制度等方面的变动情况，为谈判时选择结算货币、支付方式等提供依据。

(四)法律制度

谈判的内容和合同的签订只有符合法律的规定，才能受到法律的保护。因而，在谈判前必须了解与谈判内容有关的对方国家各项法律规则的变化情况。例如，对方国家的法律制度的状况如何？是属于英美法系(判例法)还是大陆法系(成文法)？对方国家对执行国外的法律仲裁裁决需要什么程序？……而且要了解对方国家的法律约束、执法程度、执法程序、对谈判权力的限制、投资的法律环境等情况。

除此之外，商务谈判人员还要熟悉有关国际货物买卖的法律法规、国际贸易惯例、国际贸易术语等。

(五)宗教信仰、社会风俗、文化背景和商业习惯

在国际商务谈判中，谈判者要和许多不同文化背景和宗教信仰的人交往，对方的价值观、道德规范以及世代相传的风俗习惯都有所不同。

谈判者在与对方谈判时，若对对方的宗教信仰、风俗习惯和文化背景有所了解，有利于在谈判中尊重对方的宗教信仰和风俗习惯，促进彼此之间的沟通，了解对方的谈判作风。

商业习惯主要有企业的体制、专家的作用、等级特点、贿赂、所使用的语言、谈判习惯等情况。

社会习俗主要有衣着、礼节、时间观念、称呼和禁忌等。例如，日本的商人把和谐放在首位，日本人在日常的交往中非常注重礼节，谈判时比较重视和谐的气氛和注重保留对方的面子，很少直接做出拒绝或否定对方意思的表示，而是通过很客气的语言，委婉地表述他们的看法。而美国商人则比较重视进取、竞争和创新。美国有句名言："允许失败，但不允许不创新。"所以，多数美国人在交往中性格外露，热情自信，办事干脆利落，谈判时开门见山，很快进入谈判的主题，并喜欢滔滔不绝地发表自己的看法，谈判中善于施展策略，同时也十分赞赏那些精于讨价还价和善于施展策略的谈判对手。

上述几个方面是在进行各种国际商务谈判时都应考虑的。但谈判者必须注意，在实际工作中，要根据谈判的具体内容和要求，对其他环境因素，如商业习惯、基础设施、气候条件等，也应进行有针对性的调查，才能更好地实现谈判目标。

第二节 国际商务谈判的过程与策略选择

从过程来讲，国际商务谈判与国内商务谈判的过程没有区别，但由于国际商务谈判是涉外谈判，因此在谈判过程的各个阶段，具体工作的重点和要求有时与国内商务谈判是有区别的。本章就国际商务谈判过程各个阶段的工作重点和要求做概要地说明。

一、准备阶段

相对于国内商务谈判来说，国际商务谈判的准备工作要复杂得多。如在资料搜集、参加谈判人员的素质等方面的要求就有不同的、更高的要求。这一阶段，主要工作有以下几个方面。

1. 搜集有关资料

国际商务谈判要搜集和掌握的资料除了上一节提到的有关谈判环境资料外，还包括谈判对手的资料(参加商务谈判的人员及商务谈判人员所代表的企业或公司)、市场行情、竞争对手以及国际贸易惯例等资料。

2. 确定谈判对象

确定谈判对象是参加国际商务谈判的重要环节。商务谈判对象的确定关键是看对方是否能满足己方的需要。一般来说，只确定一个对象，能充分表明己方对对方的信任，有利于发挥对方的积极性，获得对方的积极合作，但是一旦谈不成，己方将会陷入困境。确定两至三个对象，能充分利用对方的竞争为自己服务，但不利于发挥对方的积极性。

3. 组建谈判队伍

要想谈判成功，在谈判准备中对谈判班子的组成和谈判人员分工及配合做出恰当的安排是一项十分重要的内容。一个高效的强有力的谈判小组，人员之间应该形成各种能力的互补，以使个人的能力和素质得到放大，并形成新的集体力量。一般来说，谈判人员的选择标准应从四个方面考虑，即基本素质、知识结构、能力结构和年龄结构。基本素质是由谈判者的职业素质、心理素质、业务素质和文化素质等构成的，它是谈判者个人的综合素质；知识结构是指一个谈判人员应掌握的商务基础知识，专业知识，法律、法规和其他相关知识等；能力结构包括谈判者的协调能力、表达能力、分析应变能力及创新能力等；年龄结构即谈判者的年龄。实践证明，谈判者的年龄在 30～55 岁最理想。

二、实质性谈判阶段

这一阶段也就是讨价还价阶段。谈判各方都欲实现谈判目标，并从中获利。正确、灵活、有效地利用智慧、策略、技巧和手段来获得谈判的成功，是实现谈判获利目标的关键。因此，这一阶段是谈判主体间的实力、智力和技术的具体较量阶段，而且也是谈判主体间求同存异、合作、谅解、让步和妥协的阶段。

下面简单介绍这一阶段的报价、讨价和还价。

1. 报价

报价是指商务谈判的一方向对方提出的所有要求。在国际商务谈判中有两种典型的报价方式：西欧式报价和日本式报价。这两种报价方式在国际上广为应用，值得我们借鉴。这里只做简单的阐述。

西欧式报价的一般做法是，卖方首先提出留有较大余地的价格，然后根据谈判双方的实力对比和该项交易的外部竞争状况，通过给予各种优惠，逐步接近买方的条件，建立起共同的立场，最终达到成交的目的。

日本式报价则是将最低价格列在价格表上，以求首先引起买主的兴趣。由于这种价格一般是以卖方最有利的结算条件为前提的，并且在这种低价格交易条件下，各个方面都很难全部满足买方的需要。如果买主要求改变有关条件，则卖主就会相应提高价格。因此，买卖双方最后成交的价格，往往高于价格表中的价格。

在实践中，报价还有先、后之分，先报价与后报价各有利弊，商务谈判人员在报价时应具体情况具体分析。

2. 讨价

讨价是指评价方在对报价方的价格解释进行评论后向其提出的技术及商务要求的行为。例如，"贵方已听到我们的意见，如果不能重新报出具有成交诚意的价格，我们之间的交易将难以成功"。

讨价可以分为全面讨价和具体讨价，另外在讨价时还应该注意讨价次数、讨价方法和讨价时的态度等。

3. 还价

一般来说，报价方做了数次调价后往往会要求对方还价。还价即报价方做出重新报价后，向评价方要求给出回价的行为。例如，"我方根据贵方的意见已对报价进行两次修改，如果贵方有诚意，是不是该给我方一个回价了？"

还价时一定要慎重，还价应对双方都有利，避免引起对方反感或误解。另外，在讨价还价的过程中，双方都要不断地做出一些让步，最理想的让步方式为递减式的让步。

三、协议签订阶段

这一阶段的主要工作有以下两个方面。

1. 认真核对合同文本及各种批件

在国际商务谈判中，合同(协议)起草和核对是签约前最重要的工作，商务谈判人员应认真对待。核对合同文本务必对照原稿，不能只凭记忆而采用"阅读式"的审核。一般来说，应由两人以上共同核对，特别是两种文字的合同。只有这样，才能避免因不小心出错而造成的损失，也可以防范有人故意利用出错为己方再捞回一点利益。

2. 确定签字人、地点、时间和仪式等

合同的签字人一般是企业或公司的法定代表人或得到授权的人。至于地点、时间、仪式等应根据实际情况并由谈判各方协商而定。一般来说，应从节约的角度出发，不搞铺张浪费。

四、后续阶段

谈判的后续阶段是指从合同签订到合同履行完毕之前的这段时间。在这段时间里，谈

判各方应做的主要工作有以下几个方面。

1. 认真履行合同

履行合同的要义在于买卖双方都应认真履行自己的义务。在国际货物买卖中，卖方的主要义务是：通过检验核定货物，确保合同的绝对执行和货物的发送安全。买方的主要义务是：积极筹集货款，及时支付，并组织好人员着手进行验货、接货的准备。只有合同完全履行，才能实现谈判的目标。

2. 注意巩固与客户的关系

这主要是指要保持与客户沟通与联系，做好善后工作等。善后工作主要是指服务工作。谈判者应该记住：即使同一个客户在今后不会有长期的生意往来，但也要赢得对方的好感，满意的客户是公司产品最好的广告。

3. 进行总结

一是谈判每个阶段的小结，阶段小结可达到两个目的。
(1) 向大家展示劳动成果，以振奋士气。
(2) 明确下一步的主要工作，避免重复劳动，浪费时间。
二是谈判结束后的总结。主要总结经验教训，便于以后更好地开展工作。

第三节　不同国家和地区的商业习俗及风俗习惯

如前所述，国际商务谈判参与各方处于不同的文化、宗教、伦理环境中，谈判的各方一般具有不同的价值观、道德观、思维方式和行为方式，在语言表达及风俗习惯等方面各不相同。谈判者如果不进行深入了解，则不可避免地遇到麻烦或犯错误，从而影响谈判的顺利进行。所以，参加国际商务谈判的人员，必须对对方的风俗习惯等作全面的了解。下面简要介绍部分国家和地区商业习俗及风俗习惯。

一、美国

在商务谈判中，美国商人极注重经济利益，成功的标准是以最小的投入获取最大的利益。美国人十分开朗、充满自信、幽默善谈，善于讨价还价。时间观念强，"时间就是金钱"是美国人不渝的信条，这一点在美国人的生活节奏和谈判中都得到充分的体现。美国人工作时总是竭尽全力、勤奋、实干；休闲时则会尽情地去玩耍，可以说是淋漓尽致；谈判时总是开门见山，直截了当，不喜欢拐弯抹角，浪费时间。他们坚决争取自己的谈判目标，非常注重效率，并且愿意采用一揽子谈判方法并达成一揽子谈判交易，如谈判中包括设计、开发、生产、工程、销售和价格等。

此外，美国人法律观念强，他们重合同、重信用；美国人有强烈的个性化特点，决策时一个人也可以做出决定，但是，与此同时他们也强调个人应负的责任；美国人非常讲究平等，对阶层、地位不甚考究，无贵族一说；对服装、礼仪也不甚考究，穿着随便，喜欢宽大或性感的服装；他们热情、友好，但这种友好态度有时来得快、来得热烈，消失得也快，因为美国人是实用主义者。美国人最不好的地方就是有时过于自信，以自我为中心，常常表现出以美国体制为中心，往往不甚尊重对方国家的社会制度。

二、日本

日本人非常看重地位和规则，"偏爱长者、信任权力"是日本人的一大特点。他们有极强的团体意识，在商务谈判中，往往表现为集体决策。因此，决策过程十分缓慢，但一旦做出决策其执行效率却很高。因为每个人都明确自己的职责并且都同样按照决定去行事。世界上许多国家的谈判者常常感到与日本人打交道比较困难，一个重要的原因就是他们面对的不是一两个人而是一个整体。日本人在谈判中很难表现出灵活性，任何问题都需要通过全体成员的共同讨论。他们总是耐心十足，微笑着讨价还价，喜欢用含蓄或间接的方式表达自己意见和建议，静观事态的发展，善于打折扣、设埋伏，搞"马拉松"战术。

日本人非常讲究礼节，注重人际关系的建立。与日本人谈判关键一点是在谈判前建立个人的友谊和信任。在这一点上，最有效的办法就是找到一个"局内人"，即所谓"熟人"，通过他们的引见便可以与日本同行建立关系。当然，也可以通过专门的商务机构或政府机构及其他经济组织来牵线搭桥。

三、英国

英国人由于过去曾有过的辉煌，在商务活动中比世界各国的商人显得正规、高傲、保守。他们推崇绅士风度，在谈判中极少当面争执。尽管绅士风度十足，英国人也喜欢幽默。但英国人不喜欢别人打探私事，在他们面前谈论王室、国内政治或把美国人作为话题都是不受欢迎的。他们从不把个人关系与生意上的关系相混淆，生意是生意，友谊归友谊，而生意上的事情往往是第一位的。

英国是一个十分重视社交的国家，大部分商务招待都在酒店或饭店举行。如果未带配偶，在餐桌谈生意是习以为常的事。英国人很注重礼节和仪式，他们在谈判开始前的相互问候和客气谦让有时可持续很长时间。英国人不喜欢讨价还价，因此他们的最初报价与最终的价格十分接近。

英国人由于历史与传统的原因特别重视合同，他们甚至不放过合同中的每一个细节，对在合同中存在含混不清、模棱两可的问题未澄清前，他们是不会签订这份合同的，一切均得按规矩办事。但他们一旦签订了合同，就会严格遵守合同的各项条款。

四、德国

德国人素有"契约之民"的雅称。他们冷静、勤奋、自信，考虑事情周到细致，注重细枝末节，追求完美。德国人办事效率高，做事雷厉风行，有军旅作风。与德国人做生意不必担心德国人不履行合同。在商务活动中，他们尊重合同的规定，严守合同信用，重视合同的履行。

德国人常常把谈判前的准备工作做得很充分，非常重视收集和研究有关谈判的背景资料，包括产品性能、质量、对方的业务经营情况和他们的资信情况等。德国严格的质量控制系统和高度发达的工业体系，使得其产品质量很高，这一点德国人很引以为豪，他们常用本国的产品作为衡量产品质量的标准。德国人注重发展长久关系，求稳心理强，他们总是希望通过生意与对方建立起长久的贸易关系，不喜欢一锤子买卖。

五、法国

法国人有很强的民族文化意识，在商务活动中，他们会坚持要求使用法语。法国人天性热情乐观，充满幽默与浪漫。他们认为生意场上友谊是重要的。因此，在没有建立友谊和信任关系之前，他们不会签订大宗商品的买卖合同。

法国人认为享受生活与他们的工作同等重要，所以应当注意避免在假期来临时要求与法国人进行商务会谈，即使这个会谈可能带来很大商机。法国人在签订合同时往往匆忙行事，不多做细致的考虑。在商务谈判过程中，一旦主要的问题取得一致，他们会先与对手达成口头协议，随即就会要求签订书面合同。他们认为细节问题可容以后推敲，这一点与英国商人的习惯恰好相反。法国人还有一个公认的弱点：他们常常单方面推迟或更改日期，但却不能原谅谈判对手不遵守时间的行为。

六、俄罗斯

俄罗斯人热情好客，坚强但有些固执。他们非常注重感情和友谊，因此，与他们做生意的关键一点就是建立良好的人际关系。在俄罗斯，办事对关系网络依赖性很强，有经验的谈判者在与他们做生意之前，总是想方设法通过直接或间接的关系与对方建立联系。

俄罗斯在商业活动决策过程中有官僚主义的作风、办事拖拉等，是屡见不鲜的，对于这一点各国谈判人员应做好思想准备。

此外，俄罗斯人非常善于使用谈判策略，善于与人讨价还价，善于利用竞争来为自己服务。例如，他们会利用一项极具诱惑力的项目来吸引众多竞争者，而在竞争者们互相竞争中获取较大利益。

七、犹太商人

犹太商人是世界上最有名的商人，他们是谈判高手。犹太商人谈判第一天通常是以吵架结束的。他们开始很注重友好的气氛，但一进入谈判就把条件开得很高，为细节而争吵，甚至愤怒。第二天他们又会和你约定谈判地点和时间，并友好、热情地与你谈判，但会提出各种苛刻条件让你接受，而对你的条件则一一否决，使你不知不觉地答应他们很多事前没准备答应的条件。犹太商人经常运用权力有限的策略，善于与政府打交道，发政府的财，他们比较谨慎，时刻在寻找新的商机。

犹太商人重信守约，他们一旦签订了契约就一定执行，即使有再大的困难和风险也要自己承担。他们认为契约是神圣的，对于违约者深恶痛绝，一定要追究责任，要求赔偿损失。对于不履行契约的人，他们会把其逐出商界。犹太商人大多会说一口流利的英语，此外还会说德语或法语等。

犹太商人在生意场上非常遵守商业规则。除此而外，他们认为日常生活中的亲情、友情、尊老爱幼、礼让、助人等其他伦理道德规范都必须服从商业规则。

八、中国台湾和香港地区

同属炎黄子孙，台湾、香港和内地在风俗习惯上十分相似。港、台地区的商人都是商务谈判的好手，他们与内地的谈判人员一样，十分重视人际关系的建立，在正式谈判之前往往会进行礼节性的拜访或通过赠送礼品与客人建立良好的关系。台湾商人与香港商人在商务谈判中让步的方式有较大差别。台湾商人常采用的是"逐步紧缩"的让步方式，即开始大方，而后逐步缩小让步幅度；而香港商人则是"逐步升级"的让步方式，开始坚持讨价还价，做出一些小的让步，然后再根据实际情况的变化逐步增大让步幅度。

此外，同内地人一样，港、台两地人喜吉利，爱讨口彩，事事都与"发财""好事"之类相连。因此，与港、台两地人交往时不要忘了多说吉利的话。

九、北欧人

北欧五国是指芬兰、挪威、瑞典、丹麦和冰岛，他们都是基督教信徒，历史上多受他国侵扰，曾互相结盟或宣布中立以求平安。这种文化背景使北欧人自主性强，态度平和，谦恭、坦率，不轻易激动，愿主动提出建设性意见以求做出积极的决策。在谈判中，北欧人比美国人和德国人显得平静得多，在谈判开始的寒暄阶段，常常表现出沉默寡言，他们从不激动，讲话慢条斯理。所以在谈判的初期，他们容易被对方压服。他们在开场陈述时十分坦率，愿意使对方得到有关他们的立场的一切情况。芬兰人和挪威人都有这种特点。瑞典人也这样行事，但他们受美国人的影响很深，并具有瑞典特有的官僚主义。丹麦人如果是来自沿海地区，则按斯堪的纳维亚人的风格谈判；如果是来自日耳曼半岛，则具有德国人的风格。斯堪的纳维亚人的特点与其文化渊源有关，他们严守基督教的道德规范，保持政治上的稳定。北欧人的长处在于，他们在摸底阶段很坦率和直爽。他们不像德国人那样，在出价阶段谈得很出色，也不像美国人那样善于讨价还价，他们比较固执。与北欧人谈判时，应该对他们坦诚相待，采取灵活和积极的态度。

十、阿拉伯国家

阿拉伯国家的人通常比较保守、倔强、固执，他们绝不轻易相信对方，十分重视名声和关系。但是十分好客，重视感情，可以说牢固的个人关系对商务谈判的成功与否至关重要。所以，与阿拉伯国家的人谈判，首先应想方设法与对方建立友谊。阿拉伯人把伊斯兰教奉为国教。在阿语中，伊斯兰意指和平、忠顺与服从。了解和学习伊斯兰教的有关知识，尊重他们的宗教习惯，如星期五是他们的主日，这一天是不谈公事的；伊斯兰教有许多禁忌，如不抽烟、不喝酒、不吃猪肉等，但送礼在阿拉伯国家非常流行。这些都成为与阿拉伯人谈判所要了解的不可缺少的内容之一。

此外，在商务会谈中，阿拉伯人精于讨价还价，十分重视集体决策。他们的谈判节奏缓慢，因此，与阿拉伯人谈判不能操之过急，适应他们的慢节奏才是上策。在阿拉伯国家，妇女的地位很低，一般妇女是不参加商业活动的。他们实行的是一夫多妻制。在与阿拉伯人交往中，不要过问阿拉伯商人妻女的情况，也不要随便送礼物给阿拉伯商人的妻女。

本 章 小 结

国际商务谈判与国内谈判有很大区别，因此，参与国际商务谈判除了要了解国际市场行情，还要了解对方国家或地区的政治、经济、宗教、法律、语言、文化、商业习惯、风土人情、自然情况等方面的特点，做好准备，才能保证谈判的顺利进行。

本 章 习 题

一、思考题

1. 国际商务谈判与国内商务谈判主要有哪些不同？
2. 环境对谈判的影响主要有哪些？
3. 日本的商业习俗和风俗习惯主要有哪些？
4. 阿拉伯国家的商业习俗和风俗习惯主要有哪些？

二、拓展练习

练习一　应该接受吗

你在伊朗同当地的商人谈判，对方私下送给你一份比较贵重的礼物，你该怎么办？

(1) 对他表示十分感谢，同时收下。
(2) 对他表示谢意，但拒绝接受。
(3) 高兴地接受，并准备回送一份礼物。

练习二　你应该了解哪些情况

你正在美国寻找代理商，一位美国经销商主动要做你的总代理，那么你应该考察哪些情况？

(1) 先考察他的财务状况，再决定是否进行谈判。
(2) 问他为什么愿意合作？
(3) 询问他的代理历史。

练习三　对方最关心什么

你正在与英国制造商进行谈判，准备从对方那购买一套设备，你应该把谈判重点放在什么地方？

(1) 价格。
(2) 支付方式。
(3) 交货方式。
(4) 质量。

练习四　如何面对对方的热情

某日本商社邀请你们去东京商谈出口纺织品事宜。当你们抵达机场时，该社长率手下的公关部科长已在迎候你们。在送你们到饭店后，该社长热情地为你们安排回程机票，并且说为你们的行程安排了比较丰富的内容，你应该怎么回复对方的热情？

(1) 表示感谢，告诉对方你的回程日期，同意让他们给你们安排机票。

(2) 表示感谢，告诉对方没有确定回程的日期，根据谈判的情况随时决定回程。

(3) 表示感谢，告诉对方，其他公司也希望给我们安排回程的机票。

三、案例分析

案例一　情理的作用

1985 年江苏仪征化纤工业公司总经理任传俊在与日本某公司进行索赔谈判时，遇到麻烦。中方提出 1 100 万美元，对方只认可 300 万美元。在僵持不下时，中方提出休会，邀请对方游览扬州。在大明寺，任传俊总经理深情地说："这里纪念的是六渡扶桑，双目失明的鉴真和尚，今天，中日两国人民都没有忘记他。你们不是常常奇怪日本对华投资为什么比较容易吗？那其中很重要的原因就是日本人了解中国人，知道中国人重感情，重友谊。"日方代表深受感动，回到谈判桌前，愉快地达成协议。

问题：

(1) 中方为什么把日方带去参观大明寺？

(2) 此案例告诉我们一个什么道理？

案例二　美国人回去过节了

某美国公司向中国某公司出口了一套设备，经过安装后，调试工作还没有结束，时间就到了圣诞节，美国专家都要回国过新年。于是生产设备的调试要停下来，我方要求对方留下来等一切工作完成后再回国，但对方专家拒绝了，因为美方人员过节是法定的。如果美方专家回国度假，中方将有一定的损失。最终，美方人员还是回国度假了。

问题：

(1) 为什么美国人一定要回去过节？

(2) 中方应该如何处理所付出的代价？

(3) 你认为为什么会出现这样的情况？

案例三　了解国际行情后不降反涨

中方某公司向韩国某公司出口丁苯橡胶已一年，第二年中方又向韩方报价，以继续供货。中方公司根据国际市场行情，将价从前一年的成交价每吨下调了 1 200 美元(前一年 1 500 美元/吨)，韩方感到可以接受，建议中方到韩国签约。中方人员一行二人到了首尔该公司总部，双方谈了不到 20 分钟，韩方说："贵方价格仍太高，请贵方看看韩国市场的价，3 天以后再谈。"中方人员回到饭店感到被戏弄，很生气，但人已来首尔，谈判必须进行。中方人员通过有关协会收集到韩国海关丁苯橡胶进口统计，发现从哥伦比亚、比利时、南非等国进口量较大，中国进口也不少，中方公司是占份额较大的一家。价格水平南非最低但高于中国产品价；哥伦比亚、比利时价格均高于南非。在韩国市场的调查中，批发和零售价均高出中方公司的现报价30%～40%，市场价虽呈降势，但中方公司的给价是目前世界市场最低的价。为什么韩国人员还这么说？中方人员分析，对手以为中方人员既然来了首尔，肯定急于拿合同回国，可以借此机会再压中方一手。那么韩方会不会不急于订货而找理由呢？中方人员分析，若不急于订货，为什么邀请中方人员来首尔？再说韩方人员过去与中方人员打过交道，有过合同，且执行顺利，对中方工作很满意，这些人会突然变得不信任中方人员了吗？从态度看不像，他们来机场接中方人员，且晚上一起喝酒，保持了良好气氛。从上述分析，中方人员共同认为：韩方意在利用中方人员出国心理，再压价。根据这个分析，经过商量，中方人员决定在价格条件上做文章。总的讲，态度应强硬(因为来首尔前对方已表示同意中方报价)，不怕空手而归；其次，价格条件还要涨回市场水平(即 1500 美元/吨左右)。再者不必用两天给韩方通知，仅一天半就将新的价格条件通知韩方。

在一天半后的中午前，中方人员电话告诉韩方人员："调查已结束，得到的结论是：我方来首尔前的报价低了，目前市场价格是 1400 美元/吨，但为了老朋友的交情，可以下调 20 美元，而不再是 1200 美元。请贵方研究，有结果请通知我们，若我们不在饭店，则请留言。"韩方人员接到电话后一个小时，即回电话约中方人员到其公司会谈。韩方认为：中方不应把过去的价再往上调。中方认为：我们按韩方要求进行了市场调查，结果应该涨价。韩方希望中方多少降些价，中方认为原来报价已降到底。经过几回合的讨论，双方同意按中方来首尔前的报价成交。这样，中方成功地使韩方放弃了压价的要求，按计划拿回合同。

问题：

(1) 中方的决策是否正确？为什么？

(2) 中方是如何实施决策的？

(3) 你从中学到了什么？

参 考 文 献

[1]　(英)P.D.V.马什著. 合同谈判手册[M]. 上海：上海翻译出版公司，1988.

[2]　王炬，刘兆华编译. 商业谈判致胜术[M]. 成都：四川人民出版社，1992.

[3]　(美)丹尼斯·霍尔文著. 谈判艺术[M]. 刘慧一译. 南京：江苏科技出版社，1992.

[4]　张祥. 国际商务谈判——原则、方法、艺术[M]. 上海：三联书店，1994.

[5]　(美)杰勒德·尼尔伦伯格著. 谈判的艺术[M]. 曹景行，陆延译. 上海：上海翻译出版公司，1986.

[6]　(美)海因兹·姆·戈德曼著. 推销技巧[M]. 谢毅斌译. 北京：中国农业机械出版社，1984.

[7]　张强. 谈判学导论——谈判的理论与实践[M]. 成都：四川大学出版社，1992.

[8]　李扣庆. 商务谈判概论——理论与艺术[M]. 上海：东方出版中心，1996.

[9]　许晓明. 经济谈判[M]. 上海：复旦大学出版社，1998.

[10]　(美)查尔斯著. 今日全球商务[M]. 北京：机械工业出版社，1999.

[11]　(英)盖温·肯尼迪著. 谈判要点[M]. 北京：宇航出版社，1998.

[12]　(美)费雪·尤瑞著. 哈佛谈判技巧[M]. 兰州：甘肃人民出版社，1987.

[13]　孙庆和，张福春. 实用商务谈判大全[M]. 北京：企业管理出版社，2000.

[14]　任天飞. 中外经典营销案例评析[M]. 长沙：中南工业大学出版社，1999.

[15]　(美)罗杰·费希尔，威廉·尤里等著. 理性谈判制胜术[M]. 李小刚等译. 成都：四川人民出版社，1995.

[16]　李兴国. 公共关系实用教程[M]. 北京：高等教育出版社，2000.

[17]　崔新有. 商务谈判[M]. 北京：中国商业出版社. 1998.

[18]　朱美娥. 商务谈判[M]. 北京：机械工业出版社，1997.

[19]　樊建廷. 商务谈判[M]. 大连：东北财经大学出版社，2001.

[20]　刘园. 国际商务谈判[M]. 北京：中国对外经济贸易出版社，2001.

[21]　刘文广. 商务谈判[M]. 北京：高等教育出版社，2000.

[22]　马克态. 商务谈判——理论与实务[M]. 北京：中国国际广播出版社，2003.

[23]　张从忠. 犹商[M]. 北京：清华大学出版社，2007.